# REPASO PRÁCTICO Y CULTURAL

# REPASO PRÁCTICO Y CULTURAL

## SPANISH REVIEW GRAMMAR, FOURTH EDITION

**Vincenzo Cioffari**
Boston University

**Emilio González**
Graduate Center
The City University of New York

**D. C. Heath and Company**
Lexington, Massachusetts / Toronto

# PREFACE TO
# THE FOURTH EDITION

*Repaso práctico y cultural* is the fourth edition of the *Spanish Review Grammar*. The change in title indicates not just a revision, but a new approach to the aims of language teaching. The review of grammatical structures remains substantially as it was in the previous editions: it is complete, carefully graded, and dependable. The subject matter, however, has been completely changed in Part One and greatly modified in Part Two. It is our firm belief that in order for Spanish to prosper in the classroom it must be useful for students who are going out to look for a job as well as for those who want to widen their cultural horizons. Consequently the aim of this course is to prepare students to utilize Spanish in whatever career they undertake, whether it be as a secretary, a hospital attendant, a bank clerk, or even a college professor of Spanish. Everyone can profit from a knowledge of the general vocabulary and daily terms used in various careers, especially since young people need a wide range of qualifications to land a job. After students have learned vocabulary and expressions useful for actual jobs, they will feel more free to learn something of the culture and civilizations of their counterparts in the Hispanic world.

This course is based on the principle that active participation is essential to language learning. A foreign language which does not help us to communicate with those who do not speak our language can hardly bring about better relations. Conversation is developed through brief dialogues which are within the reach of average students. They first learn to understand conversation at normal speed; then they learn to recreate conversations of their own through skits which can easily be memorized and varied. While learning to converse the student acquires the grammatical structures necessary to recreate his or her own active dialogues. Grammar is kept down to the minimum required for clear expression; it is never allowed to dominate the learning process. The first and most important aim of language learning is the ability to understand and make oneself understood in a situation where communication would otherwise be impossible. Everything else is secondary.

The selections of Part One deal with situations encountered in various careers within the community: at the airport, at the bank, at the hospital, at the police station, in a secretarial job, in social work, etc. Once the student has mastered a number of basic expressions and the necessary structures to tie them together, he or she will be ready to pick up more language when actually on the job. The course aims above all to develop the ability to pick up language from the native with whom one is conversing.

The selections of Part Two deal with various aspects of the culture of the Spanish-speaking world. They are intended to arouse interest in the people, customs, and background of the nations that are contributing so much to the world which young people must face. Naturally the survey of the Hispanic world can hardly be comprehensive. Our emphasis has been on the language itself, and the variety of topics simply provides points of contact for further development. There are selections on art, music, sports, dances, the theater, and even the prosaic but essential subject of foods. Correlation between the two parts is provided by a lesson devoted to professions and another devoted to commercial correspondence, but in general Part One provides the *práctico* and Part Two the *cultural* in this intermediate Spanish course.

The basic structures of grammar are distributed over twenty-four lessons. It is our belief that an average of one lesson a week for twelve weeks will cover the material thoroughly and allow sufficient leeway for holidays, reviews, and remedial work. The grammar in each lesson is centered on a unit of structure as far as possible, but it is assumed that students have completed an elementary course and are therefore familiar with the first essentials. However, knowing students as we do, we take nothing for granted and review everything at some point or other.

We feel that the first objective of an intermediate course is to overcome inhibitions and get students to communicate. The book begins with situations in which a student is most likely to use Spanish when holding down a job. In order to get away from word-for-word translation, the basic dialogues of the first three lessons are provided with English equivalents. After a summer of rest from Spanish, students need to get back into the groove by listening and imitating, without deciphering. After the first three lessons of such practice the student should be ready to understand subject matter in Spanish, with aids only for the more difficult phrases and new constructions. That is the purpose of the *Ayudas para la comprensión*. The student is expected to guess evident meanings from the context, because the ability to guess is essential to language learning. The student entering into conversation with a Spanish speaker can hardly expect that person to limit himself to words from the textbook.

The *Repaso gramatical* of each lesson reviews first-year grammar and gradually introduces second-year constructions. When the course is completed the students will have covered all the points of grammar that are used in standard Spanish—and according to the frequency of usage. Rare stylistic and philological forms are omitted at this level. The mechanics of syllabication, accentuation, capitalization, and intonation are presented in the first lesson because they are basic to the language at all levels. The rules of pronunciation are divided into workable units and distributed throughout the beginning lessons. The explanations are technically exact, but are aimed at teaching students to discriminate sounds and mimic perfectly, which is the process needed to acquire additional language. Intonation is an important ingredient of this imitative process and is emphasized repeatedly throughout the course.

The *Dialoguitos* are a new feature in this edition. Skits of three or four exchanges provide students with the opportunity to communicate with each other in the new language. Students can memorize these skits and substitute words of their own. When students realize that they can actually understand each other in Spanish, they will find ways of prolonging their dialogues without much prodding. They will learn to pick up words from radio and television. Bilingual classes provide classmates who know Spanish better than English. Hospitals, police stations, banks, and commercial firms have folders written in Spanish. The skit is a device to focus attention on speaking and listening at conversational speed. It is better to miss a pronoun or a verb form and keep going than to miss the conversation altogether.

The *Ejercicios* are roughly divided into two categories: (1) those which are primarily for the classroom, with emphasis on fluency and quick response; and (2) those which require more thought and should be prepared before the class begins. The exercises are plentiful and furnish ample practice in vocabulary, structures, and subject matter. We have kept in mind frequency of usage and furnished exercises accordingly. We have made a special effort to provide a standard Spanish that is natural, uncontrived, and free of regionalisms.

*Repaso práctico y cultural* is accompanied by a Workbook and Tape Program, prepared by Professor and Mrs. Cioffari. The tape program provides exercises for listening, imitating, and responding at normal speed. The speech used is clear, precise, and not distorted by slurs or excessive speed. About twenty minutes of recorded time are devoted to each lesson, but it is expected that students will repeat taped exercises on their own if they have not achieved normal fluency.

The Workbook provides additional exercises of all sorts to insure that lessons have been learned thoroughly. It is intended as a directed program for work outside of the classroom, so that all students are equally well prepared, the slow learners as well as the fast ones. The Workbook not only saves the time of the instructor in preparing extra drills, but it provides a check on progress. It is planned as a programmed course in the essentials most needed to understand and make oneself understood. In addition, the Workbook provides an introduction to the life and culture of Spanish-speaking countries for the better students whose curiosity has been aroused.

We wish to express our gratitude to our many friends who have favored us with constructive criticism through the previous editions. Our particular thanks on this edition go again to Prof. Angelina G. Cioffari, whose critical experience amounted to collaboration; and to the Editorial and Production Departments of D. C. Heath and Company, whose initiative and personal interest have contributed immensely to the improvements which we hope we have achieved.

VINCENZO CIOFFARI
EMILIO GONZÁLEZ

# CONTENTS ⌉

# PART ONE

PART ONE

# LECCIÓN PRIMERA

## I. *En la clase de español*

PEDRO —¡Hola, Paco! ¿Otra vez aquí en la clase de español?

PACO —Sí, otra vez. Hago el curso intermedio. Pero con este curso acabo con el español.

PEDRO —¿Por qué? ¿No te gusta?

PACO —Ni más ni menos que los otros cursos. Es una pérdida de tiempo eso de estudiar idiomas.

PEDRO —¡No me digas!

PACO —Es que un idioma extranjero no sirve para nada. Todo el mundo comprende el inglés.

PEDRO —¿Los hispanoamericanos comprenden el inglés?

PACO —Claro. En Hispanoamérica se estudia el inglés en las escuelas elementales.

PEDRO —Y los del Japón, ¿también comprenden el inglés?

PACO —Sí. Los japoneses lo necesitan para el comercio internacional.

PEDRO —Y en Europa, ¿todos comprenden el inglés?

PACO —Claro. Para conseguir una buena colocación hay que saber inglés.

PEDRO —Entonces, ¿sólo nosotros los norteamericanos no necesitamos otro idioma?

PACO —Por supuesto. Dejemos el estudio de los idiomas a los extranjeros. Ya están acostumbrados a hablar otro idioma.

## II. *La comisaría*

CAPITÁN —Su nombre, por favor.

POLICÍA —El señor no comprende el inglés.

CAPITÁN —Sin embargo, quiere una licencia para guiar.

POLICÍA —Sí, señor capitán. La necesita para su trabajo.

CAPITÁN —¿Cómo puede guiar en nuestras calles si no comprende el inglés?

POLICÍA —Ya sabe guiar muy bien. Era chófer en Puerto Rico.

CAPITÁN —Ahora no está en Puerto Rico. Aquí las señales de tráfico están todas en inglés.

POLICÍA —¿De manera que tendrá que aprender a leer el inglés?

CAPITÁN —Sí, dígale que aprenda un poco de inglés y después vuelva por su licencia.

POLICÍA —Señor capitán, ¿cómo se lo digo si yo no hablo español?

CAPITÁN —Entonces, nada de licencia. ¡Adiós!

## III. *En el curso comercial*

ELENA —María, ¿tú aquí en esta clase? ¿No tomas un curso de secretaria?

MARÍA —Sí, voy a ser secretaria. Por eso estudio el español.

ELENA —No comprendo. ¿Qué tiene que ver el español con tu curso?

MARÍA —Bueno. Por ejemplo, mi hermana Luisa trabaja en un banco comercial.

ELENA —¿Y eso que tiene que ver?

MARÍA —Sabes que hay muchos cubanos en nuestra ciudad.

ELENA —¿Y el banco los quiere de clientes?

MARÍA —Claro. Cuando Luisa solicitó una colocación, era la única que sabía el español.

ELENA —¿De manera que la colocaron de secretaria?

MARÍA —Eso es. Y además, me gusta el profesor de español. Tiene un bigotito tan lindo.

Students at the University of the Andes in Bogota, Colombia.

CONVERSATIONS

## I. *In the Spanish Class*

PETER —Hi there, Frank! Are you back here in the Spanish class?

FRANK —Yes, back again. I'm taking the intermediate course. But with this course I am finishing up Spanish.

PETER —Why? Don't you like it?

FRANK —No more nor less than any other course. It's a waste of time, this idea of studying languages.

PETER —You don't say!

FRANK —The fact is that a foreign language is useless. Everybody understands English.

PETER —Latin Americans understand English?

FRANK —Of course. In Latin America they study English in the elementary schools.

PETER —And the people in Japan, do they understand English too?

FRANK —Yes. The Japanese need it for international trade.

PETER —And in Europe, do they all understand English?

FRANK —Of course. To get a good job one has to know English.

PETER —Then only we North Americans don't need another language?

FRANK —Naturally. Let's leave the study of languages to foreigners. They are already used to speaking some other language.

## II. *The Police Station*

CAPTAIN —Your name, please.

COP —The fellow doesn't understand English.

CAPTAIN —And yet he wants a driver's license.

COP —Yes, captain. He needs it for his work.

CAPTAIN —How can he drive on our streets if he doesn't understand English?

COP —He already knows how to drive very well. He was a chauffeur in Puerto Rico.

CAPTAIN —He's not in Puerto Rico now. Here all the traffic signs are in English.

COP —In other words he'll have to learn English?

CAPTAIN —Yes, tell him to learn English and then come back for his license.

COP —Captain, how can I tell him if I don't speak Spanish?

CAPTAIN —Then forget the license. So long!

## III. *In the Secretarial Course*

HELEN —Mary, are you here in this class? Aren't you taking a secretarial course?

MARY —Yes, I'm going to be a secretary. That's why I'm studying Spanish.

HELEN —I don't get it. What does Spanish have to do with your course?

MARY —Well, for example, my sister Louise works in a commercial bank.

HELEN —And what does that have to do with it?

MARY —You know there are many Cubans in our city.

HELEN —And the bank wants them as customers?

MARY —Naturally. When Louise applied for a job she was the only one who knew Spanish.

HELEN —And so they hired her as a secretary?

MARY —That's it. And besides, I like the Spanish instructor. He has such a cute little mustache.

4    *Repaso práctico y cultural*

### 1. Syllabication

Spanish words are pronounced clearly by syllables. Nothing is slurred. A syllable is the part of a word which is pronounced with a single impulse of the voice. In Spanish it always contains a vowel sound and may in addition contain one or more consonant sounds. The vowel sound may consist of a single vowel, a diphthong, or a triphthong. A diphthong is a group of two vowels pronounced with a single impulse; it is made up of a strong vowel (**a, e, o**) and a weak vowel (**i, u,** or final **y**), or two weak vowels (as in **cuidado, ciudad**). When a weak vowel has a written accent (**í, ú**), it is pronounced separately and forms a separate syllable (**día**). A triphthong is a group of three vowels pronounced with one impulse (as in **guiar, buey**).

In dividing words into syllables for clear pronunciation or for printing, the following rules should be observed, because they are different from English:

1. A single consonant between two vowels goes with the following vowel. Since **ch, ll,** and **rr** are actually letters of the alphabet, they are considered single consonants and are not separated. (Remember that **ch** comes after all the **c**'s and **ll** after all the **l**'s in the dictionary, but **rr** comes in its normal alphabetical order.)

   **ne-ce-si-ta  ca-rre-ra  de-je-mos  mu-chos  a-ño  ca-lle**

2. Except as explained in 3, two consonants between vowels are separated so that one goes with the preceding and the other with the following syllable.

   **es-tu-dio  li-cen-cia  in-ter-na-cio-nal  en-ton-ces**

3. Two consonants of which the second is **l** or **r** are *not* separated, except in the combinations **rl, sl, tl, sr,** and **nr,** which are separated.

   **a-pren-der  im-po-si-ble  puer-to  Car-los  is-la**

4. When there are more than two consonants between vowels, just one consonant or one of the inseparable combinations mentioned in 3 goes with the second syllable.

   **com-pren-de  siem-pre  nues-tras  a-cos-tum-bra-dos**

5. Remember that strong vowels (**a, e, o**) and weak vowels with an accent (**í, ú**) form separate syllables.

   **le-er  de-se-o  dí-as  sa-bí-a  Nor-te-a-mé-ri-ca**

### 2. Practical rules for dividing words into syllables

1. Write separately the vowels, diphthongs, or triphthongs contained in a word.

   **automóvil  au-o-ó-i  au-to-mó-vil**
   **guiamos  uia-o  guia-mos**

2. If the combination of vowels contains two strong vowels (**a, e, o**) or a weak vowel with a written accent (**í, ú**), the vowels should be listed separately.

**María**   a-í-a   **Ma-rí-a**      **envíame**   e-í-a-e   **en-ví-a-me**

3. Place each single consonant (including **ch, ll, rr**) with the vowel following and separate two consonants, one with the preceding and one with the following vowel, unless you have an inseparable combination. When there are three consonants together, the first consonant goes with the preceding vowel and the other two form an inseparable combination.

| | | |
|---|---|---|
| **necesitamos** | e-e-i-a-o | **ne-ce-si-ta-mos** |
| **abriendo** | a-ie-o | **a-brien-do** |
| **extranjero** | e-a-e-o | **ex-tran-je-ro** |

## 3.   Rules of accents

Spanish words are accented according to specific rules set down by the Spanish Academy and modified according to usage.[1]  Once these general rules are learned there is little difficulty in knowing where to stress a word in pronunciation or where to place an accent in writing.

The only written accent generally used in Spanish is the acute ( ′ ). The rules are as follows:

1. Words ending in a vowel or in the consonant **n** or **s** are stressed on the next to the last syllable and require no written accent.

   co-**mer**-cio   es-pa-**ño**-les   com-**pren**-den

2. Words ending in any consonant other than **n** or **s** are stressed on the last syllable and take no written accent.

   ol-vi-**dar**   ciu-**dad**   in-ter-na-cio-**nal**

3. Words which are not stressed according to these two simple rules bear a written accent on the syllable that is stressed in pronunciation.

   des-**pués**   jar-**dín**   **jó**-ve-nes   ca-pi-**tán**

4. The written accent is also used to distinguish certain words from others which are spelled alike, but serve a different function.  For example, the written accent is used on all interrogative pronouns and adjectives, and on

---

[1] Not too long ago the written accent was used on a few monosyllabic forms of irregular verbs, such as **fuí, fué, dió,** and **vió.** It was also used by some writers on the past participles of verbs ending in **-uir,** such as **construído** and **concluído.** A 1952 ruling of the Spanish Academy eliminated accents on such words.  Older textbooks still carry these accents.

all demonstrative pronouns other than neuters. An accent is retained on any adjective which already has one when it is changed to an adverb by adding **-mente** (as in **fácilmente**). The written accent is used to distinguish the following pairs of words:

| | | | |
|---|---|---|---|
| **mí** | me, myself | **mi** | my |
| **sí** | yes, himself, etc. | **si** | if |
| **más** | more | **mas** | but |
| **él** | he | **el** | the |
| **dé** | (*pres. subj. of* **dar**) | **de** | of |
| **sólo** | only | **solo** | alone, single |
| **tú** | you | **tu** | your |
| **té** | tea | **te** | you (*object*) |

## 4. Capitalization

In general, Spanish follows the same capitalization rules as English, with the following exceptions:

1. The word **yo** is not capitalized, but **usted** and **ustedes** are capitalized when abbreviated to **Vd.** or **Vds.** (**Ud., Uds.**).

2. The days of the week and the months of the year are not capitalized.

    **El primer día de mayo es lunes.** The first of May is Monday.

3. Adjectives of nationality are not capitalized, even when they are used as nouns.

    **Los japoneses estudian el inglés.** The Japanese study English.

4. In titles, only the first word (and proper nouns, of course) are capitalized.

    (*Title*) **En el curso comercial** In the Secretarial Course

## 5. Intonation

Intonation refers to the pitch arrangements of the voice within a sentence which give it its characteristic expression. Intonation is extremely important in foreign languages, because not only does each language have its own patterns, but the intonation differs from region to region where the same language is spoken. (Can't you tell a Texan from a New Yorker?) The intonation given to a Spanish sentence by a Mexican is different from that given to it by an Argentinean, and both are different from English intonation, of course.

Study the following intonation patterns and then listen to and imitate closely the pitch arrangements of the voice as you hear it in native speakers. Do not hesitate to mimic.

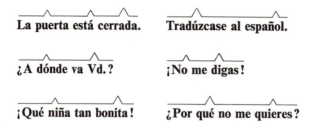

**La puerta está cerrada.**     **Tradúzcase al español.**

**¿A dónde va Vd.?**     **¡No me digas!**

**¡Qué niña tan bonita!**     **¿Por qué no me quieres?**


## DIALOGUITOS*

1.  A. —¿Otra vez aquí en esta clase?
    B. —Claro. ¿Por qué no?
    A. —¿Te gusta tanto el español?
    B. —Claro que me gusta. Y a ti, ¿te gusta?
    A. —Por supuesto. Pero me gusta más el profesor.

2.  A. —¿Comprendes el inglés, Luis?
    B. —Sí, lo comprendo bien. ¿Por qué me preguntas?
    A. —Porque yo no lo comprendo. Sólo hablo español.
    B. —Yo hablo español muy poco.
    A. —Entonces, yo te hablo en español y tú me hablas en inglés.
    B. —Bueno, así los dos aprenderemos.

3.  A. —¿Quiere Vd. una colocación?
    B. —Sí, señor, quiero un empleo de secretaria.
    A. —¿Comprende Vd. el español?
    B. —Por supuesto. Soy mexicana.
    A. —¿Y es Vd. una buena secretaria?
    B. —Creo que sí, señor. Así me dicen en la escuela.
    A. —Entonces, ya tiene Vd. la colocación.

4.  A. —¿Es Vd. chófer?
    B. —Sí, señor, soy chófer.
    A. —¿Comprende Vd. el inglés?
    B. —Lo comprendo un poco.
    A. —¿Sabe Vd. leer las señales de tráfico?
    B. —Sí, señor. Leo las señales de tráfico en inglés y en español.
    A. —Bueno. Aquí tiene Vd. la licencia para guiar.

---

* The purpose of the *dialoguitos* is to get students to use the language fluently in skits which they can easily remember. Students should be encouraged to make up original skits with no more than three or four exchanges.

5.  A. —¿Es éste un banco comercial?
    B. —Sí, señorita, es un banco comercial.
    A. —¿Necesitan Vds. una secretaria?
    B. —¿Habla Vd. español?
    A. —Sí, señor, hablo español.
    B. —Entonces sí que necesitamos una secretaria.
    A. —Muy bien. Y yo necesito un empleo.

6.  A. —¿Hay muchos hispanoamericanos en esta ciudad?
    B. —Sí, hay muchos. Hay cubanos y mexicanos.
    A. —¿Hablan todos inglés?
    B. —No, algunos hablan sólo español.
    A. —¿Cómo pueden conseguir empleos?
    B. —Eso es el problema. Tienen que aprender un segundo idioma.

## EJERCICIOS

PRÁCTICA ORAL

I.  Repeat the sentence aloud every time you substitute the words in parentheses for the ones in italics:

1.  Paco y yo hacemos *el curso intermedio.* (el curso de español, el curso de inglés, el curso elemental, el curso de secretaria)
2.  *El español* no sirve para nada. (el inglés, el idioma extranjero, otro idioma, el curso de secretaria)
3.  ¿No te gusta *el profesor?* (el curso, la universidad, el comercio internacional, el empleo)
4.  *Los alumnos* comprenden el inglés. (los norteamericanos, los hispanoamericanos, los japoneses, los extranjeros)
5.  *Quiero* conseguir una buena colocación. (queremos, mis amigos quieren, Vd. quiere, la secretaria quiere)
6.  No me gusta ni más ni menos que *otro curso.* (otros empleos, otro trabajo, otro idioma, otra universidad)

II. Substitute as you did for exercise I, but this time change the verb when necessary:

1.  *El señor* quiere una licencia para guiar. (el chófer, yo, Vd., nosotros)
2.  *Yo* sé guiar muy bien. (nosotros, Vds., el chófer, el policía)
3.  *El chófer* tiene que comprender las señales de tráfico. (tú, los chóferes, nosotros, ellas)
4.  La secretaria necesita *trabajo.* (una licencia, otro idioma, un empleo, una colocación)
5.  Estamos acostumbrados a *hablar* (comprender, aprender, estudiar) otro idioma.
6.  Dígale al señor que aprenda a *leer el inglés.* (hablar español, contestar en español, guiar con cuidado)

III. One student asks and another answers the following questions:

1. ¿Hace Vd. el primer curso o el curso intermedio? 2. Con este curso, ¿acaba Vd. con el español? 3. ¿Comprende el inglés todo el mundo? 5. ¿Se estudia el español en las escuelas elementales aquí? 6. ¿Estudian el inglés los japoneses? 7. ¿Hay que saber español para conseguir una buena colocación? 8. ¿Esta Vd. acostumbrado a hablar un segundo idioma?

EJERCICIOS PARA ESCRIBIR

I. First separate the following words into syllables on a separate sheet of paper and then pronounce each word at normal speed:

1. intermedio, elemental, internacional
2. extranjero, hispanoamericano, norteamericano
3. Europa, América, Japón
4. después, además, pérdida
5. conseguir, licencia, comisaría

II. Write the English meanings of the following sentences:

1. ¿Está Vd. aquí otra vez? ¿Por qué? 2. El español no me gusta ni más ni menos que el inglés. 3. Este curso no sirve para nada. 4. Hay que saber español para conseguir un empleo. 5. Por supuesto, todo el mundo quiere viajar. 6. Sin embargo, no tenemos dinero. 7. Paco es chófer y sabe guiar bien. 8. Los del Japón estudian el inglés en las escuelas. 9. ¿Eso que tiene que ver con mi trabajo? 10. Un idioma extranjero no es una pérdida de tiempo.

III. Complete the following sentences in a meaningful way:

1. Roberto es chófer y ya sabe _____.
2. En Boston todas las señales de tráfico están _____.
3. Hay muchos cubanos en _____.
4. La secretaria quiere trabajar en _____.
5. En España todo el mundo comprende _____.
6. El profesor enseña _____.
7. En las escuelas elementales los niños aprenden _____.
8. Nuestra ciudad tiene muchas _____.
9. En Puerto Rico los alumnos aprenden _____.
10. Para mi trabajo no necesito _____.

IV. Write the answers to the following questions:

1. ¿Hace Vd. un curso de secretaria? 2. ¿Quiere Vd. trabajar en un banco comercial? 3. ¿Hay muchos hispanoamericanos en su ciudad? 4. ¿Los bancos tienen clientes que no hablan inglés? 5. ¿Hay que saber el inglés para conseguir licencia para guiar? 6. ¿Va Vd. a solicitar una colocación después de este curso?

# LECCIÓN DOS

### I. *En el avión*

PASAJERO —Por favor, señorita, ¿quién hizo los anuncios en español?

ANITA —Una de las asistentes de vuelo. Se llama Rosario.

PASAJERO —Me gustaría hablarle.

ANITA —Aquí viene. Rosario, este señor quiere hablarle.

ROSARIO —Muy buenas tardes, señor. ¿En qué puedo servirle?

PASAJERO —Los anuncios en español, ¿los prepara Vd.?

ROSARIO —No, señor, los tenemos aquí en la guía para asistentes de vuelo.

PASAJERO —¿Tiene Vd. una de estas guías? Me gustaría verla.

ROSARIO —Con mucho gusto. Aquí la tiene Vd.

PASAJERO —Gracias. De manera que para estos vuelos, ¿hay que saber español?

ROSARIO —Pues, no es necesario. Pero las que saben español resultarán preferidas cuando pidan una colocación.

### II. *En el hospital*

DIRECTORA —Buenos días, señorita. Tengo aquí su solicitud. ¿Quiere Vd. trabajar en este hospital?

PILAR —Sí, señora. Soy enfermera.

DIRECTORA —Ya lo veo en la solicitud. Vd. está muy bien preparada. ¿Habla Vd. español?

PILAR —Lo hablo un poco. Pero, ¿qué tiene que ver el español con mi trabajo?

DIRECTORA —Tenemos aquí muchos enfermos que no comprenden el inglés. Sólo hablan español.

PILAR —He estudiado el español sólo dos años. No lo hablo bien, pero lo comprendo un poco.

DIRECTORA —Más vale poco que nada. ¡Venga el lunes a las ocho!

### III. *En una tienda*

FELIPE —¿Tiene Vd. cintas para aprender español?

DEPENDIENTE —Sí, señor. Tenemos un curso completo.

FELIPE —¿Cuántas cintas hay en el curso?

DEPENDIENTE —Hay cincuenta cintas de una hora cada una.

FELIPE —¿Y cuánto me cobra para el curso completo?

DEPENDIENTE —Hay descuento hoy. Sólo doscientos cincuenta dólares.

FELIPE —¡Caramba! ¿No hay uno más barato?

DEPENDIENTE —Los hay, pero aquí no los vendemos. No son buenos y Vd. no aprende nada.

FELIPE —Pues, me quedo con éste porque lo necesito. Mi empresa me traslada a Venezuela.

DEPENDIENTE —Si Vd. pasa a lo menos dos horas al día con este curso, aprenderá bastante para los primeros pasos.

FELIPE —Voy a decirle a mi hijo que estudie el idioma en la escuela. Resulta más barato.

All major airlines have services for foreign travelers.

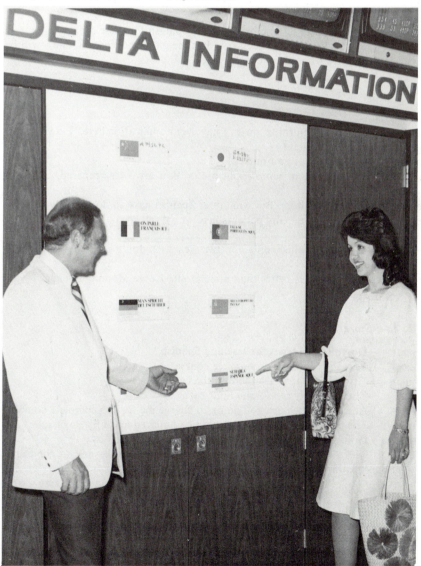

## I. *On the Plane*

PASSENGER —Pardon me, miss. Who made the announcements in Spanish?

ANITA —One of the flight attendants. Her name is Rosario.

PASSENGER —I'd like to talk to her.

ANITA —Here she comes. Rosario, this gentleman would like to talk to you.

ROSARIO —Good afternoon, sir. What can I do for you?

PASSENGER —Those announcements in Spanish—do you prepare them?

ROSARIO —No, sir. We have them in the flight attendant's guide.

PASSENGER —Do you have one of these guides? I'd like to see it.

ROSARIO —Gladly. Here it is.

PASSENGER —Thanks. So one has to know Spanish for these flights?

ROSARIO —Actually it's not necessary. But the girls who know Spanish will be given preference when they look for a job.

## II. *In the Hospital*

DIRECTRESS —Good morning, miss. I have your application here. Do you want to work in this hospital?

PILAR —Yes, ma'am. I'm a nurse.

DIRECTRESS —I see it in your application. You are well prepared. Do you speak Spanish?

PILAR —I speak it a little. But what does Spanish have to do with my work?

DIRECTRESS —We have many patients here who don't speak English. They only speak Spanish.

PILAR —I studied Spanish only for two years. I don't speak it well, but I understand it a little.

DIRECTRESS —A little is better than none at all. Come Monday at eight.

## III. *In a Store*

PHILIP —Do you have tapes for learning Spanish?

CLERK —Yes, sir. We have a complete course.

PHILIP —How many tapes are there in the course?

CLERK —There are fifty tapes, one hour each.

PHILIP —And how much are you going to charge me for the complete course?

CLERK —There's a discount today. Only two hundred and fifty dollars.

PHILIP —Good heavens! Isn't there a cheaper one?

CLERK —There are some, but we don't sell them here. They are no good and you don't learn anything.

PHILIP —O.K., I'll take this one because I need it. My firm is transferring me to Venezuela.

CLERK —If you spend at least two hours a day with this course, you'll learn enough to get started.

PHILIP —I'm going to tell my son to study the language in school. It's cheaper that way.

## 6. Gender of nouns

Nouns ending in **-o** are generally masculine. Nouns ending in **-a** are generally feminine. Nouns ending in **-e** or a consonant may be either masculine or feminine, and the gender has to be learned together with the noun. There are no neuter nouns in Spanish.

**el curso**   course (*masc.*)       **el hombre**   man (*masc.*)
**la enfermera**   nurse (*fem.*)     **la clase**   class (*fem.*)
**el avión**   plane (*masc.*)        **la colocación**   job (*fem.*)[1]

Some common words ending in **-o** are feminine: **la mano** (*hand*), **la moto** (*motorcycle*) and **la radio** (*radio*).[2]

A number of words ending in **-a** (especially **-ma** and **-ta**) are masculine: **el cura** (*priest*), **el día** (*day*), **el idioma** (*language*), **el mapa** (*map*), **el pianista** (*pianist*), **el poema** (*poem*), **el taxista** (*taxi driver*). Note that words ending in **-ista** and denoting a profession frequently have both masculine and feminine forms: **el artista, la artista; el pianista, la pianista.**

Nouns ending in **-dad, -tad, -tud, -ción,** and **-ie** are feminine and generally refer to abstract words.

**la verdad**   truth       **la serie**   series       **la solicitud**   application

## 7. Plural of nouns

To form the plural of a noun ending in a vowel add **-s** to the singular.

**curso, cursos       enfermera, enfermeras       calle, calles**

Nouns ending in a consonant add **-es**.

**ciudad, ciudades       hospital, hospitales**

Nouns with an accented vowel before the final consonant in the singular drop the written accent in the plural.

**capitán, capitanes       jardín, jardines       lección, lecciones**

## 8. Definite articles

The definite article, or determiner, corresponds to the English word *the*. The forms are as follows:

**el**    *before masc. sing. nouns*    **el trabajo**   work
**la**    *before fem. sing. nouns*     **la escuela**   school
**los**   *before masc. pl. nouns*      **los vuelos**   flights
**las**   *before fem. pl. nouns*       **las cartas**   letters

---

[1] Nouns ending in **-ción** are feminine.
[2] But **el radio** for *radio set*.

The article **el** is used before feminine singular nouns beginning with a stressed **a** sound. In such cases the plural is the regular feminine article **las**.

**el agua**   water:   **las aguas**
**el hambre**  hunger:  **las hambres**

The article **el** combines with the prepositions **a** and **de** to form **al** and **del**.

Hablamos **al** profesor.   We talk to the profesor.
El director **del** museo.   The director of the museum.

## 9.   Uses of the definite articles

The definite article is generally repeated before each noun, especially in a series where the nouns are of different genders.

**Vemos las casas, los jardines y los árboles.**   We see the houses, gardens, and trees.

The definite article is used in Spanish (but not in English) before nouns used in a generic sense, that is when a general quality of persons or objects is expressed.

**La nieve es blanca.**   Snow is white.
**Me gusta la música.**   I like music (in general).      ·

## 10.   Negative sentences

To make a sentence negative place the word **no** right before the verb. Nothing can come between **no** and the verb except personal object pronouns.

**Me gustaría visitar a España.**   I'd like to visit Spain.
**No me gustaría visitar a España.**   I would not like to visit Spain.
**Comprendo el español muy bien.**   I understand Spanish very well.
**No comprendo el español muy bien.**   I don't understand Spanish very well.

## 11.   Interrogative sentences

To change a declarative sentence into an interrogative, place the subject after the verb. In addition to the regular question mark at the end, an inverted question mark is placed where the question actually begins. The English words **do, does,** and **did** are not translated when they introduce a question. Notice that if the verb is followed by an adjective or an adverb, the subject comes after that word in the question.

**El curso es completo.**   The course is complete.
**¿Es completo el curso?**   Is the course complete?
**Los hombres trabajan mucho.**   The men work a great deal.
**¡Dígame! ¿Trabajan mucho los hombres?**   Tell me, do the men work a great deal?

Frequently a question is asked just by the inflection of the voice.

**Hay que saber español.**  One has to know Spanish.
**¿Hay que saber español?**  Does one have to know Spanish?

## DIALOGUITOS

1. A. —¿Quién hace los anuncios?
   B. —Yo hago los anuncios
   A. —¿Hace Vd. los anuncios en inglés?
   B. —Hago los anuncios en inglés y en español.
   A. —¿Es Vd. asistente de vuelo?
   B. —Sí, señor, soy asistente de vuelo.

2. A. —¿Para dónde es este vuelo?
   B. —Este vuelo es para Acapulco.
   A. —¿Dónde está Acapulco?
   B. —Acapulco está en México.
   A. —¿Le gusta a Vd. viajar?
   B. —Claro que me gusta.  Por eso soy asistente de vuelo.

3. A. —¿Quiere Vd. trabajar en este hospital?
   B. —Sí, señorita.  Soy enfermera.
   A. —No soy señorita.  Soy señora.  ¿Tiene Vd. experiencia?
   B. —Sí, señora.  Dos años en otro hospital.
   A. —Bueno, prepare Vd. esta solicitud.
   B. —Gracias, señora.  La preparo en seguida.

4. A. —¿Venden Vds. cintas de español?
   B. —Sí, tenemos cintas de muchos idiomas.
   A. —¿Cuestan mucho las cintas?
   B. —Tres dólares cada una.
   A. —¿Cuántas cintas hay en el curso de español?
   B. —Hay sólo diez cintas.
   A. —Bueno, las tomo.  Aquí tiene Vd. los treinta dólares.

5. A. —Tomás, ¿tienes dos dólares?
   B. —Sí, los tengo.  ¿Por qué?
   A. —Entonces podemos ir al cine.
   B. —Pero el cine sólo cuesta un dólar hoy.
   A. —Por eso te pregunto.  Un dólar para ti y otro para mí.
   B. —Está bien.  Pero mañana pagas tú.

6. A. —Luis, este señor no me comprende.
   B. —¿Por qué no te comprende?
   A. —Porque no habla inglés.
   B. —¿Y tú no hablas su idioma?
   A. —No sé qué idioma habla.
   B. —Ni yo tampoco.

# EJERCICIOS

Práctica oral

I. Change the words in parentheses to the plural and repeat the sentence each time you complete it with one of these words:

1. La asistente de vuelo hace (el anuncio, el trabajo).
2. El pasajero quiere ver (la guía, el mapa).
3. Hablamos siempre en (la clase, el curso).
4. La directora lee (la solicitud, el papel).
5. La enfermera trabaja en (el hospital, el hotel).
6. Los alumnos estudian (la lección, la traducción).
7. Roberto quiere hablar con (la asistente de vuelo, el capitán).
8. En el hospital encontramos (al enfermo, al doctor).
9. Nos gusta visitar (la ciudad, el jardín).
10. En la universidad conversamos con (el profesor, el joven).

II. Change the words in italics to the plural and change the verbs accordingly:

1. *La cinta* cuesta diez dólares.  2. *El automóvil* está en la calle.  3. *El vuelo* sale a las diez.  4. *El pianista* toca la música.  5. *El cliente* no comprende el inglés.  6. ¿Quiere *Vd.* trabajar en este hospital?  7. *Yo* tengo cintas para aprender el francés.  8. *La tienda* vende cintas baratas.  9. *La empresa* nos traslada a Venezuela.  10. *Tú* aprendes el español muy bien.

III. One student asks and another answers the following questions:

1. ¿Le gustaría a Vd. ser asistente de vuelo?  2. ¿Puede Vd. hacer anuncios en español?  3. ¿Hay que saber español cuando se viaja en México?  4. Cuando Vd. busca una colocación, ¿prepara una solicitud?  5. ¿Quiere Vd. ser enfermera?  6. ¿Cuántos años de español ha estudiado Vd.?  7. En un hospital, ¿hay enfermos que no comprenden el inglés?  8. ¿Estudia Vd. el español con cintas?

IV. First practice aloud the plural of the following words with their definite articles.  Then make up a sentence with one of the words in each group, using either the singular or the plural.

*Model:*  la señorita
*Response:*  la señorita, las señoritas — La señorita es muy linda.

1. el curso, el tiempo, el comercio, el extranjero
2. el idioma, el poema, el día, el mapa
3. la licencia, la secretaria, la cinta, la empresa
4. la calle, la clase, el hombre, la asistente de vuelo
5. la lección, la colocación, la dirección, la nación
6. la solicitud, la ciudad, el agua, el hambre

I. Write the English meanings of the following sentences:

1. ¿Quién hizo los anuncios en inglés y en español? 2. ¿En qué puedo servirle, señor? 3. Aquí tiene Vd. la guía para asistentes de vuelo. 4. ¿Qué tiene que ver todo eso con mi trabajo? 5. La enfermera ha trabajado dos años en otro hospital. 6. Más vale poco que nada, ¿verdad? 7. La secretaria empieza el trabajo el lunes a las ocho. 8. Las cintas no son buenas y Vd. no aprende nada. 9. En esta tienda no hay descuento hoy. 10. El curso resulta más barato así, ¿no es verdad?

II. In the following sentences, change to the plural everything that can be changed:

1. El enfermo en el hospital no comprende el inglés. 2. La cinta para este curso es muy barata. 3. El vuelo con este avión es siempre agradable. 4. La asistente de vuelo habla con el pasajero. 5. El artista trabaja en el jardín. 6. Hay que estudiar el idioma en la escuela.

III. Change to the plural everything that can be changed:

1. La asistente de vuelo hace el anuncio. 2. La empresa envía el empleado a Venezuela. 3. La secretaria busca colocación en la universidad. 4. No hay descuento para el curso completo. 5. El taxista contesta al pasajero. 6. Cuando el día es bonito me gusta viajar. 7. El vuelo para México es siempre agradable. 8. La profesora de español comprende otro idioma también.

IV. Supply the missing words which will complete the sentences:

1. La asistente _____ comprende el inglés y el español.
2. Para estos vuelos _____ que saber dos idiomas.
3. Las que _____ varios idiomas resultan preferidas.
4. ¿Quiere Vd. _____ en este hospital?
5. En el hospital hay muchos _____.
6. Más _____ poco que nada.
7. El _____ completo cuesta doscientos cincuenta dólares.
8. ¡_____! ¿No hay uno más barato?
9. Nuestra empresa nos _____ a Venezuela.
10. ¿Tiene Vd. cintas para _____ el español?

V. Change the following sentences to the negative and then to the interrogative form:

1. Este señor quiere hablarle. 2. Vd. tiene una de estas guías. 3. Hay que saber otro idioma. 4. Lo escribe en la solicitud. 5. Los enfermos comprenden el inglés. 6. La enfermera trabaja en el hospital. 7. Aquí venden cintas para aprender el francés. 8. Hay descuento hoy. 9. Me quedo con este curso. 10. Las lecciones resultan más baratas.

Public telephones in Bogota, Colombia.

# LECCIÓN TRES ⬛⬛

# CONVERSACIONES

## I. *Delante del hotel*

TURISTA —Por favor, señor, ¿hay un supermercado cerca de aquí?

SEÑOR —No sé. Preguntemos al taxista. Señor, ¿dónde queda un super-mercado?

TAXISTA —Hay uno a ocho o diez cuadras de aquí. ¿Quieren Vds. un taxi?

ESPOSA —No, gracias. Como el día es tan bonito, queremos ir andando.

TAXISTA —Pues, tomen Vds. esta calle por cuatro o cinco cuadras, hasta el banco comercial que está en la esquina.

TURISTA —¿Y después?

TAXISTA —Tomen Vds. la derecha por cuatro cuadras más, me parece. El supermercado queda en la esquina de en frente.

ESPOSA —¿Es grande ese supermercado?

TAXISTA —No, no es uno de los grandes. Hay uno mucho más grande, pero queda a varios kilómetros de aquí. ¿Los llevo en taxi?

ESPOSA —No, gracias. Es que queremos ir andando, con el día tan bonito.

TAXISTA —Pero llueve siempre por la tarde.

TURISTA —Por eso llevamos impermeables.

TAXISTA —(Con esos gringos no se gana nada.)


## II. *En el supermercado*

JUANA —Rosita, toma uno de esos carritos y vamos por este lado.

ROSITA —Bueno. Necesito papel para cartas. Aquí está.

JUANA —No vale la pena comprarlo. Hay papel para cartas en el hotel. Además hay tarjetas. Son más cómodas.

ROSITA —Hay aquí botellas de agua mineral. ¿Tomamos una?

JUANA —No vale la pena. Hay agua mineral en el hotel.

ROSITA —Es que allá cuesta cuatro pesos por botella y aquí sólo dos.

JUANA —Entonces toma media docena de botellas.

ROSITA —Aquí están las frutas. Es lo que buscábamos. A ver. ¿A cuánto las naranjas?

JUANA —A doce pesos el kilo. ¡Qué caro!

ROSITA —¿Y las peras?

JUANA —A cuatro pesos el medio kilo. Parece más barato así.

ROSITA —¿Y los duraznos?

JUANA —Lo mismo. Cuatro pesos el medio kilo. También demasiado.

ROSITA —¿Y los plátanos?

JUANA —Los plátanos sí que son baratos. Sólo cinco pesos el kilo.

ROSITA —Quiere decir más o menos dos pesos por libra. Es barato para estos días.

JUANA —¿No sirven fruta en el hotel?

ROSITA —Sí que sirven fruta en cada comida. Vámonos. No queríamos más que visitar un supermercado.

## III. *Por las calles*

ANA —¿Dónde está la estación de autobuses?

SEÑOR —¿Cuál estación, señoritas? ¿la estación del norte o la estación del sur?

ANA —Queremos ir a Guanajuato.

SEÑOR —Entonces es la estación del norte. Está en la Avenida de los Cien Metros.

MARTA —¿Podemos coger un autobús?

SEÑOR —Hay autobuses en la Avenida de Insurgentes. Pero queda lejos y es complicado, sobre todo con maletas.

MARTA —¿Cuánto nos cobran para ir en taxi?

SEÑOR —Miren, señoritas. Delante del hotel les cobran treinta o cuarenta pesos. Si Vds. cogen un taxi que pasa por la calle, les cobran quince o veinte pesos, nada más.

ANA —Vd. es muy amable, señor. Vamos a coger un taxi en la calle.

SEÑOR —¿Para qué tomar un taxi? ¿Dos señoritas tan lindas y con maletas? Si me permiten, tengo aquí mi coche.

ANA —¡Qué amable es Vd! Es muy agradable viajar en México.

Shopping in Mexico City can be quite an experience.

## I. *In Front of the Hotel*

TOURIST   —Excuse me, sir. Is there a supermarket nearby?

MAN   —I don't know. Let's ask the taxi driver. Sir, where is there a supermarket?

TAXI DRIVER   —There's one eight or ten blocks from here. Do you want a taxi?

WIFE   —No thank you. Since it's such a beautiful day, we want to walk.

TAXI DRIVER   —Then take this street for four or five blocks, until you get to the commercial bank on the corner.

TOURIST   —And then?

TAXI DRIVER   —Turn right and go four more blocks, I think. The supermarket is on the opposite corner.

WIFE   —Is that a large supermarket?

TAXI DRIVER   —No, it's not one of the large ones. There's a much larger one, but it's several kilometers from here. Shall I take you in the taxi?

WIFE   —No thanks. The point is we want to walk on such a beautiful day.

TAXI DRIVER   —But it always rains in the afternoon.

TOURIST   —That's why we are taking our raincoats.

TAXI DRIVER   —(With these "gringos" you can't make a dime.)


## II. *In the Supermarket*

JOAN   —Rose, take one of those carts and let's go on this side.

ROSE   —OK. I need writing paper. Here it is.

JOAN   —There's no point in buying it. There's writing paper in the hotel. And besides, there are cards. They are more convenient.

ROSE   —Here are bottles of mineral water. Shall we get one?

JOAN   —There's no point. There's mineral water in the hotel.

ROSE   —The point is that there it costs four pesos a bottle and here only two.

JOAN   —Then let's get half a dozen bottles.

ROSE   —Here's the fruit. That's what we were looking for. Let's see. How much are these oranges?

JOAN   —Twelve pesos a kilo. How expensive!

ROSE   —And the pears?

JOAN   —Four pesos a half kilo. It sounds cheaper that way.

ROSE   —And the peaches?

JOAN   —The same. Four pesos a half kilo. Too much also.

ROSE   —And the bananas?

JOAN   —The bananas are really cheap. Only five pesos a kilo.

ROSE   —That means two pesos a pound, more or less. It's cheap for these days.

JOAN   —Don't they serve fruit in the hotel?

ROSE   —They do serve fruit at every meal. Let's go. All we wanted to do was to visit a supermarket.


## III. *On the Street*

ANNA   —Where's the bus station?

MAN   —Which station, young ladies? The north station or the south station?

ANNA   —We want to go to Guanajuato.

MAN —Then it's the north station. It's on One-Hundred Meter road.

MARTHA —Can we take a bus?

MAN —There are buses on Insurgentes Avenue. But it's far away and it's complicated, especially with suitcases.

MARTHA —How much will they charge us to go in a taxi?

MAN —Look, young ladies. In front of the hotel they charge you thirty or forty pesos. If you catch a taxi that's passing by, they'll charge you fifteen or twenty pesos and no more.

ANNA —You are very kind, sir. We'll take a taxi on the street.

MAN —Why take a taxi? Two such pretty young ladies? And with suitcases? If you'll allow me, I have my car right here.

ANNA —How nice of you! It's very pleasant traveling in Mexico.

Modern shop in Costa Rica.

## 12. Indefinite articles

The indefinite article in the singular corresponds to English *a* or *an*, while the plural form corresponds to the English word *some*. The indefinite article has the following four forms:

| | | | |
|---|---|---|---|
| **un** | *before masc. sing. nouns* | **un hotel** | a hotel |
| **una** | *before fem. sing. nouns* | **una tarjeta** | a postcard |
| **unos** | *before masc. pl. nouns* | **unos días** | some days |
| **unas** | *before fem. pl. nouns* | **unas botellas** | some bottles |

The so-called plural forms are not really indefinite articles, but adjectives which denote an indefinite number. Another adjective which denotes an indefinite number is **algunos (algunas)**, but **algunos (algunas)** means *some* in the sense of *a few*, whereas **unos (unas)** simply denotes an indefinite number without implying limitation.

**Hay unos supermercados en esta ciudad.**   There are some supermarkets in this city.

**Algunos supermercados venden carne y otros no.**   Some (a few) supermarkets sell meat and others do not.

## 13. Omission of the indefinite article

The indefinite article is used in English but omitted in Spanish before a predicate noun denoting a profession, trade, or nationality, and not qualified by an adjective.

**Yo soy médico y él es abogado.**   I am a doctor and he is a lawyer.

If the predicate noun is qualified by an adjective, the indefinite article is required.

**¿Es Roberto un buen abogado?**   Is Robert a good lawyer?

The indefinite article is omitted before **otro** (*another*), **cien** (*one hundred*), **mil** (*one thousand*). It is also omitted after **medio** (*half a*), **tal** (*such a*), and **qué** (*what a*).

**Cien alumnos en una clase son demasiados.**   One hundred pupils in one class are too many.

**¡Qué chica tan bonita!**   What a beautiful girl!

**¿Hay otra cinta?**   Is there another tape?

## 14. Neuter article

Besides the definite articles **el** and **la**, there is a neuter article **lo**, which is used only in the singular. **Lo** followed by a masculine adjective denotes the essence of a quality and corresponds to the English *that which is*. **Lo bueno** means *that which is good*; **lo hermoso** means *that which is beautiful*; **lo malo** means *that which is bad*.

**Lo importante es comprender lo más posible.**  The important thing is to understand as much as possible.

**No tienen lo necesario para vivir.**  They don't have enough (that which is necessary) to live.

## 15. Uses of *¿verdad?* and *¿no es verdad?*

When a statement is made and then a question is asked about it, English uses such expressions as *aren't you? doesn't he?* etc.  In Spanish the question is asked by the expression **¿verdad?** or **¿no es verdad?**  When the statement is followed by **¿verdad?**, the implication is *You agree with me, don't you?*  When the statement is followed by **¿no es verdad?**, the implication is *Naturally you agree*.

**Los plátanos son baratos hoy, ¿verdad?**  The bananas are cheap today, aren't they?

**La ciudad de México es enorme, ¿no es verdad?**  Mexico City is enormous, don't you agree?

## 16. Prepositions

Some common simple prepositions are: **a** (*to*); **con** (*with*); **de** (*of, from*); **en** (*in, on*); **para** (*for*); **por** (*through*).  Only two of these prepositions combine with the definite article: **a + el = al; de + el = del.**

**Hablamos al taxista del hotel.**  We talk to the taxi driver of the hotel.

## 17. *Para* to express purpose

To express the purpose of an action Spanish uses the preposition **para** followed by an infinitive.  It is translated *in order to* or *to*.

**Para vivir bien hay que comer bien.**  One has to eat well (in order) to live well.

## DIALOGUITOS

1.  A. —Señor, ¿dónde está el supermercado?
    B. —En la esquina, a dos cuadras de aquí.
    A. —¿Hay muchos extranjeros en este hotel?
    B. —Sí, señorita, hay muchos extranjeros.
    A. —¿Hay muchos mexicanos también?
    B. —No, señorita.  Los mexicanos viajan por los Estados Unidos.

2. A. —¿Qué quieres comprar, María?
   B. —Quiero comprar fruta.
   A. —¿Qué frutas quieres comprar?
   B. —Plátanos, naranjas, duraznos y peras.
   A. —¿Sabes que las frutas aquí son baratas?
   B. —Sí, son baratas. Por eso las compro.

3. A. —¿Llueve siempre aquí por la tarde?
   B. —Sí, señor, llueve siempre por la tarde en el verano.
   A. —Pero por la mañana hay sol.
   B. —Sí, señor, hay sol por la mañana.
   A. —Entonces hay que llevar siempre un impermeable?
   B. —No, señor. Cuando llueve, Vd. toma un taxi.

4. A. —¿Cuántas botellas hay en una docena?
   B. —¡Qué pregunta más rara! Hay doce botellas.
   A. —Vd. sabe contar ¿verdad? ¿Cuántas botellas hay aquí?
   B. —Curioso. Son once. ¿Vd. quería una docena?
   A. —Sí, señor, una docena completa.
   B. —Pues, no se moleste, señor. Le doy una botella gratis.

5. A. —Quiero comprar una tarjeta, por favor.
   B. —¿Sólo una? Tenemos muchas tarjetas.
   A. —Necesito sólo una, para mi hijo.
   B. —¿No tiene Vd. muchos amigos en los Estados Unidos?
   A. —Sí, tengo muchos amigos.
   B. —Bueno, envíe una tarjeta a cada uno. Hay que decirlo a todos que
      Vd. se divierte mucho.

6. A. —¿Qué es un gringo?
   B. —¿Vd. no lo sabe? Es un norteamericano.
   A. —¿Hay muchos gringos en la ciudad?
   B. —Sí, señor, hay muchos. Pero no los llame Vd. «gringos.»
   A. —¿Por qué no?
   B. —Porque no es una palabra cortés. Si Vd. quiere una propina, tiene
      que decir «señor.»

## EJERCICIOS

### PRÁCTICA ORAL

I. (Vocabulary Review) Repeat the complete sentence every time you substitute the words in parentheses for the ones in italics:

1. ¿Hay *un supermercado* cerca de aquí? (un banco comercial, una comisaría,
   una parada [*stop*] de autobús)

2. Queremos comprar *unos plátanos maduros* (*ripe*). (unas botellas de agua mineral, unas frutas frescas [*fresh*], unos duraznos dulces)
3. En nuestra clase hay *unos alumnos extranjeros*. (un profesor mexicano, una profesora joven, unos chicos [*boys*] altos)
4. ¿Dónde podemos encontrar *un taxi libre* (*free*)? (un autobús para el centro [*downtown*], un hotel barato, un restaurante italiano)
5. Por el momento necesito *unos sellos* (*stamps*). (unas tarjetas ilustradas, papel para cartas, unos sobres [*envelopes*])

II. One student asks and another answers the following questions:

1. ¿Qué se vende en un supermercado? 2. Cuando el día es bonito, ¿le gusta a Vd. ir andando? 3. ¿Qué es más largo, la milla (*mile*) o el kilómetro? 4. ¿Lleva Vd. un impermeable cuando llueve? 5. ¿Por qué se bebe agua mineral en muchos países? 6. ¿Comería Vd. frutas frescas en México? 7. ¿Qué prefiere Vd., peras o duraznos? 8. ¿Cuál pesa (*weighs*) más, la libra o el kilo?

III. Combine the two sentences given in each number, making the second one express purpose (by using **para** with the infinitive):

*Model:* Pepe viene a mi casa. Habla con mi hermana.
*Response:* Pepe viene a mi casa para hablar con mi hermana.

1. Vamos al supermercado. Compramos fruta.
2. Rosa toma un carrito. Pone las botellas.
3. Buscan un banco comercial. Compran pesos.
4. Las señoritas cogen el autobús. Van a la estación.
5. Vd. necesita papel. Vd. escribe cartas.
6. Voy al hotel. Encuentro a mi amigo.
7. Nos cobran veinte pesos. Vamos en el taxi.
8. El profesor compra un coche. Viaja por México.
9. La enfermera entra en el hospital. Pide un empleo.
10. Anita va a la escuela. Acompaña a su hermanita.

IV. Change the following statements to questions by adding first ¿**verdad**? and then ¿**no es verdad**?

*Model:* Llueve siempre por la tarde.
*Response:* Llueve siempre por la tarde, ¿verdad?
Llueve siempre por la tarde, ¿no es verdad?

1. Tengo que ir por cuatro cuadras. 2. El banco comercial está en la esquina. 3. Con los gringos no se gana nada. 4. El supermercado queda a varios kilómetros. 5. El agua mineral cuesta cuatro pesos. 6. Los plátanos son baratos hoy. 7. Un kilo resulta más de dos libras. 8. Las señoritas americanas son muy lindas. 9. Es muy agradable viajar por México. 10. El autobús es más barato que el taxi.

I. Write the English meanings of the following sentences:

1. Por favor, ¿hay un hotel cerca de aquí?   2. El hotel queda a diez cuadras de la estación.   3. Como el día es tan bonito, queremos ir andando.   4. Con estos turistas no se gana nada.   5. ¿Por qué no vamos por este lado en vez de ése?   6. No vale la pena tomar el taxi.   7. Cuestan más o menos doce pesos el kilo.   8. ¿Dónde podemos coger el autobús para el centro?   9. ¿Cuánto me cobra Vd. para llevarme al aeropuerto?   10. Señoritas, si me permiten las llevo en mi coche.

II. Complete the following sentences in a meaningful way:

1. El taxista dice que el banco comercial está _____.
2. Necesitamos papel _____ cartas y _____.
3. El supermercado _____ en la esquina de en frente.
4. Por favor, ¿a _____ las naranjas hoy y a _____ los _____?
5. Los plátanos son baratos; sólo a _____ por libra.
6. Si Vd. toma el taxi que pasa por la calle, le _____, nada más.
7. Es difícil viajar en autobús con _____.
8. En nuestro hotel sirven fruta a cada _____.
9. ¿Dónde está la _____ de autobuses para Guanajuato?
10. No vale _____ comprar demasiada fruta antes de la comida.

III. Supply the missing responses for the following dialogue:

A. —Por favor, ¿dónde puedo coger el autobús para el centro?
B. —
A. —¿Hay un supermercado allí?
B. —
A. —¿Venden frutas de todo tipo en ese supermercado?
B. —
A. —¿Puedo comprar agua mineral también?
B. —
A. —¿Puedo ir andando hasta el centro?
B. —
A. —Muy bien, entonces voy andando. Gracias.

IV. Translate into Spanish:

1. John is a lawyer and Pepe is an artist.   2. John is a good lawyer, but Pepe is a bad artist.   3. I want another taxi for my friends.   4. They buy only what (that which) is necessary.   5. The important thing is to have enough money.   6. The hotel is on the opposite corner, isn't it?   7. It is very pleasant to travel, isn't it?   8. They serve fruit in the hotel, don't they?   9. How much do they charge us to eat here?   10. Some blocks are longer than other blocks.

# LECCIÓN CUATRO

JEFE —Buenos días, señorita. ¡Siéntese un momento, por favor!

LUISA —Gracias, señor.

JEFE —Ahora, ¿qué desea Vd.?

LUISA —Busco una colocación. ¿Necesitan Vds. una secretaria?

JEFE —Tal vez la necesito yo mismo. Vamos a ver. ¿Tiene Vd. experiencia?

LUISA —No, señor, todavía no. Acabo de completar mi curso de carrera secretarial.

JEFE —¿Dónde ha estudiado Vd.?

LUISA —He estudiado en la Universidad del Estado.

JEFE —Y ahora está lista para empezar su carrera, ¿verdad?

LUISA —Eso es. Vd. comprende mi situación.

JEFE —Es que tengo una hija de su misma edad. Bueno. ¿Es Vd. buena mecanógrafa?

LUISA —Creo que sí. Escribo sesenta palabras por minuto.

JEFE —¿Calculando los errores?

LUISA —Sí, señor, calculando los errores.

JEFE —¿Sabe Vd. taquigrafía?

LUISA —Sí, señor. Tomo más de cien palabras por minuto.

JEFE —¿Sabe Vd. manejar máquinas calculadoras?

LUISA —Sí, señor. He estudiado máquinas calculadoras.

JEFE —¿Y máquinas duplicadoras?

LUISA —También. Hemos estudiado la operación de todas las máquinas normales de oficina.

JEFE —Generalmente yo uso dictáfono. ¿Sabe Vd. manejarlo?

LUISA —Creo que sí. He tomado dictado al dictáfono.

JEFE —¿Sabe Vd. archivar cartas?

LUISA —Sí, señor, sé archivarlas.

JEFE —¿Las encuentra Vd. después de archivarlas?

LUISA —Espero que sí, señor. Tendré que estudiar su sistema de archivo.

JEFE —Las cartas escritas a máquina, ¿salen limpias?

LUISA —Sí, señor. Nuestra profesora era muy exacta.

JEFE —Vd. parece una secretaria ideal. ¿Me hace el favor de tomar una carta al dictado?

LUISA —Con mucho gusto. (*Toma una carta al dictado.*)

JEFE —Ahora pásela Vd. a máquina, por favor. Aquí tiene Vd. una máquina con acentos.

LUISA —Muy bien. Es más fácil cuando la máquina tiene acentos.

JEFE —Todas nuestras máquinas tienen acentos. Aquí tenemos mucha correspondencia en español.

LUISA —¡Perfecto! Así podré emplear el español que aprendí en la escuela. Pensé que nunca iba a servirme.

JEFE —Claro que le interesa el sueldo. Pagamos ciento veinte y cinco dólares por semana. ¿Está de acuerdo?

LUISA —Sí, señor. Está bien para principiar.

JEFE —El puesto es suyo, si lo quiere.

LUISA —Sí que lo quiero. ¡Mil gracias, señor!

AYUDAS PARA LA COMPRENSIÓN

**Busco una colocación.** I'm looking for a job.

**¿Tiene Vd. experiencia?** Do you have any experience?

**Acabo de completar el curso.** I have just finished the course.

**Vd. está lista para empezar su carrera.** You are ready to begin your career.

**Creo que sí.** I think so.

**¿Sabe Vd. taquigrafía?** Do you take shorthand?

**¿Sabe Vd. manejar las máquinas?** Can you operate the machines?

**(la) máquina calculadora** calculating machine, calculator

**(la) máquina duplicadora** duplicating machine, duplicator

**¿Sabe Vd. archivar cartas?** Can you file letters?

**(el) sistema de archivo** filing system

**(las) cartas escritas a máquina** typed letters

**tomar algo al dictado** to take some dictation

**¡Pásela Vd. a máquina!** Type it.

**Pensé que nunca iba a servirme.** I thought I would never use it.

**¿Está de acuerdo?** Is that O.K.?

**Sí que lo quiero.** I sure do want it.

Modern offices have a spectacular setting in Caracas, Venezuela.

# PRONUNCIACIÓN

Spanish vowel sounds are clear and crisp. They do not have the end-glide which is characteristic of English vowel sounds in words like *no* (*no$^u$*) or *fake* (*fe$^i$k*). The English words we have listed give an approximate idea of the vowel sounds in Spanish, but you must listen carefully to your instructor and mimic the exact sound.

| Vowel | English word | Spanish vowel sound |
|---|---|---|
| a | m*a*m*a* | **carta, archiva, máquina, maneja, María** |
| e | ess*ay* | **ese, este, lee, cree, desee** |
| i | mach*i*ne | **sí, di, díme, mismo, listo** |
| o | h*o*b*o* | **tomo, coloco, todo, mono, pongo** |
| u | sp*oo*n | **tu, tuyo, mucho, curso, minuto** |

# REPASO GRAMATICAL

### 18. Adjectives: forms and agreement

An adjective is a word which qualifies the noun in some way. If it denotes a physical quality, such as color, size, or shape, or a characteristic such as origin or nationality, it is a descriptive adjective. But an adjective may also qualify a noun just to limit its application, and such adjectives are more correctly called "determiners." If the adjective indicates whether a noun is definite or indefinite, it is called an article. If it indicates number, it is called a numeral. If it points out position, it is called a demonstrative. If it indicates possession, it is called possessive. If it is used to ask a question, it is called interrogative. And if it indicates the relation of the noun to some other word, it is called relative. Since they all modify the noun to which they apply, we group them all under the term "adjectives" in explaining their forms.

With all descriptive adjectives, when the masculine singular ends in -**o**, the feminine singular will end in -**a**, the masculine plural in -**os**, and the feminine plural in -**as**. When the masculine singular ends in -**e** or a consonant (except for adjectives of nationality), the feminine singular will be the same as the masculine, and the plural will end in -**es** for both genders.

Adjectives of nationality which end in a consonant in the masculine singular add -**a** to form the feminine; if they have a written accent on the last vowel, they lose it. Moreover, they add -**es** to the masculine singular to form the plural and -**s** to the feminine singular to form the plural, and again they lose the accent.

**el señor español, la señora española**
**un amigo francés, unos amigos franceses**
**una amiga inglesa, unas amigas inglesas**

A few adjectives have an abbreviated form in the singular when they come immediately before the noun they modify.

1. **Grande** becomes **gran** before either a masculine or a feminine singular noun.

   **una gran carrera**  a great career
   **un gran hotel**  a grand hotel

2. **bueno**
   **malo**  } become { **buen**
   **primero**         **mal**       before a masculine singular noun only.
                   **primer**

   **El primer día estuvimos en un buen hotel.**  The first day we were in a good
                                               hotel.

3. **Santo** (masculine only) becomes **san** before nouns, except those beginning with **to-** or **do-**.

          **el día de San Antonio**  Saint Anthony's day

   BUT:  **Santo Tomás, Santo Domingo**

Except for **uno** and its compounds, cardinal numbers do not vary in form until after the hundreds. Ordinal numbers have four forms—the same as any other adjective whose masculine singular ends in **-o**.

**tres calles**  three streets
**veinte y una casas**  twenty-one houses
**doscientos (-as) alumnos (-as)**  two hundred pupils
**la primera noche**  the first night
**el segundo día**  the second day

An adjective agrees in gender and number with the noun or pronoun it modifies. An adjective modifying two or more nouns of different genders is masculine plural in form.

**el trabajo limpio**  the clean work
**la misma edad**  the same age
**el padre y la madre españoles**  the Spanish father and mother

## 19. Position of adjectives

Descriptive adjectives generally come after the noun they modify and not before, as they do in English. A past participle used as an adjective, an adjective which is rather long, or an adjective modified by an adverb all come after the noun.

**una ventana abierta**  an open window
**un chico inteligente**  an intelligent boy
**una calle muy hermosa**  a very beautiful street

Adjectives denoting a characteristic generally associated with a noun, some short adjectives, and some common adjectives such as **grande, pequeño, bueno, malo, joven, viejo, hermoso, bonito,** and **santo** generally come before the noun, unless the quality itself is stressed. The Spanish speaker can give different shades of meaning by placing the adjective before or after the noun.

**la blanca nieve**   the white snow        **la Casa Blanca**   the White House
**una gran ciudad**   a great city          **una ciudad grande**   a large city

An adjective which may come either before or after the noun carries a different connotation according to its position. Before the noun it is used in a figurative sense. After the noun it has its literal meaning.

**su amable carta**   your welcome letter
**Es una señora amable.**   She is an amiable lady.
**el tremendo éxito**   the tremendous (very great) success
**Hubo un ruido tremendo.**   There was a tremendous (frightening) noise.

**el pobre marido**   the poor husband (to be pitied)
**el marido pobre**   the poor husband (not much money)
**una buena comida**   a good meal (ample)
**una comida buena**   a fine meal (as opposed to a poor one)

Limiting adjectives or determiners (such as articles, numbers, demonstrative, possessive, interrogative, and indefinite adjectives) come before the noun.

**sesenta palabras**   sixty words
**nuestra profesora**   our teacher
**algunos papeles**   some papers
**¿Qué fruta quiere Vd.?**   What fruit do you want?

## 20.  Demonstrative adjectives

A demonstrative adjective points out a person or an object. In English there are two demonstrative adjectives (*this* and *that*), but in Spanish there are three: **este, ese,** and **aquel.** Here are the forms:

| | |
|---|---|
| **este, esta, estos, estas**<br>   this, these | *refers to that which is near the speaker* |
| **ese, esa, esos, esas**<br>   that, those | *refers to that which is near the person spoken to* |
| **aquel, aquella, aquellos, aquellas**<br>   that, those | *refers to that which is away from both the speaker and the person spoken to* |

The demonstrative adjective is generally repeated before each word to which it refers.

**Estas calles y estas avenidas.**   These streets and avenues.

Grammatically, the adjective **ese (esa, esos, esas)** is used only when the speaker wants to indicate something or someone near the person addressed, but in actual practice it is often used where one would expect **aquel.**

**¡Déme Vd. una docena de esos duraznos!**   Give me a dozen of those peaches (over there).

**¡Coja Vd. ese autobús!**   Take that bus.

## 21. Demonstrative pronouns

A demonstrative word which is not followed immediately by the noun to which it refers is a pronoun rather than an adjective. When the demonstratives are used as pronouns, they have a written accent over the vowel that is stressed. Therefore the demonstrative pronouns are:

| | |
|---|---|
| **éste, ésta, éstos, éstas** | this (one), those |
| **ése, ésa, ésos, ésas** | that (one), those (*near you*) |
| **aquél, aquélla, aquéllos, aquéllas** | that (one), those (*away from you*) |

**¿Quiere Vd. éstos grandes o ésos pequeños?**   Do you want these large ones or those small ones?

In addition to these pronouns there are three demonstratives which refer to a vague object, an idea, or some previous statement. These have no accents.

| | |
|---|---|
| **esto** | this (*what I say*) |
| **eso** | that (*what you said*) |
| **aquello** | that (*some statement in the past*) |

**Eso es todo por hoy.**   That is all for today.

## DIALOGUITOS

1.  A. —¿Qué curso haces, José?
    B. —Hago el curso de carrera secretarial.
    A. —¡No me digas! Es un curso para muchachas.
    B. —¿Por qué tiene que ser sólo para muchachas?
    A. —Tiene Vd. razón. No hay ninguna razón.
    B. —De secretario puedo ganar bastante dinero.
    A. —Eso es lo importante. Ganar mucho dinero.

2.  A. —¿Escribe Vd. a máquina?
    B. —No, señor, no escribo a máquina.
    A. —¿Sabe Vd. taquigrafía?
    B. —No, señor, no sé taquigrafía.
    A. —¿Sabe Vd. archivar las cartas?
    B. —No sé. Nunca he archivado.
    A. —Pues, lo siento mucho. No necesitamos una secretaria.

3.  A. —¿Sabe Vd. manejar el dictáfono?
    B. —Sí, señor, tengo mucha experiencia.
    A. —¿Cuántas palabras escribe Vd. a máquina?
    B. —Ochenta palabras por minuto.
    A. —¿Y cuántas palabras toma Vd. de taquigrafía?
    B. —Más de cien palabras por minuto.
    A. —Bueno, venga Vd. a trabajar la semana próxima.

4. A. —Carmen, ¿qué máquina es ésta?
   B. —Es una máquina calculadora.
   A. —¿Y ésa?
   B. —Ésa es una máquina duplicadora.
   A. —Hay muchas máquinas en esta oficina.
   B. —Claro que hay muchas máquinas. ¿Vd. dónde ha trabajado?
   A. —Nunca he trabajado. Mi esposo lo hace todo.

5. A. —¿Qué sueldo pagan Vds.?
   B. —Ciento cincuenta dólares por semana.
   A. —¿Cuántas horas hay que trabajar?
   B. —Ocho horas por día.
   A. —Es demasiado para mí. No puedo trabajar tanto.
   B. —Pero hay quince minutos de descanso cada hora.
   A. —Entonces sí que puedo hacerlo. Vendré mañana.

6. A. —Por favor, pase Vd. a máquina esta carta.
   B. —¿Quiere Vd. sólo una copia?
   A. —Sí, señorita, una copia es bastante.
   B. —¿Hay que archivar una copia de cada carta?
   A. —Sí, hay que archivar siempre una copia.
   B. —¿Tienen Vds. un sistema personal de archivo?
   A. —No, señorita. Lo único es que Vd. pueda encontrar las cartas archivadas.

# EJERCICIOS

## Práctica oral

I. (Vocabulary Review) Repeat each sentence aloud every time you substitute the words in parentheses for the ones in italics:

1. En esta oficina necesitamos *una secretaria española.* (una mecanógrafa inteligente, una máquina duplicadora, una máquina calculadora)
2. La señorita busca *las cartas archivadas.* (los sobres grandes, los sellos mexicanos, la correspondencia del día)
3. Vd. no comprende bien *la situación económica.* (la operación [*operation*] de las máquinas, las condiciones del trabajo, el sistema de archivo)
4. En nuestras clases hay *unos alumnos inteligentes.* (unos profesores hispano-americanos, unos chicos españoles, unas muchachas japonesas)
5. ¿Sabe Vd. *archivar las cartas*? (escribir al dictado, manejar las máquinas, transcribir taquigrafía)
6. La secretaria acaba de *completar el curso.* (escribir la carta, archivar los papeles, transcribir [*transcribe*] el dictado)

II. Repeat the sentence aloud every time you substitute the adjective given in English in parentheses for the Spanish one in italics:

1. Rosita es una muchacha *italiana*. (Spanish, English, Spanish American)
2. Vivimos en una calle *ancha*. (long, short, beautiful)
3. En este hotel hay cuartos *limpios*. (small, comfortable, cheap)
4. Quiero comprar unas frutas *maduras*. (sweet, large, tasty [*sabroso*])
5. En nuestra escuela hay alumnos y alumnas *corteses*. (intelligent, likeable, rich)

III. Change the following phrases to the plural and then use one (singular or plural) from each group in an original sentence:

1. el puesto agradable, el sueldo justo, la carta comercial.  2. una máquina calculadora, una máquina duplicadora, un dictáfono barato.  3. una gran ciudad, un buen sistema, una buena comida.  4. la misma carrera, el mismo curso, la misma universidad.  5. la primera palabra, el primer paso, el gran hotel.

IV. Repeat the following sentences every time you substitute Spanish words for the ones given in English:

1. Por favor, déme Vd. un kilo de *estos plátanos*. (these peaches, these pears, these apples)
2. ¿Cuánto cuesta *ese sombrero*? (that tie, that raincoat, that shirt)
3. No han visitado nunca *aquel país*. (that church, that place, that region)
4. ¿Dónde podemos encontrar *esos libros*? (those tapes, those dictaphones, those typewriters)
5. Tráigame Vd. *aquel cuaderno*. (that chair, that calculator, those pencils)

EJERCICIOS PARA ESCRIBIR

I. Complete the following sentences by using the correct form of an adjective chosen from the list given:

**bonito, bueno, corto, exacto, hermoso, largo, limpio, mismo**

1. El señor comprende la situación porque tiene una hija de la _____ edad.
2. Si la secretaria es buena, escribe cartas muy _____.
3. La carrera secretarial es una _____ carrera para conseguir una colocación.
4. La mecanógrafa ha aprendido bien porque la profesora era muy _____.
5. María es una muchacha muy _____ y por lo tanto me gusta mucho.
6. Una calle de sólo cincuenta metros es una calle _____.
7. Una carta de dos mil palabras es una carta muy _____.
8. En nuestro jardín hay flores _____ en la primavera y en el otoño.
9. Una buena secretaria no repite siempre los _____ errores.
10. No me gustan libros largos; me gustan sólo libros _____.

II. With the help of the *Ayudas para la comprensión*, translate the following into Spanish:

1. Mary is looking for a position.  2. Does she have much experience? 3. She has just finished the course.  4. Are you ready to begin these exercises?  5. You take shorthand, don't you?  6. We have a calculator in our office.  7. Is there a duplicator in that school?  8. You know how to file letters, don't you?  9. Does the typewriter have accents?  10. The salary interests you, doesn't it?  11. José takes the letters at dictation.  12. She'll have to study our filing system.

III. In the following sentences drop the nouns in italics after the demonstrative adjectives, add accents to the demonstrative adjectives, and they will become demonstrative pronouns:

1. Esta *máquina* tiene acentos, pero aquella *máquina* no los tiene.  2. Estas *cartas* son escritas a máquina, pero esas *cartas* no son escritas a máquina. 3. He calculado estos *errores*, pero no he calculado aquellos *errores*.  4. Esa *corbata* me parece más hermosa que esta *corbata*.  5. Esos *duraznos* cuestan más que aquellos *duraznos*.  6. Aquel *impermeable* cuesta menos que este *impermeable*.  7. Me quedo con este *jamón*, estos *dulces* y estas *bananas*. 8. Aquella *lección* es más fácil que esta *lección*.  9. Estos *ejercicios* son más fáciles que aquellos *ejercicios*.  10. Aquella *universidad* le gusta menos que esta *universidad*.

IV. Answer the following questions in Spanish:

1. ¿Ha tenido Vd. nunca una entrevista para una colocación?  2. ¿Está Vd. listo para empezar su carrera?  3. ¿Hay muchas señoritas que siguen el curso de carrera secretarial?  4. ¿Se usa mucho el dictáfono en las oficinas modernas?  5. ¿Sabe Vd. tomar cartas al dictado?  6. ¿Sabe Vd. escribir a máquina?  7. ¿Cuándo va Vd. a completar este curso?  8. ¿Es importante el sueldo cuando se busca una posición?

# LECCIÓN CINCO

## I. DE VIAJE

EMPLEADA  —Sus billetes, por favor. ¿Van Vds. a la capital, o a Acapulco?

SEÑOR  —Vamos a Acapulco. ¿Este avión para en la capital?

EMPLEADA  —Sí, señor. Llega allí a las seis y media y sale a las siete y cuarto.

SEÑOR  —Bueno. Tendremos tiempo para estirar las piernas.

OTRA EMPLEADA  —¿Son éstas sus maletas? ¿Hay tres?

SEÑOR  —Sí, señorita, sólo tres. Viajamos con poco equipaje.

OTRA EMPLEADA  —Ya están Vds. listos. Puerta número veinte y cuatro, a la derecha. ¡Buen viaje!

SEÑOR  —Gracias. ¡Adiós! La puerta queda muy lejos.

ESPOSA  —Pues, vayamos despacio. No hay prisa.

SEÑOR  —Estas benditas puertas quedan tan lejos que se necesita un coche.

ESPOSA  —Ahora tenemos que pasar el control. Aquí está la cola.

SEÑOR  —¿Hay que hacer cola para pasar el control?

ESPOSA  —En este aeropuerto hay siempre mucha gente, sobre todo en el verano.

EMPLEADA AL CONTROL  —El bolso y el maletín aquí, por favor, y Vds. por allá. La señora puede pasar. Vd., señor, ¿lleva algo de metal?

SEÑOR  —Siempre mis benditas llaves, aquí en el bolsillo.

EMPLEADA AL CONTROL  —Bueno, ahora Vd. puede pasar sin dificultad.

ESPOSA  —El control es una molestia, pero es una buena precaución de seguridad.


## II. EN EL AVIÓN

AZAFATA  —¡Abróchese Vd. el cinturón de seguridad, señora!

SEÑORA  —Gracias, señorita. Siempre lo olvido.

(VOZ DEL COMANDANTE)  —El vuelo está listo para el despegue. Las asistentes de vuelo tomen asientos, por favor.

SEÑORA  —¿Asistentes de vuelo? ¿No se llaman azafatas?

ESPOSO  —Azafata es la palabra normal en los aviones. Pero en estos grandes aviones reactores las azafatas se llaman asistentes de vuelo, porque asisten al pasajero en cualquier emergencia.

SEÑORA  —Espero que no habrá ninguna emergencia. Tengo miedo cuando nos enseñan el uso de las máscaras de oxígeno.

ESPOSO  —¿Ya estamos en vuelo?

AZAFATA  —Sí, señor, estamos en vuelo, pero todavía no hemos alcanzado nuestra altitud.

ESPOSO  —¿A qué altitud volamos de aquí a México?

AZAFATA  —A diez mil metros.

ESPOSO  —¿Diez mil metros? Eso equivale a treinta y cuatro mil pies, ¿verdad?

AZAFATA  —Sí, señor, equivale a unos treinta y cuatro mil pies.

SEÑORA —Nunca pude comprender el sistema métrico.

ESPOSO —Señorita, ¿cuándo comemos?

AZAFATA —Al alcanzar nuestra altitud empezamos a servir la comida. ¿Tiene Vd. hambre?

ESPOSO —No es que tenga hambre. Es que puedo dormir un poquito antes de la comida, ya que no hay otro restaurante.

AYUDAS PARA LA COMPRENSIÓN

**estirar las piernas** to stretch one's legs
**Viajamos con poco equipaje.** We are traveling light.
**No hay prisa.** There's no hurry.
**Hay que hacer cola.** One has to stand in line.
**por allá** that way
**Vd. lleva algo de metal.** You are carrying something made of metal.
**una precaución de seguridad** a safety precaution
**¡Abróchese Vd. el cinturón de seguridad!** Fasten your seat belt.
**el avión reactor** jet (plane)
**Asisten al pasajero en cualquier emergencia.** They help the passenger in any emergency.
**El avión alcanza su altitud.** The plane reaches its altitude.
**No es que tenga hambre.** Not that I am hungry.
**Empezamos a servir la comida.** We begin serving dinner.

International airport in Maracaibo, Venezuela.

# PRONUNCIACIÓN

As we explained in §1 on Syllabication, a diphthong is a group of two vowels which are pronounced with a single impulse, like one vowel sound fusing into another. In Spanish a diphthong is made up of one strong vowel (**a, e, o**) combined with a weak vowel (**i, u,** or **y** used as a vowel), or two weak vowels. In a dipthhong the stress is on the strong vowel if there is one, or generally on the second weak vowel if both vowels are weak. Remember that the English words in the drill give only an approximation of the Spanish vowel sounds. You must listen carefully to the Spanish model and imitate closely.

| Diphthong | English word | Spanish examples |
| --- | --- | --- |
| ei (ey) | *lay* | seis, veinte, treinta, veis, tomeis |
| ie (ye) | *yes* | siete, pierna, viernes, viene, bien |
| ia (ya) | *yacht* | molestia, media, ya, estudia, limpia |
| io (yo) | *young* | junio, julio, Emilio, avión, despacio |
| ue | *request* | vuelo, puerta, encuentro, escuela, puedo |
| ua | *quality* | cuando, cuanto, cuatro, cuarenta, cual |
| au | *ouch* | aula, autor, ausente, restaurante, pausa |
| iu | *few* | ciudad, ciudadano |
| ui | *we* | cuidado, juicio, Luis, Luisa |

# REPASO GRAMATICAL

## 22. Conjugations

All Spanish verbs are listed in the infinitive, which is the general form of a verb. The infinitives end in **-ar, -er,** or **-ir.** Verbs ending in **-ar** are first conjugation; verbs ending in **-er** are second; and verbs ending in **-ir** are third. These conjugations are classifications which make it easier for you to remember the proper endings of verbs.

## 23. Present tense of the indicative

Verbs which simply make statements or ask questions are in the indicative mood. The indicative is the normal mood for Spanish verbs when there is no reason for the use of another mood. Following are the forms of the present indicative for the three conjugations:

| | 1st Conj. | 2nd Conj. | 3rd Conj. |
|---|---|---|---|
| yo | hablo | aprendo | vivo |
| tú | hablas | aprendes | vives |
| él, ella, Vd. | habla | aprende | vive |
| nosotros, -as | hablamos | aprendemos | vivimos |
| vosotros, -as | habláis | aprendéis | vivís |
| ellos, ellas, Vds. | hablan | aprenden | viven |

The present tense in Spanish may express not only the fact that an action is taking place at the present time, but also the fact that an action is actually in progress, or that the speaker is emphatic about his statement. **Yo hablo** corresponds to *I speak*, *I am speaking*, or *I do speak*.

**Sí, este avión para en la capital.**   Yes, this plane does stop at the capital.

## 24.   Present indicative of *ser* and *estar*

There are two verbs in Spanish which mean *to be*, namely **ser** and **estar**. Each one has its own definite uses, and they cannot be used interchangeably.

| | ser | estar |
|---|---|---|
| yo | soy | estoy |
| tú | eres | estás |
| él, ella, Vd. | es | está |
| nosotros, -as | somos | estamos |
| vosotros, -as | sois | estáis |
| ellos, ellas, Vds. | son | están |

## 25.   Uses of *ser* and *estar*

**ser:**

1. Expresses a permanent or inherent quality.

   **El azúcar es dulce.**   Sugar is sweet.

2. Expresses possession.
   **El billete es de mi hermano.**   The ticket is my brother's.

**estar:**

1. Expresses an accidental or temporary quality, or a quality which can easily be changed.

   **El cuarto está ocupado.**   The room is occupied.

2. Expresses place or location.
   **La puerta está a la derecha.**   The gate is to the right.

3. Expresses origin, or material from which an object is made.
**Juan es de Puerto Rico.** John is from Puerto Rico.
**La llave es de metal.** The key is made of metal.

4. Always used with a predicate noun or pronoun.
**Alberto es abogado.** Albert is a lawyer.

5. Used with the adjectives *young, old, rich, poor.*
**La azafata es joven.** The stewardess is young.

3. Used when speaking of the state of health.
**¿Cómo está Vd. hoy?** How are you today?

4. Expresses the result of an action.

**La puerta está cerrada.** The door is closed.

5. Used with present participle to express progressive action.
**¿A qué altitud estamos volando?** At what altitude are we flying?

With certain adjectives either **ser** or **estar** may be used, according to the idea which the speaker wants to convey. **Ser** expresses a permanent or inherent quality; **estar** expresses the same quality as temporary or transitory.

**Los árboles son verdes.** Trees are green (by nature).
**Los árboles están verdes en el verano.** Trees are green in the summer.

### 26. Negative words and expressions

The following are the most common negative words:

**nadie** no one, nobody
**nada** nothing
**ninguno (ningún), -a** no, not any, none

**nunca** never
**jamás** never
**ni ... ni** neither ... nor

**Nadie puede entenderlo.** No one can understand it.

These negative words are generally used after the verb, which must then be preceded by **no**. They may be used before the verb for greater emphasis, in which case the **no** is omitted.

**No hay ninguna emergencia.** There is no emergency.
**Nunca hay emergencia.** There is never an emergency.

## DIALOGUITOS

1. A. —Su billete, por favor.
   B. —Está aquí, en mi bolsillo.
   A. —¿Cuál es su maleta?
   B. —Ese maletín (*hand luggage*) de color gris.
   A. —¿No lleva nada más?

B. —No, señorita. Viajo por un día, nada más.
A. —Entonces está Vd. listo. ¡Buen viaje!

2. A. —¿De qué puerta sale el avión para Madrid?
   B. —De la puerta veinte y una.
   A. —¿Y dónde queda la puerta veinte y una?
   B. —Por allá, a la derecha.
   A. —¿Está muy lejos la puerta?
   B. —No está muy lejos. Para un joven como Vd., no es nada.

3. A. —Hay que pasar el control, señores. ¿Llevan algo de metal?
   B. —No, señor, no llevamos nada de metal.
   A. —Entonces pasarán sin dificultad.
   B. —¿Hay que hacer cola?
   A. —Sí, señores, pero es muy rápido.
   B. —Bueno. ¿Cuándo sale el avión?
   A. —No sale antes de terminar el control, señores.

4. A. —¡Qué chica tan simpática! ¿Esta Vd. casada?
   B. —Sí, señor, estoy casada. Pero mi amiga Lola no está casada.
   A. —¿Y quién es Lola?
   B. —La azafata que viene ahora. ¿Quiere Vd. conocerla?
   A. —Por el momento no, señorita.
   B. —Como Vd. quiere. ¿Me permite preguntarle la razón?
   A. —Es que yo estoy casado también. Aquí viene mi esposa.

5. A. —¿A qué altitud estamos volando?
   B. —A diez mil metros.
   A. —¿Puedo aflojar (release) el cinturón de seguridad?
   B. —Sí, señora. Ahora sí que puede aflojarlo.
   A. —¿Puedo fumar?
   B. —Sí, señora, pero solo cigarrillos.
   A. —Está bien. No llevo ni puros (cigars) ni pipa.

6. A. —¿Qué hay para la comida?
   B. —Aquí tiene Vd. el menú.
   A. —¡Qué bueno! ¿Vamos a comer todo esto?
   B. —Sí, señor. La comida aquí es muy buena.
   A. —¿No es buena en todos los aviones?
   B. —No sé. He trabajado sólo para esta línea.

# EJERCICIOS

PRÁCTICA ORAL

I. Repeat the sentence with the correct form of the verb every time you substitute the subject given in parentheses (watch out for reflexive verbs):

1. *El coche* se queda en el aeropuerto. (nosotros, Vds., Roberto, yo)
2. *El niño* se abrocha el cinturón de seguridad. (ella, ellos, nosotros, tú)
3. *Nosotros* comemos demasiada carne. (Vd., la azafata, tú, yo)
4. *Vds.* comprenden muchos idiomas. (los extranjeros, tú, yo, ellas)
5. *Yo* vivo en esta ciudad. (él, vosotros, Vds., las mujeres)
6. *La mecanógrafa* escribe las palabras. (nosotros, Vds., yo, ellas)
7. *El señor* pasa por la puerta. (yo, ellos, la chica, vosotros)
8. *Nosotros* no abrimos la maleta. (Luis, tú, Vds., yo)
9. *Vd.* lee todos los ejercicios. (Vds., nosotros, ella, tú)
10. *La señora* habla muy despacio. (yo, Vd., tú, ellos)

II. (Vocabulary Review) Repeat the sentence every time you substitute the phrase in parentheses for the one in italics:

1. Ahora podemos *estirar las piernas.* (tomar las maletas, ir a la derecha, pasar el control, pararnos en Acapulco)
2. El señor lleva *algo de metal* en el bolsillo. (algo de oro, algo de plata, algo de papel, algo de madera)
3. En el aeropuerto siempre hay *mucha gente.* (muchos pasajeros, muchas maletas, mucha confusión, mucho ruido)
4. Tenemos que salir por la puerta número *veinte y cuatro.* (19, 26, 11, 33)
5. En su bolso la señorita lleva *mucho dinero.* (varias llaves, unos billetes, varias cartas, el pasaporte)
6. Nunca he comprendido *el sistema métrico.* (el sistema de archivo, la taquigrafía, las máquinas calculadoras, el nuevo idioma)
7. Van despacio porque *no hay prisa.* (hay mucha gente, llevan maletas, están cansados, quieren descansar)
8. Hay que hacer cola para *pasar el control.* (comprar los billetes, subir al avión, bajar del avión, coger el autobús)

III. Supply the correct form of the present indicative for the verbs indicated in parentheses:

1. Yo (ser) secretaria y mi madre (ser) profesora.   2. Los aviones reactores (ser) enormes y los otros (ser) más pequeños.   3. Los plátanos (ser) amarillos y las peras (ser) verdes.   4. La puerta (estar) cerrada y las ventanas (estar) abiertas.   5. Cuando nosotros (estar) en la clase, (estar) siempre ocupados.   6. El coche (estar) en la calle cuando yo (estar) en casa.   7. El profesor (ser) viejo y los alumnos (ser) jóvenes.   8. Roberto (ser) abogado y sus hermanos (ser) médicos.   9. La enfermera no (estar) aquí hoy porque (estar) enferma.   10. Los extranjeros que (estar) en el hotel (ser) de Colombia.

EJERCICIOS PARA ESCRIBIR

I. In the following sentences write the correct form of the verb for the subject given in parentheses:

1. *Él* compra unas frutas en el mercado. (yo, tú, nosotros)

2. *La niña* toma dictado en la clase. (ellos, nosotros, yo)
3. *Yo* llevo las maletas al coche. (Vd., Vds., tú)
4. *Ana* comprende todo sin dificultad. (tú, él, yo)
5. *Nosotros* leemos la lección. (Vds., yo, Vd.)
6. *Ella* vende naranjas y duraznos. (nosotros, ellos, tú)
7. *Rosa* vive en la misma ciudad. (yo, Vds., nosotros)
8. *El estudiante* escribe todos los ejercicios. (nosotros, tú, yo)
9. *Juan* abre los maletines para el control. (tú, ella, ellos)
10. *Nosotros* asistimos en cualquier emergencia. (ella, Vds., yo)

II. In each of the following sentences change the subject and the verb to the plural and make other changes as required:

1. La maleta está en el coche. 2. Yo estoy aquí en la universidad. 3. La ventana está cerrada. 4. La secretaria está trabajando por el momento. 5. El avión está listo para el despegue. 6. Él es médico en este hospital. 7. Yo soy de Venezuela; no soy de México. 8. Vd. es rico, ¿verdad? 9. La llave es de metal y el reloj es de oro. 10. El bolso es de mi esposa y el maletín es de mi hijo.

III. Translate the following:

1. No one can pass that way. 2. We don't know anybody in this hotel. 3. They buy nothing in the supermarket. 4. I don't want anything for the moment. 5. He can never understand the metric system. 6. We never want to travel by plane. 7. There is no emergency now. 8. There is no professor for this class. 9. I have neither tickets nor money. 10. They speak neither English nor Spanish.

IV. Answer the following questions:

1. ¿Viaja Vd. con mucho equipaje o con poco equipaje? 2. ¿Hay que hacer cola para subir en un avión? 3. ¿Hay mucha gente en el aeropuerto en el verano? 4. ¿Es una buena precaución de seguridad el control? 5. ¿Se abrocha Vd. el cinturón de seguridad en su automóvil? 6. ¿Son muy grandes los aviones reactores? 7. ¿A qué altitud vuelan los aviones para México? 8. ¿Cuándo empiezan a servir la comida en un avión? 9. ¿Ha necesitado Vd. nunca una máscara de oxígeno? 10. ¿Duerme Vd. un poquito después de la comida?

The "floating gardens" of Xochimilco near Mexico City.

# LECCIÓN SEIS

# UNA CARTA ENTRE AMIGAS

Acapulco, 16 de agosto, 1976

Querida Lola,

Por fin ayer llegamos a nuestro hotel en Acapulco, después de un viaje de seis horas. Hay que ver este lugar para apreciarlo. Tienes que pasar aquí tus vacaciones en la primera ocasión. Puedes pasar unos días, unas semanas, y aun unos meses, si quieres. Así podrás comprender el entusiasmo de los turistas que vienen aquí año tras año. La alta (y rica) aristocracia del mundo entero ocupa los lugares más pintorescos, dejando aun bastantes lugares para la gente modesta como nosotros. Se encuentran habitaciones a cualquier precio.

Estamos en un hotel de la Playa de Caleta. Es un viejo hotel que todavía conserva la elegancia de otros tiempos. Está construido al lado de una roca, y parece surgir directamente del mar. Sus palmeras y sus fuentes, sus prados verdes rodeados de flores multicolores, sus senderos sombreados—todo contribuye al aspecto de un enorme jardín tropical. Hay dos piscinas (o albercas, como las llaman aquí) con aguas límpidas y azules, una con agua dulce y otra con agua del mar. Entre las dos albercas hay un lindo bar-restaurante, de manera que podemos tomar un coctel y almorzar en traje de baño. Además hay jóvenes altos y bronceados que buscan una ocasión para practicar sus pocas palabras de inglés y entrar en conversación.

Las habitaciones del hotel son grandes y aireadas, porque datan de la época cuando no había aire acondicionado. Ahora sí que lo hay, pero la brisa del mar todavía entra por las muchas aberturas y el aire acondicionado lleva el perfume del aire del mar. Así es Acapulco—una mezcla de lo natural y lo artificial. Los naturales del país siguen la vida de otros siglos y los turistas disfrutan las comodidades modernas.

Pasamos el día tomando el sol y descansando. Nos levantamos como a las diez y tomamos el desayuno en la terraza. Todo los cuartos tienen terrazas con una vista estupenda al mar y a los montes. Después del desayuno bajamos a la piscina de agua dulce y descansamos en las sillas. Nadamos un cuarto de hora y descansamos otra vez bajo el sol brillante o en la sombra fresca. Después del almuerzo repetimos la misma actividad. Estamos aquí de descanso y disfrutamos el descanso lo más posible. Sin embargo, tú que quieres animación y vida la encontrarás en todos los lugares. En la playa puedes nadar a cualquier hora; hay barcos de vela, botes y yates; hay ski, buceo, bailes y música de todo tipo. Es un lugar ideal para vacaciones.

No sé cuando esta carta te llegará, porque el correo es muy lento en México —igual que en los Estados Unidos. Tal vez los empleados toman el sol aquí en la Playa de Caleta. Quedaremos aquí una semana y después tomaremos el avión para la capital.

Afectuosos recuerdos a tu familia y para ti un abrazo de

Tu amiga<br>Alicia

**Por fin llegamos.**   We finally arrived.

**año tras año**   year after year

**en la primera ocasión**   the first chance you get

**Se encuentran habitaciones a cualquier precio.**   You can find rooms in any price range.

**Parece surgir directamente del mar.**   It seems to come directly out of the sea.

**(el) traje de baño**   bathing suit

**jóvenes altos y bronceados**   tall, sun-tanned young men

**Datan de la época...**   They date back to the time ...

**Pasamos el día tomando el sol y descansando.**   We spend the day sunbathing and resting.

**una mezcla de lo natural y lo artificial**   a mixture of what is natural and what is artificial

**Estamos aquí de descanso.**   We are here for a rest.

**en todos los lugares**   everywhere

**lo más posible**   as much as possible

**Hay barcos de vela, botes y yates.**   There are sailboats, rowboats, and yachts.

**(el) buceo**   skin diving

**de todo tipo**   of all kinds

Acapulco beaches are deserted in the morning.

# PRONUNCIACIÓN

In the following drill first practice the clear, crisp pronunciation of each individual vowel as indicated in the separate syllables; then be sure to pronounce each word as a quick unit, not as a series of separate sounds. The stressed syllable is in bold face.

| | | | |
|---|---|---|---|
| (se-**ma**-na) | semana | (en-**te**-ro) | entero |
| (ma-**ne**-ra) | manera | (pin-to-**res**-co) | pintoresco |
| (**to**-do) | todo | (Ca-**le**-ta) | Caleta |
| (**co**-mo-do) | cómodo | (pal-**me**-ra) | palmera |
| (co-mo-di-**dad**) | comodidad | (tro-pi-**cal**) | tropical |
| (**lim**-pi-do) | límpido | (som-bre-**a**-do) | sombreado |
| (de-sa-**yu**-no) | desayuno | (al-**ber**-ca) | alberca |
| (ho-**tel**) | hotel | (o-por-tu-ni-**dad**) | oportunidad |
| (pri-**me**-ro) | primero | (a-ber-**tu**-ra) | abertura |

# REPASO GRAMATICAL

### 27.  The verb *gustar*

The English verb *to like* has no exact equivalent in Spanish.  Instead of saying that *you like something* you have to say that *something pleases you*.  Notice the following formula:

(1) I like Spanish. = Spanish pleases me. = **Me gusta el español.**

The verb **gustar** in this sense is always in the third person.  The English subject of the verb *to like* becomes the indirect object of the verb **gustar** and goes before the verb.  That which pleases becomes the subject, but it comes after **gustar.**

(2) We like flowers. = Flowers please us. = **Nos gustan las flores.**

When you say that you like to do something, that action goes in the infinitive.

(3) They like to travel. = To travel pleases them. = **Les gusta viajar.**

If the subject of the English *to like* is a noun, it comes before the verb **gustar** and must be introduced by **a,** while the indirect object corresponding to that person comes right before **gustar.**  Again notice the formula:

(4) John likes the trip. = The trip pleases John. = **A Juan le gusta el viaje.**

(5) The girl likes to sing. = To sing pleases the girl. = **A la niña le gusta cantar.**

When the thing that pleases is in the plural, the verb **gustar** is in the plural.

(6) She likes oranges. = Oranges please her. = **Le gustan las naranjas.**

When the subject of *to like* is in the plural, the indirect object pronoun which corresponds to it is in the plural.

(7) They like to eat. = To eat pleases them. = **Les gusta comer.**

(8) They do not like the lessons. = The lessons are not pleasing to them. =
**No les gustan las lecciones.**

We have numbered the various models so that you can follow the right one when you translate.

## 28.  Review of some common verbs in the present indicative

You learned many verbs in your first course, but perhaps you do not remember them.  For your convenience some are listed here in alphabetical order.

| | |
|---|---|
| **caer**   to fall | **caigo, caes, cae, caemos, caéis, caen** |
| **conocer**  to know, be acquainted with | **conozco, conoces, conoce, conocemos, conocéis, conocen** |
| **dar**  to give | **doy, das, da, damos, dais, dan** |
| **decir**  to say | **digo, dices, dice, decimos, decís, dicen** |
| **encontrar**  to meet | **encuentro, encuentras, encuentra, encontramos, encontráis, encuentran** |
| **hacer**  to do | **hago, haces, hace, hacemos, hacéis, hacen** |
| **ir**  to go | **voy, vas, va, vamos, vais, van** |
| **jugar**  to play | **juego, juegas, juega, jugamos, jugáis, juegan** |
| **oír**  to hear | **oigo, oyes, oye, oímos, oís, oyen** |
| **poder**  to be able, can | **puedo, puedes, puede, podemos, podéis, pueden** |
| **poner**  to put | **pongo, pones, pone, ponemos, ponéis, ponen** |
| **querer**  to wish, want | **quiero, quieres, quiere, queremos, queréis, quieren** |
| **reír**  to laugh | **río, ríes, ríe, reímos, reís, ríen** |
| **saber**  to know | **sé, sabes, sabe, sabemos, sabéis, saben** |
| **salir**  to go out | **salgo, sales, sale, salimos, salís, salen** |
| **tener**  to have | **tengo, tienes, tiene, tenemos, tenéis, tienen** |
| **traer**  to bring | **traigo, traes, trae, traemos, traéis, traen** |
| **venir**  to come | **vengo, vienes, viene, venimos, venís, vienen** |
| **ver**  to see | **veo, ves, ve, vemos, veis, ven** |

In the preceding list of verbs notice that **tener** means *to have* in the sense of *hold, possess,* or *own.*  It is not used to form compound tenses (as for example *I have studied,* which would be **he estudiado,** with the verb **haber**).

Notice also that there are two verbs meaning *to know,* namely **saber** and **conocer.** In general, **saber** refers to facts or information and **conocer** refers to people, but sometimes the distinction is difficult.

## 29. Writing personal letters

In personal letters in Spanish the heading is simple, as it is in English. The place and the date go in the upper right-hand corner. (See the letter to Lola on page 52.) Various salutations are possible:

| | |
|---|---|
| **Querido amigo:** | Dear friend, |
| **Muy querido ____:** | My dear ____, |
| **Estimado amigo ____:** | Dear ____, |
| **Estimado señor ____:** | Dear Mr. ____, |
| **Distinguido profesor ____:** | Dear Professor ____, |
| **Reverendo padre ____:** | Reverend Father ____, |

The closing of a personal letter is likely to be more affectionate and flowery than in English. There are no exact equivalents.

**Con saludos cordiales,**    Cordially yours,

**Con mil recuerdos,**    With best regards,
    **Su amigo**        Fondly

**Con un fuerte abrazo,**    Most cordially,
    **Tu amigo**

**Con muchos recuerdos a Vd. y a su estimable esposa,**
        **Su amigo**
With best regards to you and your charming wife,
        Cordially

The closing of an informal business letter sometimes still contains the classic formula **Su atento y seguro servidor**, abbreviated into **Su atento y s. s.** The old-fashioned Spanish letters contained many set formulas, some of which were quite picturesque, but they have all been dropped in modern correspondence.

## DIALOGUITOS

1. A. —¿Cuánto tiempo toma el avión de Acapulco a la capital?
   B. —Toma una hora, más o menos.
   A. —¿Y el autobús?
   B. —El autobús toma seis horas.
   A. —¿Hay una buena carretera?
   B. —Sí, la carretera es buena. Pero prefiero el avión.

2. A. —¿Te gustan estos jardines?
   B. —Sí, son fantásticos. Son verdaderos jardines tropicales.
   A. —¿Hay palmeras en la ciudad de Boston?
   B. —No, no hay palmeras. Hace demasiado frío.
   A. —Pero hay muchas flores, ¿verdad?
   B. —Sí, hay muchas flores, pero no en el invierno.

3.  A. —¿Dónde almorzamos hoy?
    B. —Podemos almorzar en el bar-restaurante.
    A. —¿Podemos quedarnos en traje de baño?
    B. —Por supuesto. Aquí nos quedamos todo el día en traje de baño.
    A. —¿No hace fresco por la noche?
    B. —Hace fresco de vez en cuando. Pero por lo general hace calor.

4.  A. —¿Tiene aire acondicionado este cuarto?
    B. —Sí, señor, todas las habitaciones tienen aire acondicionado.
    A. —¿Aire acondicionado con las ventanas abiertas?
    B. —No importa. La brisa trae el aire del mar.
    A. —¿Se puede dormir bien durante la noche?
    B. —Pierda Vd. cuidado. Se duerme muy bien por la noche. ¡Buenas
       noches!

5.  A. —¿Cuál es la piscina de agua dulce?
    B. —Es la segunda. ¡Siga Vd. este sendero!
    A. —¿Hay mucha gente a esta hora?
    B. —¿A las ocho de la mañana? No, no hay nadie.
    A. —Bueno, me gusta nadar solo.
    B. —Vd. podrá nadar solo toda la mañana. Aquí nadie se levanta antes
       de las doce.

6.  A. —Esos barcos de vela son tan pintorescos.
    B. —Sí, las velas son multicolores. En mi país las velas son casi siempre
       blancas.
    A. —Parecen tan brillantes contra el mar azul.
    B. —Muchos artistas vienen aquí a pintar.
    A. —Ya lo creo. Es un lugar estupendo.
    B. —Para mí lo mejor es que se come muy bien. Sentémonos en esta
       mesa.


# EJERCICIOS

PRÁCTICA ORAL

I. Repeat the complete sentence every time you substitute the words in
   parentheses for the ones in italics:

   1. Cada día *damos* un paseo por la playa. (doy, los turistas dan, Vd. da, los
      jóvenes dan)
   2. Por la tarde *voy* a la piscina para nadar. (vamos, Vds. van, tú vas, los
      chicos van)
   3. *Juan viene* aquí a pasar las vacaciones de verano. (vengo, tú vienes,
      vosotros venís, los ricos vienen)

4. *Mi hermano encuentra* a unos amigos en el bar-restaurante. (nosotros encontramos, yo encuentro, Vd. encuentra, Vds. encuentran)
5. *Los niños juegan* en la alberca. (jugamos, juego, las chicas juegan, vosotros jugáis)
6. ¿Dónde *pone Vd.* las maletas? (pongo yo, ponemos, pones tú, ponen Vds.)
7. *Oigo* tantas cosas en un viaje. (oímos, se oyen, oyes, Vd. oye)
8. *Digo* que no *puedo* entender todo. (decimos... podemos, Vd. dice... puede, tú dices... puedes)
9. No *vemos* a nadie y no *sabemos* nada. (veo... sé, veis... sabéis, ven... saben)
10. Cuando *hago* demasiado trabajo *quiero* descansar. (hacen... quieren, hacéis... queréis, Vds. hacen... quieren)

II. One student asks and another answers the following questions:

1. Cuándo Vd. va de vacaciones, ¿le gusta el buceo? 2. ¿Le gustan los barcos de vela y los yates? 3. Quiénes tienen yates, ¿los ricos o los pobres? 4. ¿Es Vd. natural de este país? 5. ¿Tienen Vds. aire acondicionado en su casa? 6. ¿Tiene Vd. aire acondicionado en su coche? 7. ¿Nada Vd. a menudo en una piscina? 8. ¿Queda Vd. bronceada en el verano? 9. ¿Hay fuentes en el centro de nuestra ciudad? 10. ¿Hay un bar-restaurante en la universidad?

III. Repeat the complete sentence every time you supply the proper forms of the verbs given in parentheses:

1. Los turistas aquí no (hacer, decir, saber) muchas cosas.
2. El natural del país no (conocer, ver, oír) a nadie.
3. Cada vez que (yo) (venir, volver, salir) encuentro a varios amigos.
4. En el invierno (nosotros) no (ir, venir, salir) nunca a la playa.
5. No me gusta siempre lo que (tú) (hacer, decir, oír).
6. (nosotros) No les (decir, dar, traer) nada a los jóvenes.
7. Los niños (jugar, encontrarse, ir) en la alberca.
8. (yo) No (tener, encontrar, saber) nada que decirle.
9. Si Vd. (oír, saber, encontrar) algo importante, dígamelo en seguida.
10. Vosotros (venir, ir, jugar) en el jardín tropical.

IV. (Vocabulary Review) Repeat the complete sentence every time you supply each of the expressions given in parentheses:

1. Cuando voy de vacaciones me gusta (tomar el sol, descansar en la sombra, nadar en la piscina).
2. A los turistas les gustan (los senderos sombreados, las palmeras altas, las flores multicolores).
3. En este hotel nos gustan (las habitaciones cómodas, las comidas sabrosas, los jardines tropicales).
4. Roberto, cuando viajas, ¿te gusta (tomar un coctel, entrar en conversación, descansar en una silla)?

5. A nuestros amigos no les ha gustado (la playa común, el calor intenso, el lugar feo).
6. Después del desayuno a Carmen le gusta (la música, el buceo, el ski).
7. A los naturales del país les gusta (la vida de otros siglos, el descanso por la tarde, el sol brillante).
8. Para el almuerzo me gustan (las frutas tropicales, las bebidas frescas, los vinos blancos).
9. A las señoritas americanas les gustan (los jóvenes altos, los bailes mexicanos, los barcos de vela).
10. ¿A Vd. le gusta (estudiar los idiomas, viajar por el mundo, aprender algo nuevo)?

EJERCICIOS PARA ESCRIBIR

I. Write the correct form of the present indicative for the verbs given in parentheses:

1. Yo (querer, tener, encontrar) una habitación cómoda.
2. Nosotros (ir, venir, volver) al mismo hotel por la tarde.
3. Vd. (decir, hacer, saber) muchas cosas interesantes.
4. Ellos (encontrar, ver, decir) algo importante en el viaje.
5. Los niños (hacer, jugar, reír) lo más posible en la escuela.
6. Tú no (ver, encontrar, oír) a nadie cuando viajas.
7. Yo (traer) el traje de baño y (salir) a la piscina.
8. Nosotros (conocer) a los turistas y (saber) de dónde vienen.
9. Ellos (venir) de San Francisco y (conocer) bien la ciudad.
10. Vds. (volver) a la playa y (jugar) en el agua del mar.

II. Translate the following:

1. I bring the suitcase. 2. They go out of the house. 3. We laugh a great deal (much). 4. She hears the music. 5. You know my brother. 6. You (*fam.*) see all. 7. I know the lesson. 8. You (*pl.*) fall into the pool. 9. What do they say? 10. I don't know anything. 11. Where do we put the letters? 12. You (*fam.*) play in the room. 13. They find rooms. 14. When do you go back? 15. I cannot understand. 16. We always come. 17. Do I go now? 18. They want to dance. 19. How much do we give? 20. You have to leave.

III. Complete the following sentences with words that make sense:

1. Nos gusta mucho _____. 2. A mi hermana le gusta _____. 3. ¿Te gustan _____? 4. ¿Por qué no le gusta a Vd. _____? 5. A mí no me gusta _____. 6. A Ramón le gustan _____. 7. En el verano me gusta _____. 8. A los turistas les gusta _____. 9. A mis padres les gustan _____. 10. A Vds. les gusta _____.

IV. Translate:

Acapulco, April 3, 1977

Dear Anita,

I am writing a few words to you while we are waiting for the bus. We have just arrived in Acapulco. This trip was long, but this is one of the most picturesque places in the world. You must spend your vacation here the first chance you get. Tourists come here year after year, and now I can understand their enthusiasm.

Here comes the bus!

With best regards,
Fondly
María

# LECCIÓN SIETE ⑨⑨

## I. *En la oficina de ingreso*

ENFERMERA —¿Quién es el paciente?

SRA. DE RODRÍGUEZ —La paciente soy yo. Éste es mi esposo.

ENFERMERA —Muy bien. Su nombre, por favor.

SRA. DE RODRÍGUEZ —Amelia Vargas de Rodríguez.

ENFERMERA —Ah sí. Tenemos aquí su nombre. El doctor ya conoce su enfermedad. ¿Quiere Vd. un cuarto individual o un cuarto semiprivado?

SRA. DE RODRÍGUEZ —Un cuarto semiprivado, por favor.

ENFERMERA —¿Tiene Vd. seguro médico u otro seguro de hospital?

SRA. DE RODRÍGUEZ —Sí, señorita. Aquí tiene Vd. toda la información.

ENFERMERA —Bueno. Vd. ya ha llenado el formulario de entrada. Su cuarto es el número treinta y dos, en el tercer piso.

SRA. DE RODRÍGUEZ —¿Cuáles son las horas de visita?

ENFERMERA —Desde las cuatro hasta las seis de la tarde, y desde las ocho a las diez de la noche.

SRA. DE RODRÍGUEZ —¿Cuántos visitantes se permiten a la vez?

ENFERMERA —Sólo dos visitantes. Hay que pedir billete aquí antes de subir.

SRA. DE RODRÍGUEZ —Muy bien, gracias. ¿Podemos subir ahora mismo?

ENFERMERA —Sí, señora, la cama está lista. Allí tienen Vds. el ascensor.

SRA. DE RODRÍGUEZ —Vamos, Roberto. Puedes acompañarme hasta el cuarto ahora, y después volver por la noche.


## II. *En un cuarto semiprivado*

ENFERMERA —Por favor, señor. Tengo que tomarle el pulso.

PACIENTE —Muy bien. ¿Va a tomar la temperatura también?

ENFERMERA —Sí, señor. Tomamos el pulso y la temperatura tres veces al día. ¿Le han puesto alguna inyección esta mañana?

PACIENTE —Me la puso la enfermera de noche. Ese señor de la cama de enfrente sufre mucho. ¿Qué tiene?

ENFERMERA —Ha tenido un ataque cardíaco. Necesita mucha tranquilidad.

PACIENTE —Claro. Cuando el corazón no funciona bien, hay que tener mucho cuidado. Es por eso que el médico escucha a menudo con el estetoscopio.

ENFERMERA —Las enfermeras controlan el diagrama al pie de la cama y refieren todo al médico.

PACIENTE —Todos tenemos diagramas al pie de la cama, ¿verdad?

ENFERMERA —Sí, señor, pero nosotras las enfermeras podemos hablar de los diagramas sólo con los médicos. Los enfermos podrían alarmarse. ¿Quién le envió esas flores de sobre la mesa de noche?

PACIENTE —Me las envió mi esposa para que no la olvide, con tantas enfermeras tan guapas.

## III. *El médico y el paciente*

MÉDICO   —A ver esa herida. ¿Duele mucho?

PACIENTE   —Así, así. Me duele un poquito todo el brazo.

MÉDICO   —Es normal. Una herida tan profunda tarda mucho tiempo en curar.

PACIENTE   —¿Hay infección?

MÉDICO   —No, señor, no hay infección. A ver este vendaje. Tenemos que cambiar la venda.

PACIENTE   —¿Quién me hará el vendaje en casa?

MÉDICO   —Su esposa puede hacérselo. La enfermera le enseñará la mejor venda para su herida.

PACIENTE   —Vd. dijo que no hay fractura, ¿verdad?

MÉDICO   —No, no hay fractura. Vd. ha sido muy afortunado en su accidente.

PACIENTE   —La culpa no fue mía. Yo guío siempre con mucho cuidado.

MÉDICO   —La señora que guiaba el otro coche guía también con mucho cuidado. Sin embargo, está en el cuarto de enfrente. Tiene fractura conminuta a la pierna derecha.

PACIENTE   —Lo siento mucho. Déle Vd. mis saludos y que todo salga bien.

AYUDAS PARA LA COMPRENSIÓN

**(la) oficina de ingreso**   admissions office
**(el) cuarto individual**   private room
**(el) cuarto semiprivado**   semiprivate room
**(el) seguro médico**   medical insurance
**(el) seguro de hospital**   hospital insurance
**He llenado el formulario de entrada.**   I filled out the admission form.
**tres veces al día**   three times a day
**(la) enfermera de noche**   night nurse
**(el) ataque cardíaco**   heart attack
**el diagrama al pie de la cama**   the chart at the foot of the bed
**(la) mesa de noche**   night table
**Tarda mucho tiempo en curar.**   It takes a long time to heal.
**La culpa no fue mía.**   It was not my fault.
**el cuarto de enfrente**   the room opposite
**(la) fractura conminuta**   compound fracture
**Lo siento mucho.**   I am very sorry.
**¡Que todo salga bien!**   I hope it comes out all right.

# PRONUNCIACIÓN

The Spanish **r**-sound has a character all its own because it is produced differently from the English **r**-sound. In Spanish the **r** is pronounced with a trill of the tip of the tongue against the gums of the upper teeth. When the **r**-sound is single, the trill is very brief. When the sound is double, the trill is stronger and longer, in a series of rapid vibrations. The **r**-sound is doubled not only when there is a double **rr** in the spelling, but also when a word begins with a single **r**. Listen carefully to the following words as they are pronounced by your instructor and imitate closely:

**tres, cuatro, sufre, enfrente, entrada**
**favor, doctor, tercer, subir, acompañar**
**hora, diagrama, corazón, temperatura, semiprivado**
**Roberto, Rodríguez, repite, reciben, refiere**
**carro, perro, correo, carrera, errores**

# REPASO GRAMATICAL

### 30. Subject pronouns

The personal pronouns used as subjects of a verb are as follows:

|            | *Singular*    |              | *Plural*          |              |
|------------|---------------|--------------|-------------------|--------------|
| *1st person* | **yo**        | I            | **nosotros, -as** | we           |
| *2nd person* | **tú**        | you (*fam.*) | **vosotros, -as** | you (*fam.*) |
| *3rd person* | **él**        | he           | **ellos**         | they (*m.*)  |
|            | **ella**      | she          | **ellas**         | they (*f.*)  |
|            | **Vd. (usted)** | you (*pol.*) | **Vds. (ustedes)** | you (*pol.*) |

The familiar forms **tú** and **vosotros** are used in addressing a member of one's family (such as brother, sister, mother, father, etc.), a close friend, a colleague, or a pet. **Tú** is also widely used in poetry and in prayers.

The polite forms **usted** and **ustedes** are the forms used in conversation most of the time, as far as you are concerned. In writing, **usted** and **ustedes** are usually abbreviated **Vd., Vds.** or **Ud., Uds.** As a student, it is best for you to get one form of address fixed in your mind before you try to decide whether to use the polite or the familiar form in conversation. Actually, among young people and with friends in the same age group, the familiar form **tú** is quite common. However, the plural of the familiar form (**vosotros**) is used only in certain regions, and in the theater. Generally the polite form **ustedes** is used when addressing more than one person.

## 31. Omission of the subject pronoun

The subject pronoun is generally omitted in Spanish, especially in conversation.

**Tengo que tomarle el pulso.**   I have to take your pulse.

The subject pronoun is not omitted when the speaker places emphasis on it, when the subjects in the same construction are different, or when a contrast between subjects is desired.  Moreover, the pronoun **usted** is generally not omitted, except to avoid repetition.

**Yo soy la paciente y él es mi esposo.**   I am the patient and he is my husband.
**Vd. dijo que no quería verlo.**   You said that you did not want to see him.


## 32. Direct object pronouns

An object pronoun which can be used only together with a verb is called a conjunctive object pronoun.  The following are the direct object pronouns which can be used only when they are next to a verb:

|  | *Singular* | | | *Plural* | |
|---|---|---|---|---|---|
| *1st person* | **me** | me | **nos** | us | |
| *2nd person* | **te** | you (*fam.*) | **los** | you (*fam.*) | |
| *3rd person* | **le (lo)** | him, you (*pol.*) | **los** | them (*m.*), you (*pol. m.*) | |
|  | **lo** | it (*m.*) | **las** | them (*f.*), you (*pol. f.*) | |
|  | **la** | her, you, it (*f.*) | | | |

In the third person singular, **le** refers to a masculine person or to the polite *you* (masculine); **lo** refers to a masculine thing; and **la** refers to a feminine person, the polite *you* (feminine), or to a feminine thing.  However, in Spanish America the direct object **le** is replaced by the form **lo** for both persons and things.

**Vd. le conoce muy bien.**   You know him very well.
(Spanish America) **Vd. lo conoce muy bien.**
**La hemos visto en el ascensor.**   We saw her in the elevator.

In the third person plural **los** refers to masculine persons or things and **las** refers to feminine persons or things.

**¿Vio Vd. los nuevos cuartos?—No los vi.**   Did you see the new rooms?—I did not see them.
**¿Quién envió las flores?—Las envió mi esposa.**   Who sent the flowers?—My wife sent them.

Note that the direct object forms of **usted** are **le** (*m.*) (which in Spanish America is **lo**) and **la** (*f.*); and the direct object forms of **ustedes** are **los** (*m.*) and **las** (*f.*).

¿**Le acompaño a su casa, señor?**⎫
¿**Lo acompaño a su casa, señor?**⎭   Shall I accompany you home, sir?

**Las vimos a Vds. esta mañana.**   We saw you (*f. pl.*) this morning.

## 33. Position of object pronouns

All object pronouns come immediately before the verb (even if the sentence is in the negative or the interrogative form), unless the verb is an affirmative imperative, an infinitive, or a participle used independently.

When the object pronoun follows the verb, it is attached to it. For the moment let us emphasize the position of the object pronouns *before* the verb. In sections 76 and 87 we'll review more fully the position of the object pronouns *after* the verb.

> **Las hemos comprado en el supermercado.**   We bought them (*f.*) in the supermarket.
>
> **Le veré por la tarde.**   I'll see you in the afternoon.

BUT:   **Tengo que verlos.**   I have to see them.

## 34. Indirect object pronouns

The indirect object is the person *to whom* or *for whom* an action is done. The indirect object pronouns are as follows:

| *Singular* | | *Plural* | |
|---|---|---|---|
| **me** | to me | **nos** | to us |
| **te** | to you (*fam.*) | **os** | to you (*fam.*) |
| **le** | to him, to her, to you (*pol.*), to it | **les** | to them, to you (*pol.*) |

**Les hablaremos en seguida.**   We'll talk to them immediately.

To emphasize or clarify the meaning of any of these pronouns, Spanish uses **a mí, a ti, a él, a ella, a usted, a nosotros, a vosotros, a ellos, a ellas,** or **a ustedes** after the verb, as well as the appropriate personal object pronoun before the verb.

**Las uvas les gustan a ellas, pero a mí no me gustan.**   They (*f.*) like grapes, but I don't like them.

## 35. The preposition *a* (personal *a*)

Whenever a noun is used as the indirect object of a verb, it is introduced by the preposition **a**.

**Escribieron a Roberto la semana pasada.**  They wrote to Robert last week.

However, the preposition **a** is also required before a direct object when it denotes a definite person or a personified object. This use is referred to as the personal **a**. The personal **a** is not used before an indefinite person (or persons), nor is it used after **tener**.

> **¿Conoces a nuestro amigo Fernando?**  Do you know our friend Fernando?

BUT:  **No conocemos ningún pianista aquí.**  We don't know any pianist here.
   **Vds. tienen un buen profesor.**  You have a good professor.

## 36. Family names

In Spanish, people generally use the family name of the father together with the mother's maiden name as their last name.

**Rosa** (*first name*) **López** (*father's family name*) **y Rodríguez** (*mother's maiden name*)

When a woman gets married, the mother's maiden name is dropped and the family name of the husband is used instead, preceded by **de**.

**Rosa López** (*father's last name*) **de Camino** (*husband's family name*)

Frequently, for convenience, Spanish people will use only one last name— the father's family name. As in the United States, a career woman will frequently continue to use her full maiden name as her professional name even after marriage.

## DIALOGUITOS

1. A. —¿Qué tenemos aquí, chico?
   B. —Me duele el brazo. ¡Ay, qué dolor!
   A. —A ver este brazo. ¿Te has caído?
   B. —Sí, me he caído de la moto.
   A. —Parece que no hay fractura. Sin embargo, vamos a tomar radiografía (*X-ray*).
   B. —Pues, tómela Vd. en seguida. Me esperan los amigos para jugar.

2. A. —¿Ha llenado Vd. el formulario de entrada?
   B. —Creo que sí. ¿Falta algo? (*Is there anything missing?*)
   A. —Sí, señora. Por favor, ¿cuántos años tiene Vd.?

B. —Treinta y nueve años. ¿Y Vd., señorita?

A. —Digamos treinta y nueve también. Pero no soy yo la paciente.

B. —Vd. tiene razón. La paciente soy yo.

3. A. —¿Puedo subir a ver a mi mamá?

   B. —¿Qué edad tienes, niña?

   A. —Tengo ocho años. Mi mamá se llama Amelia Vargas de Rodríguez.

   B. —Lo siento, pero los niños no pueden subir a visitar.

   A. —Mi papá está con mi mamá. ¿Puedo esperarlo aquí?

   B. —Sí, niña. Allí enfrente está la sala de espera.

4. A. —Por favor, un vaso de agua fresca, señorita.

   B. —Con mucho gusto. ¿Quiere Vd. algo más?

   A. —Sí, señorita. Un vaso de vino tinto (*red*).

   B. —Lo siento, pero no se permite vino a los enfermos.

   A. —Y la cerveza (*beer*), ¿se permite?

   B. —Ni vino ni cerveza, señor. Sólo agua y leche.

   A. —Tendré que salir pronto de este hospital. No me gustan las bebidas.

5. A. —¿Es ésta la oficina de ingreso?

   B. —Sí, señora, aquí es la admisión.

   A. —¿Tengo que llenar formulario de entrada?

   B. —Sí, señora. Hay que llenar este formulario.

   A. —Aquí lo tiene Vd. Un cuarto individual, por favor.

   B. —El cuarto ya está listo. Vd. puede subir, señora.

6. A. —¿Tiene Vd. seguro médico?

   B. —No, señorita. No tengo ningún seguro médico.

   A. —¿Tiene Vd. seguro de hospital?

   B. —No, señorita. No tengo seguro de hospital tampoco.

   A. —¿Tiene Vd. cuenta de ahorros?

   B. —No, señorita. No tengo cuenta de ahorros.

   A. —Entonces no podemos admitirle en el hospital. Lo siento mucho.

## EJERCICIOS

PRÁCTICA ORAL

I. (Direct Object) In the following sentences supply the correct object pronoun and read the complete sentence aloud:

1. Tenemos sólo un cuarto semiprivado. ¿_____ quiere Vd.?
2. Hay que comprar billetes. ¿_____ compramos aquí?
3. Quiero ir al cine. ¿_____ acompañas tú?
4. Juanita es una chica simpática. _____ queremos mucho.
5. La paciente ha tomado el formulario de entrada y _____ ha llenado.
6. Entramos en el ascensor y el ascensor _____ lleva al tercer piso.

7. ¿Dónde está la enfermera de noche? No ____ he visto todavía.
8. ¿Cuándo llegaron Vds.? No ____ vimos entrar.
9. Aquí están las frutas. ¿Dónde ____ ponemos?
10. Los libros están sobre la mesa. ¡No ____ olvide Vd.!

II. (Indirect Object) In the following sentences supply the correct object pronoun and read the complete sentence aloud:

1. El médico ____ pone una inyección al enfermo.
2. ¿Quién ____ hará el vendaje cuando saldré del hospital?
3. A Vds. no ____ gusta viajar en el verano, ¿verdad?
4. A Carmen no ____ gustan los días de calor.
5. Cuando estaremos en México, ____ enviaremos tarjetas a nuestros amigos.
6. Cada vez que nos ve, ____ habla de sus enfermedades.
7. A los alumnos no ____ gustan las lecciones de gramática.
8. Pero a los alumnos ____ gusta hablar español.
9. Emilio vio a sus padres y ____ dio sus recuerdos.
10. A Luis ____ duele todo el brazo.

III. Substitute a direct object pronoun for each of the phrases in parentheses and repeat the sentence aloud every time:

1. Encuentro (a Roberto, a María, a los alumnos) cada día por la mañana.
2. Acompañamos (a Vd., a la profesora, a las alumnas) a la universidad.
3. Siguen (a Lola, a nosotros, a los jóvenes) hasta la puerta. 4. Vd. no entiende (las palabras, la información, los diagramas). 5. Guían (el auto, los autos, las máquinas) con mucho cuidado. 6. Vd. compra (las manzanas, el papel, los duraznos) en el supermercado. 7. Rosa limpia (el cuarto, los vasos, las sillas) cada miércoles. 8. La enfermera toma (el pulso, la temperatura, la orina) del paciente. 9. El niño siempre escucha (al profesor, a los padres, la música). ¡Qué bueno! 10. No queremos llamar (al doctor, a la secretaria, a las niñas) ahora.

IV. Translate orally:

1. He speaks to me. 2. I speak to him. 3. We give (to) them the key. 4. They give (to) us the flowers. 5. You say nothing to her. 6. You say something to them. 7. We buy (for) them the wine. 8. They buy (for) me a dinner. 9. You send (to) him a card. 10. He sends (to) them various letters.

EJERCICIOS PARA ESCRIBIR

I. Substitute pronouns for the direct objects in italics:

1. ¿Conoce Vd. *a Juana*? 2. Encontré *a Juana* esta mañana. 3. Llamamos *al médico* por teléfono. 4. No vimos *al médico* en el hospital. 5. Acompaño *a los amigos* a su casa. 6. ¿Acompañas *a los amigos* también? 7. Tengo que ver *a la profesora*. 8. ¿Tienes que ver *a la profesora* hoy? 9. ¿Dónde

encontró Vd. *a los señores*? 10. Encontré *a los señores* en el cine.
11. Compran *los cigarrillos* en el hotel. 12. No compran *los cigarrillos* en
la tienda. 13. Vd. toma *el almuerzo* en casa. 14. Vd. no toma *el almuerzo*
en el restaurante. 15. ¿Quiere Vd. llamar *un taxi*? 16. Vd. no quiere
llamar *el taxi* ahora. 17. Vd. coge *el autobús* en la esquina. 18. Vd. no
coge *el autobús* aquí. 19. Escribimos *las cartas* ahora. 20. No escribimos
*las cartas* en seguida.

II. Substitute pronouns for the indirect objects in italics:

1. Escribimos una tarjeta *a la familia*. 2. No escribimos nada *a la familia*.
3. Envían recuerdos *a los amigos*. 4. No envían cartas *a los amigos*. 5. Vd.
dice el precio *a la señora*. 6. ¿Por qué no dice Vd. el precio *a la señora*?
7. Pedimos los billetes *a la señorita*. 8. No pedimos los billetes *a los señores*.
9. Entrego el formulario *a la secretaria*. 10. ¿Entrego el formulario *a los
empleados*? 11. Vd. habló *al profesor* esta tarde. 12. ¡No hable Vd. *al
profesor* ahora! 13. Dice *a los visitantes* que entren. 14. ¡No diga *a los
visitantes* que se marchen! 15. Contestan *a nosotros* en seguida. 16. No
saben contestar *a nosotros*. 17. Quiero entregar *a Vd.* el trabajo. 18. No
quiero entregar el trabajo *a ellos*. 19. Hablaremos *a Roberto* mañana.
20. ¿Cuándo hablará Vd. *a los empleados*?

III. Translate:

1. Where is the admissions office? I don't see it. 2. You have to fill out
the admission form. Don't you have it? 3. She visits us three times a day.
4. What's the matter with him? Do you know him? 5. The poor man has
had a heart attack. 6. We always meet them in the hotel. Do you see them?
7. The night nurse has to change the bandage. 8. I am very sorry, but I cannot accompany you. 9. Have you telephoned her? Have you seen her?
10. We see the words, but we cannot understand them.

IV. A. Ask five students their last names and their mothers' maiden names.
Then write their full names in Spanish style, with the father's family
name followed by the mother's maiden name.
B. Ask five students their mothers' names as well as their fathers'
family names; then write the full names of the mothers in Spanish
style. (Notice that in A you wrote the names of the students and
here you are writing the names of the mothers.)

# LECCIÓN OCHO ໑໑

PEDRO   —Buenas tardes. ¿A qué hora empieza la clase?

JORGE   —Empieza a las cuatro y diez. ¿Ha hecho Vd. alguna vez un curso de este tipo?

PEDRO   —No, señor. Ésta es la primera vez. ¿Y Vd.?

JORGE   —Ya hice el curso de primeros auxilios el año pasado, pero quiero repasarlo. En nuestra ciudad el cursillo es un requisito para todos los bomberos y la policía.

PEDRO   —¿Qué es lo que vamos a estudiar?

JORGE   —Vamos a estudiar lo que hay que hacer en caso de emergencia, o de urgencia que no permite esperar al médico.

PEDRO   —¿Vamos a hablar de lo que hay que hacer en caso de fuego?

JORGE   —En este curso no. Hablan de eso en el curso bilingüe. Aquí hablamos de emergencias médicas.

PEDRO   —¿Hay normas generales que seguir?

JORGE   —Sí, la norma más importante es mantener la calma y actuar lo más pronto posible.

PEDRO   —¿Hay que pedir asistencia médica?

JORGE   —Sí, es muy importante pedir asistencia médica lo más pronto posible, por si fuera necesario.

PEDRO   —¿Qué tipo de casos vamos a estudiar?

JORGE   —Primero vamos a repasar la respiración artificial, es decir la respiración de boca a boca, o la respiración de boca a nariz, según el caso.

PEDRO   —La respiración artificial puede salvar muchas vidas, ¿verdad?

JORGE   —Sí, se necesita en todos casos de asfixia, como por ejemplo estrangulación, ahogamiento o ataques cardíacos.

PEDRO   —¿Vamos a estudiar el masaje cardíaco también?

JORGE   —Sí, pero sólo el masaje cardíaco externo. El interno lo hace sólo el médico, y en el hospital.

PEDRO   —¿Y todo eso es para los bomberos y la policía?

JORGE   —Pues, en cualquier caso de urgencia la gente llama a la policía, y en casos de fuego nunca se sabe lo que va a pasar.

PEDRO   —Vd. tiene razon. Hay aun casos de asfixia por descarga eléctrica. De vez en cuando se necesitan primeros auxilios en casos de pérdida del conocimiento, pero en casos serios solamente.

JORGE   —Algunas veces en la playa hay casos de insolación. Hay que conocer los efectos del calor, sobre todo en casos de fuego.

PEDRO   —¿Se explica todo en detalle en este curso?

JORGE   —No, sería peligroso explicar todo en detalle. Sólo el médico puede actuar en asuntos médicos. Sin embargo, nosotros podemos aprender lo suficiente para evitar graves errores. Lo importante para los bomberos y la policía es explicar lo que hay que hacer, aun con señas. Si entendemos un poco de español, podemos dar ánimo hasta que llegue el personal adecuado para atender a la urgencia.

**(los) primeros auxilios**   first aid
**El cursillo es un requisito.**   It is a required course.
**lo que hay que hacer**   what is to be done
**¿Hay normas generales que seguir?**   Are there general rules to follow?
**mantener la calma**   to keep calm
**lo más pronto posible**   as fast as possible, quickly
**por si fuera necesario**   in case it becomes necessary
**(la) respiración de boca a boca**   mouth to mouth resuscitation
**(la) respiración de boca a nariz**   mouth to nose resuscitation
**(los) casos de asfixia**   cases of asphyxiation
**(la) estrangulación**   choking, strangulation
**(el) ahogamiento**   drowning
**(el) masaje cardíaco**   cardiac massage
**(el) caso de urgencia**   emergency
**(la) descarga eléctrica**   electric shock
**(la) pérdida del conocimiento**   fainting spell
**(la) insolación**   sun stroke
**Podemos aprender lo suficiente.**   We can learn enough.
**con señas**   with gestures
**Podemos dar ánimo.**   We can give encouragement.
**(el) personal adecuado**   the appropriate personnel

Patients cannot always express themselves in English.

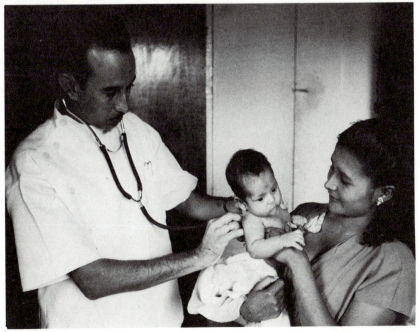

PRONUNCIACIÓN

The sounds ñ and ll do not have exact equivalents in English. Ñ is an *n* pronounced with the tip of the tongue arched toward the palate. It sounds like the English *ny* in *canyon* or the *ni* in *onion*, but with a single impulse, and not as two separate sounds that run together.

**año, daño, baño, niño, niña**
**mañana, señor, señora, señorita, tamaño**
**acompaño, sueño, pequeño, España, enseña**

In Spain and parts of Spanish America ll is pronounced somewhat like the *lli* in the English word *million*, but with the tongue arched toward the palate, producing a single sound instead of two sounds that run together. In most of Spanish America the ll is pronounced like the English *y* in *yes*, and in Argentina it is pronounced like the *z* in the English word *azure*.

**allí, allá, hallo, hallamos, calle**
**billete, detalle, llama, pollo, callan**
**caballo, sello, castellano, castillo, Castilla**

## REPASO GRAMATICAL

### 37. Cardinal numerals

The cardinal numbers from 1 to 21 are as follows:

| | | | | | |
|---|---|---|---|---|---|
| 1 | uno (un), una | 8 | ocho | 15 | quince |
| 2 | dos | 9 | nueve | 16 | diez y seis (dieciséis) |
| 3 | tres | 10 | diez | 17 | diez y siete (diecisiete) |
| 4 | cuatro | 11 | once | 18 | diez y ocho (dieciocho) |
| 5 | cinco | 12 | doce | 19 | diez y nueve (diecinueve) |
| 6 | seis | 13 | trece | 20 | veinte |
| 7 | siete | 14 | catorce | 21 | veinte y un(o) (veintiuno [veintiún]) |

The numbers from 30 to 100 by tens are as follows:

| | | | |
|---|---|---|---|
| 30 | treinta | 70 | setenta |
| 40 | cuarenta | 80 | ochenta |
| 50 | cincuenta | 90 | noventa |
| 60 | sesenta | 100 | ciento (cien) |

**Uno** before a masculine singular noun is **un.** **Ciento** becomes **cien** before a noun or before **mil.** Cardinal numbers generally come before the word they modify and, except for the words **uno** and **ciento,** do not change in form. Some numbers above **ciento** do change in form, as we shall see.

Numbers above one hundred are as follows:

| | | | |
|---|---|---|---|
| 200 | doscientos, -as | 800 | ochocientos, -as |
| 300 | trescientos, -as | 900 | novecientos, -as |
| 400 | cuatrocientos, -as | 1000 | mil |
| 500 | quinientos, -as | 101 | ciento (y) un |
| 600 | seiscientos, -as | 1001 | mil y un |
| 700 | setecientos, -as | 2000 | dos mil |

Notice that while **ciento** becomes plural in multiples of one hundred, **mil** does not change in form when used as a numeral. The article **un** is not used before **ciento** or **mil,** but it is used before **millón.** The plural of **millón** is **millones.** The noun following **millón** is preceded by **de.**

**Había cuatrocientas personas en el hotel.** There were four hundred people in the hotel.

**Tenemos tres mil dólares; somos ricos.** We have three thousand dollars; we are rich.

**Caracas tiene más de un millón de habitantes.** Caracas has more than a million inhabitants.


## 38. Arithmetic signs

The arithmetic signs in Spanish are:

| | | | |
|---|---|---|---|
| + | y or **más** | × | **por** |
| − | **menos** | ÷ | **dividido por** |
| = | **son** | | |

**Diez dividido por cinco son dos.** $(10 \div 5 = 2)$
**Siete más cuatro (siete y cuatro) son once.** $(7 + 4 = 11)$


## 39. Seasons, months, and days

The names of months and days are generally written with small letters. The days of the week and the months of the year are all masculine. The definite article is generally used with days of the week, except after **ser.**

**El domingo es fiesta, pero hoy no es domingo.** Sunday is a holiday, but today is not Sunday.

| Las estaciones: | Los días: | Los meses: |
|---|---|---|
| **la primavera** spring | **domingo** Sunday | **enero** January |
| **el verano** summer | **lunes** Monday | **febrero** February |
| **el otoño** autumn, fall | **martes** Tuesday | **marzo** March |
| **el invierno** winter | **miércoles** Wednesday | **abril** April |
| | **jueves** Thursday | **mayo** May |
| | **viernes** Friday | **junio** June |
| | **sábado** Saturday | **julio** July |
| | | **agosto** August |
| | | **septiembre** September |
| | | **octubre** October |
| | | **noviembre** November |
| | | **diciembre** December |

## 40. Telling time

In expressing the hour of the day the feminine article is used before the hour (modifying the word **hora** understood). If the hour is *one*, the verb and the article are singular; otherwise they are both plural. In expressions where the number of the hour is not given, the verb and the article are singular (**es mediodía, es medianoche**). The fraction past the hour is added by using the word **y**. The fraction before the hour is subtracted by using the word **menos**.

**Es la una.**  It's one o'clock.
**Es la una y media.**  It's half past one.
**Son las dos.**  It's two o'clock.
**¿Qué hora es?**  What time is it?
**Son las dos y cuarto.**  It's a quarter past two.
**A las cinco.**  At five o'clock.
**A las cinco menos veinte (minutos).**  At twenty to five.

**Media** is an adjective and agrees with the word **hora** understood; in **mediodía** it agrees with **día**. **Cuarto** is a noun and does not agree with anything else. The numerals expressing minutes do not change in form.

**Son las seis y veintisiete (minutos).**  It's six twenty-seven.

When the hour is given, the expression for *in the morning* is **de la mañana**; the expression for *in the afternoon* is **de la tarde**; and for *in the evening* or *at night*, it is **de la noche**.

**Son las nueve de la mañana.**  It's nine o'clock in the morning.

When the hour is not given, the corresponding expressions are **por la mañana, por la tarde**, and **por la noche**.

**Por la tarde mi esposa va de compras.**  In the afternoon my wife goes shopping.

## 41. Compound prepositions

Some phrases are used as prepositions. Here is a list of the most common of these prepositional phrases, or compound prepositions.

| | | | |
|---|---|---|---|
| **acerca de** | about | **fuera de** | outside of |
| **antes de** | before | **a fuerza de** | through, by means of |
| **al cabo de** | after, at the end of | **gracias a** | thanks to |
| **a causa de** | on account of | **junto a** | next to |
| **cerca de** | near | **al lado de** | by the side of, beside |
| **en cuanto a** | as for | **a lo largo de** | alongside |
| **debajo de** | under | **lejos de** | far from |
| **delante de** | in front of | **en lugar de** | instead of |
| **dentro de** | inside of, within | **en medio de** | in the midst of |
| **después de** | after | **por medio de** | by means of |
| **detrás de** | behind | **a pesar de** | in spite of |
| **(por) encima de** | on top of, above | **a propósito de** | as regards |
| **enfrente de** | opposite | **a través de** | across |
| **frente a** | facing | **en vez de** | instead of |

## 42. Infinitive after prepositions

After prepositions in Spanish the infinitive is the only form of the verb which is commonly used.

**Le veremos antes de salir.** We'll see you before leaving.
**Mucho gusto en verle.** Very pleased to see you.

After the preposition **en** the present participle is used by some authors for special effect, but this is rather rare.

## DIALOGUITOS

1. A. —¿Dónde está el fuego?
   B. —En el pasillo del primer piso.
   A. —¿Había alguien en la casa?
   B. —Sí, había una vieja en su dormitorio.
   A. —¡Dejen libre el pasaje!
   B. —¡Pierdan Vds. cuidado, señores! La vieja soy yo.

2. A. —¿Qué hora es, por favor?
   B. —Es mediodía en punto.
   A. —Entonces es la hora de la comida.
   B. —¿A qué hora volvemos a la escuela?
   A. —Mi próxima clase es a las tres y media. ¿Y la tuya?
   B. —La mía es a las cuatro menos diez.
   A. —Pues, podemos comer con toda tranquilidad.

3. A. —¿Cuántos años tiene tu abuelo?
   B. —Tiene noventa y dos años.
   A. —¿En qué año nació?
   B. —Nació en el año mil ochocientos ochenta y cuatro.
   A. —Y tú, ¿cuántos años tienes?
   B. —Tengo diez y ocho años. ¿Por qué preguntas?
   A. —Para aprender los números en español, nada más.

4. A. —¿Cuáles son los meses del verano?
   B. —Junio, julio, agosto, y parte de septiembre.
   A. —¿En qué meses va Vd. de vacaciones?
   B. —¿Meses? Tengo sólo dos semanas de vacaciones.
   A. —Es una lástima. Yo tengo tres meses de vacaciones.
   B. —Vd. es muy afortunado. ¿Qué trabajo hace Vd.?
   A. —Eso es lo malo. Ya van tres meses de huelga (*strike*).

5. A. —¿Es Vd. bombero de esta ciudad?
   B. —Sí, señor, soy bombero, pero de otra ciudad.
   A. —No importa. ¿Sabe Vd. aplicar la respiración artificial?
   B. —Sí, señor, todos los bomberos tienen que saberla, sobre todo la respiración de boca a boca.
   A. —¿Puede Vd. enseñármela muy pronto?
   B. —Sí, es fácil. Pero, ¿por qué tiene Vd. tanta prisa?
   A. —Mi novia acaba de perder el conocimiento y no quiero que nadie la toque.

6. A. —Es útil conocer los primeros auxilios, ¿verdad?
   B. —Sí, señor, es útil para todos. Nunca sabemos cuando habrá alguna urgencia.
   A. —¿Cuál es la norma más importante?
   B. —La norma más importante es mantener la calma.
   A. —¿Y después?
   B. —Hay que pedir asistencia médica lo más pronto posible.
   A. —A menudo hay urgencias aun en las calles, ¿verdad?
   B. —Ya lo creo. Con tantos autos hay siempre urgencias.

# EJERCICIOS

## Práctica Oral

I. Say the following computations in Spanish and supply the answers:

1. 7 y 14 son _____
2. 19 y 20 son _____
3. 200 y 10 son _____
4. 12 menos 6 son _____
5. 90 menos 15 son _____
6. 33 menos 7 son _____
7. 8 por 9 son _____
8. 10 por 3 son _____
9. 100 por 4 son _____
10. 50 dividido por 10 son _____
11. 64 dividido por 4 son _____
12. 77 dividido por 7 son _____

II. Fill in the name of the appropriate month or season:

1. La Navidad cae en _____. 2. El año escolar termina en _____. 3. La Pascua Florida generalmente viene en _____. 4. El veinte y uno de marzo empieza _____. 5. El veinte y uno de diciembre empieza _____. 6. Los primeros tres meses del año son _____. 7. Los últimos tres meses del año son _____. 8. Hace mucho calor en los dos meses de _____. 9. Hace mucho frío en los dos meses de _____. 10. Por lo general no hay clases en los meses de _____.

III. One student asks and another answers the following questions:

1. ¿A qué hora se levanta Vd.? 2. ¿A qué hora toma el desayuno? 3. ¿A qué hora sale de su casa? 4. ¿A qué hora llega a la universidad? 5. ¿A qué hora terminan sus clases el lunes? 6. ¿A qué hora terminan sus clases el viernes? 7. ¿Qué hora es en este momento? 8. ¿Qué hora será cuando Vd. se acuesta? 9. ¿A qué hora se pasa de la mañana a la tarde?

IV. Read the following sentences, supplying the Spanish for the prepositions given in parentheses:

1. Nuestra profesora está siempre (*in front of*) la mesa cuando habla. 2. Tomamos el desayuno (*after*) el almuerzo. 3. Hay que tomar el autobús cuando vivimos (*far from*) la escuela. 4. Las palmeras están (*alongside of*) los senderos. 5. (*In spite of*) el calor, nos paseamos por la tarde. 6. Los aviones vuelan (*above*) las nubes. 7. (*Thanks to*) su ayuda, me siento mucho mejor. 8. Esta noche estudiaré (*instead of*) ir al cine. 9. El hospital está (*behind*) la comisería. 10. La sala de esperas está (*next to*) la oficina de ingresos.

EJERCICIOS PARA ESCRIBIR

I. Provide the correct form of the present tense of the verbs given in the infinitive:

1. Mis cursos (empezar) siempre a las nueve de la mañana.
2. Nosotros (tener) que aprender algo sobre los primeros auxilios.
3. Los bomberos (ir) a estudiar lo que hay que hacer en casos de urgencia.
4. La policía (poder) estudiar eso en el curso bilingüe.
5. El doctor (volver) lo más pronto posible.
6. ¿Por qué no (pedir) Vd. asistencia médica?
7. ¿Vd. (decir) que hay que darle respiración artificial?
8. Yo no (saber) nada de respiración de boca a nariz.
9. Todos (conocer) los efectos del calor intenso.
10. Si Vd. (entender) un poco de español, puede dar ánimo a la víctima.

II. Rewrite the following sentences, translating the pronouns given in English:

1. ¡Venga a ver (*us*)! 2. Haré (*it*) con mucho gusto. 3. El profesor explica (*to them*) lo que hay que hacer. 4. No necesitamos (*them*) por el

momento.   5. Envié (*to you, fam.*) una carta de Segovia.   6. Escribimos (*to you, pol.*) dos tarjetas. ¿No recibió (*them*)?   7. Hay normas generales, pero no sigo (*them*).   8. Decimos (*to him*) que lo esperamos por la tarde.   9. ¡No diga (*to him*) que puede venir por la noche!   10. Vamos a estudiar (*them*) en este curso.   11. El autobús llega y tomamos (*it*).   12. Cuando vea (*her*), pediré (*from her*) un favor.   13. ¿Cuándo telefoneó (*to him*) Vd.?   14. Es un nuevo idioma para mí y no comprendo (*it*).   15. Hay muchos extranjeros. Hemos encontrado (*them*) esta mañana.

III. Translate:

1. The police and the firemen are studying first aid.   2. Medical assistance is necessary in any (**cualquier**) emergency.   3. He had a heart attack and they took him to hospital.   4. Choking and drowning are really (**en verdad**) cases of asphyxiation.   5. Do you know how to give mouth to mouth resuscitation? 6. In a serious emergency one has to keep calm.   7. It is better to wait for the doctor and avoid serious mistakes.   8. While we are learning Spanish we can also learn to save lives.   9. It is difficult to help someone if he cannot understand us.   10. I never thought that a foreign language could be useful in an emergency.

IV. Complete the following sentences in a meaningful way:

1. ¿Sabe Vd. lo que hay que hacer en caso _____?
2. En caso de urgencia la norma más importante es _____.
3. Cuando hay una emergencia es muy importante pedir _____.
4. La respiración artificial puede salvar _____.
5. Algunas veces en la playa hay casos de _____.
6. En asuntos médicos sólo el doctor puede _____.
7. Si entendemos el español podemos dar _____.
8. El cursillo de primeros auxilios es un requisito para _____.
9. Los bomberos y la policía toman el cursillo _____.
10. ¿Hay mucha gente en su ciudad que no comprende _____?

# LECCIÓN NUEVE

CARLOS —¿A qué hora empieza esta clase? Ya son las diez y cinco.

VICENTE —El profesor llegará dentro de pocos minutos. Estará tomando un café. ¿Vd. viene de Venezuela?

CARLOS —Sí, señor, vengo de Caracas. Estoy aquí para estudiar matemáticas.

VICENTE —Vds. vienen todos de Venezuela, ¿verdad? ¿Los envió el gobierno?

CARLOS —Sí, señor, nos envió el gobierno. Nos quedaremos aquí los cuatro años de la universidad.

VICENTE —¿Comprende Vd. el inglés? Los cursos serán todos en inglés.

CARLOS —Eso es el problema. Tendré que estudiar el inglés al mismo tiempo que las matemáticas.

VICENTE —¡Que le vaya bien! No es fácil, pero Vd. aprenderá rápidamente y además nosotros le ayudaremos. ¿Le gusta este país?

CARLOS —Sí, me gusta mucho. Dígame, por favor, ¿cuándo nevará?

VICENTE —Pues, en el invierno. ¿Vd. nunca ha visto nieve?

CARLOS —No, señor, en Caracas no nieva nunca. ¿En qué fecha empezará a nevar?

VICENTE —No hay fecha exacta. Algunas veces nieva en noviembre, pero es raro.

CARLOS —¿En qué día de noviembre?

VICENTE —Algunas veces a principios del mes y otras veces a fines del mes. Nadie puede saberlo exactamente.

CARLOS —En nuestro país sabemos bastante bien cuando empezará la lluvia. Hay la estación seca y la estación de lluvia.

VICENTE —Aquí hay de todo en cualquier estación. De vez en cuando hace mucho calor aun en octubre o noviembre. Cuando hace calor tan tarde, decimos que es un «verano indio».

CARLOS —¿Un «verano indio»? ¿Por qué lo llaman así?

VICENTE —Eso no le sé. Pero he visto el termómetro a treinta y ocho grades centígrados en octubre. En cambio, hace mucho frío en enero o en febrero.

CARLOS —¿Qué llaman Vds. frío? ¿Cero centígrado?

VICENTE —No, no, el cero centígrado es muy templado.

CARLOS —¿Templado a cero? ¡Uh! la! la! ¿Y qué llaman Vds. frío?

VICENTE —Los veinte bajo cero es bastante fresco. Cuando el termómetro llega a treinta bajo cero, entonces sí que hace frío.

CARLOS —Habrá mucha nieve en el invierno, ¿verdad?

VICENTE —Sí, Vd. va a ver mucha nieve. Pero de vez en cuando hace mucho frío y no hay nieve. Hay sólo hielo.

CARLOS —¿Hielo? ¿Y cómo se puede viajar con el hielo?

VICENTE —Los autos llevan llantas para la nieve, y hay que guiar con cuidado. En el invierno hay muchos choques de automóviles.

CARLOS —Prefiero el calor de Venezuela.

VICENTE —Por lo contrario, yo prefiero el frío. Cuanto más hace frío, tanto más me gusta. Con la nieve podremos esquiar. ¿Le gustaría esquiar?

CARLOS —Nunca he esquiado, pero me gustaría acompañarle alguna vez, si no le molesta. ¿Podré soportar un frío tan intenso?

VICENTE —Pierda Vd. cuidado. Todos los jóvenes de aquí prefieren el frío al calor, y en dos meses Vd. estará tan acostumbrado como nosotros.

Ayudas para la comprensión

**dentro de pocos minutos**   in a few minutes
**Estará tomando un café.**   He must be having coffee.
**al mismo tiempo que**   at the same time as
**a principios de**   toward the beginning of
**a fines de**   toward the end of
**la estación de lluvia**   the rainy season
**en cambio**   on the other hand
**veinte bajo cero**   twenty below (centigrade) = about four below (Farenheit)
**llantas para la nieve**   snow tires
**(el) choque de automóviles**   auto collision
**por lo contrario**   on the contrary
**Cuanto más hace frío, tanto más me gusta.**   The colder it gets, the better I like it.
**si no le molesta**   if you don't mind

Busy Cota Mil Highway in Caracas, Venezuela.

# PRONUNCIACIÓN

In Spanish, with the consonants **c** and **g** the spelling determines the pronunciation. **C** and **g** are pronounced with a hard, explosive sound before the vowels **a, o,** and **u,** or before a consonant. They are pronounced with a so-called soft, or fricative, sound before **e** or **i.** The hard sound of **c** is like the English *c* in *coffee* or *k* in *kick.* It occurs before **a, o, u,** or a consonant.

**café, Caracas, como, cumbre, clase**

The soft sound of **c** is like the English *th* in *thin* in Castilian, and it is like the *s* in *seat* in Spanish America.

**hace, cinco, estación, cero, fácil**

To produce the **k**-sound before **e** or **i,** Spanish uses the spelling **que** and **qui.**

**quedo, esquiar, aquí, choque, queso**

The hard sound of **g** is like the English *g* in *go.* It occurs before **a, o, u,** or a consonant.

**llega, gobierno, inglés, gusta, algunas**

The soft sound of **g** is like the highly aspirated *h* in the English word *hat,* pronouncing the *h* as if you wanted to clear your throat. It occurs before **e** or **i.**

**gente, general, lógico, Giralda, religión**

To produce the hard **g** sound before **e** or **i,** Spanish uses the spelling **gue** and **gui.**

**llegue, guerra, guitarra, guía, dialoguito**


# REPASO GRAMATICAL

### 43. Future tense

The future tense expresses an action which will take place at some time in the future. In Spanish it is expressed by attaching the proper endings to the infinitive of regular verbs:

|  | *1st Conj.* | *2nd Conj.* | *3rd Conj.* |
|---|---|---|---|
| yo | hablaré | aprenderé | viviré |
| tú | hablarás | aprenderás | vivirás |
| él, ella, Vd. | hablará | aprenderá | vivirá |
| nosotros, -as | hablaremos | aprenderemos | viviremos |
| vosotros, -as | hablaréis | aprenderéis | viviréis |
| ellos, ellas, Vds. | hablarán | aprenderán | vivirán |

## 44.  Future of irregular verbs

All irregular verbs follow a pattern in the future.  Once you learn the first person singular, just drop the **-é** and add the following endings for the rest of the conjugation: **-ás, -á, -emos, -éis, -án.**

Notice the first person singular of common irregular verbs:

| | | | | | |
|---|---|---|---|---|---|
| **caber** | to fit | **cabré** | **querer** | to wish | **querré** |
| **decir** | to say | **diré** | **saber** | to know | **sabré** |
| **haber** | to have | **habré** | **salir** | to go out | **saldré** |
| **hacer** | to do | **haré** | **ser** | to be | **seré** |
| **ir** | to go | **iré** | **tener** | to have | **tendré** |
| **poder** | to be able | **podré** | **valer** | to be worth while | **valdré** |
| **poner** | to put | **pondré** | **venir** | to come | **vendré** |

## 45.  *Ir* + Infinitive to express the future (*Ir* meaning "to come")

The present of the verb **ir** + **a** + *infinitive* expresses an action that is going to take place in the near future.

**Vamos a estudiar matemáticas.**   We are going to study mathematics.
**Esta tarde va a llover.**   It's going to rain this afternoon.

 **Ir** is used with the meaning of the English verb *to come* when it indicates motion toward the place where the person spoken to is standing.

**Un momento, señor. Ya voy.**   Just a moment, sir.  I'm coming.

## 46.  The conditional

The conditional is quite regular, if you will keep in mind the future form of a verb and the imperfect endings of the second and third conjugations.  To form the conditional, take the first person singular of the future of any verb, regular or irregular, drop the **-é**, and add the endings **-ía, -ías, -ía, -íamos, -íais,** and **-ían**.

EXAMPLE: *Infinitive*: **salir**
 *Future*: **saldré**
 *Conditional*: **saldría, saldrías, saldría, saldríamos, saldríais, saldrían**

## 47.  *Poder, deber,* and *tener que* with the infinitive

**Poder** and **deber** are followed by the infinitive without a preposition.  **Poder** means *to be able to* or *can*.  **Deber** means *ought to, should,* or *to be obliged to*. **Tener que** followed by the infinitive means *to have to* or *must*.  **Deber** in this sense refers to the moral obligation of performing an action, whereas **tener que** denotes the personal need of performing an action.

**Vd. debe trabajar todo el día para ganar su vida.**   You have to work all day to make a living.

**Tengo que preocuparme por todo.**   I have to worry about everything.

## 48.   Probability

In Spanish the future tense and the future perfect may express an action which is only probable or is assumed to be so.  The future refers to a present probability and the future perfect refers to a past probability.

**Estará en casa en este momento.**   He must be at home at this moment.

**Nos habrán visto esta mañana.**   They must have seen us this morning.

The conditional and the conditional perfect may likewise be used to express probability, but only refer to what may have happened in the past.

**¿Qué hora sería cuando llegaron?**   What time do you suppose it was when they arrived?

**Habrían sido las cinco.**   It must have been five o'clock.

## 49.   The impersonal forms *hay* and *hace*

The impersonal form **hay** is the third person singular of the verb **haber** and is used to introduce a statement of fact.  It is translated by the English *there is* or *there are*.  The imperfect form is **había**, which corresponds to *there was* or *there were*.

**Hay mucha gente en el museo.**   There are a lot of people in the museum.

**Ayer no había nadie.**   Yesterday there was nobody.

**Hay** (or **había**) is used to express certain weather conditions.

**Hay viento y por lo tanto hay mucho polvo.**   It's windy and therefore there is a lot of dust.

The impersonal form **hace** is the third person singular of the verb **hacer**. It is used in many idiomatic expressions, especially expressions about the weather, such as **hace calor, hace frío, hace buen tiempo, hace mal tiempo,** etc.

**Hace mucho frío en enero y en febrero.**   It's quite cold in January and February.


## DIALOGUITOS

1.   A. —¿Cuándo empieza la estación seca aquí?
     B. —En Nueva York no hay ni estación seca ni estación de lluvia.
     A. —Pues, ¿qué estaciones hay?

B. —Hay las cuatro estaciones conocidas: la primavera, el verano, el otoño y el invierno.

A. —¿Cuál estación prefiere Vd.?

B. —Prefiero el invierno porque me gusta esquiar.

2. A. —Hace frío en este hotel. ¿No tienes frío?

B. —No, no tengo frío porque llevo suéter; pero hace fresco.

A. —¿Llevas suéter en el verano cuando hace tanto calor?

B. —Nuestro despacho tiene aire acondicionado, y a mí no me gusta.

A. —¡Qué lástima! ¿Entonces prefieres el calor?

B. —Sí, prefiero el calor. Soy de Puerto Rico y estoy acostumbrada a los días de calor.

3. A. —¿Cómo pasarán Vds. sus vacaciones?

B. —Haremos un viaje en España.

A. —¿Irán Vds. solos o con un grupo?

B. —Saldremos de Nueva York con el grupo, pero lo dejaremos en Madrid.

A. —Y a la vuelta, ¿tendrán que volver con el grupo?

B. —Eso es. Para disfrutar el descuento hay que salir y volver con el grupo.

4. A. —¿Qué hora será? Mi reloj está parado.

B. —Serán las tres y pico. No llevo reloj.

A. —¿Qué hora sería cuando llegamos?

B. —Serían como las dos. ¿Por qué tantas preguntas?

A. —Es que Pablo iba a encontrarnos. ¿Dónde estará?

B. —Estará durmiendo todavía. Nunca se levanta antes de las cuatro.

5. A. —Para vivir cómodo, ¿qué sueldo necesita Vd.?

B. —A ver. Para comer, necesito cien pesos por semana.

A. —¿Y para su cuarto?

B. —Para quedarme en un hotel modesto, noventa pesos por día.

A. —¿Y por lo demás?

B. —Por lo demás, cincuenta pesos por día.

A. —Entonces el sueldo que le ofrecemos va a ser bastante. No vale la pena ofrecerle más.

6. A. —¿Sabe Vd. guiar cuando hay hielo?

B. —Sí, señor. Estoy acostumbrado a guiar cuando hay hielo.

A. —Y cuando hay mucha nieve, ¿sabe Vd. guiar?

B. —Sí, claro. Pero mi auto lleva llantas para la nieve.

A. —En su país no nieva nunca, ¿verdad?

B. —Es verdad. Pero he vivido tres años en Chicago, y allá hace frío, hay viento, hay hielo y hay de todo.

# EJERCICIOS

PRÁCTICA ORAL

I. Repeat the sentence every time you enter each of the expressions given in parentheses:

1. En Nueva York (hace fresco, hace frío, hace mucho frío) en enero.
2. En Florida (hace calor, hace mucho calor, no hace frío) en el invierno.
3. En Venezuela (no hace frío, hace calor, hace buen tiempo) todo el año.
4. En la Ciudad de México (hace fresco, no hace calor, no hace frío) por la mañana.
5. En Acapulco (hace mucho calor, no hace frío, hace calor) todo el día.
6. En el verano (hay polvo, hay viento, hay lluvia) en nuestra ciudad.
7. Por lo contrario esta mañana (tengo calor, tengo mucho calor, no tengo frío).
8. ¿Dicen Vds. que (tienen mucho frío, tienen demasiado frío, tienen calor) en esta casa?

II. In the following sentences change the verb from the future to the conditional:

1. El alumno no sufrirá. 2. Yo preferiré viajar. 3. Vds. podrán comprender. 4. Nosotros iremos con mucho gusto. 5. Ellos me acompañarán mañana. 6. No habrá hielo en octubre. 7. Nos gustará hablarle. 8. El chófer guiará con mucho cuidado. 9. Tú no tendrás frío. 10. Ella tendrá que quedarse. 11. Pablo y Rosa no saldrán. 12. ¿Qué hora será? 13. ¿A qué hora vendrán? 14. Nosotros los ayudaremos. 15. No querré molestarlo. 16. Dijo que habrá mucha nieve. 17. Los cursos serán en inglés. 18. Yo sabré comprenderlos. 19. ¿Cuándo empezarán las clases? 20. ¿Dónde pasarán la primavera?

III. Repeat the sentence every time you supply the correct form of the future of the verbs given in the infinitive:

1. A principios de septiembre yo (llegar, ir, venir) a la universidad.
2. Tú no (encontrar, ver, oír) a nadie en este pueblo.
3. Paco (poder, saber, querer) hacer todos los ejercicios.
4. Rosita (aprender, comprender, escribir) la lección de hoy.
5. Nosotros (hacer, decir, saber) muchas cosas.
6. Vd. no (salir, venir, ir) solo a esta hora.
7. Los cursos (ser, empezar, terminar) todos por la tarde.
8. Nosotros (hablar, salir, venir) con nuestros amigos.
9. Yo les (enviar, dar, dejar) muchos recuerdos.
10. ¿Cuándo (llegar, venir, salir) los bomberos?

IV. Answer the following personal questions:

1. ¿Prefiere Vd. el frío o el calor?   2. ¿Le gusta a Vd. esquiar?   3. ¿Guía Vd. siempre con cuidado?   4. ¿Sabe Vd. guiar cuando hay hielo?   5. ¿Le gusta a Vd. el paisaje (*countryside*) cuando hay nieve?   6. ¿En qué estación va Vd. a la playa?   7. ¿Va Vd. a la playa cuando hace frío?   8. ¿Cuándo empezarán las clases el año próximo?   9. ¿Dónde pasará Vd. las vacaciones? 10. ¿En qué país le gustaría viajar?

EJERCICIOS PARA ESCRIBIR

I. Write the correct form of the future of the verbs given in parentheses:

1. Juana y yo (venir) mañana y (poder) quedar dos días.
2. Vd. no (decir) nada y no (hacer) nada.
3. Tú (ser) jóven y (ir) lejos en tu carrera.
4. Las chicas (tener) vacaciones y (poder) divertirse mucho.
5. Yo (salir) por la mañana y (volver) por la tarde.
6. Rosa (querer) verlos cuando (venir).
7. No (valer) la pena hablarle si no (querer) escuchar.
8. Vd. (ir) a su casa y le (decir) todo.
9. Nosotros (venir) temprano y (salir) tarde.
10. Yo (saber) contestarle si lo (ver).

II. Answer the following questions based on the text:

1. ¿Quién envió los estudiantes?   2. ¿Para qué han venido a los Estados Unidos?   3. ¿Qué tendrán que estudiar al mismo tiempo que las matemáticas?   4. ¿Hay mucha nieve en Venezuela?   5. ¿Qué estaciones hay en Caracas?   6. ¿En qué estación viene el «verano indio»?   7. En Chicago, ¿hace mucho frío en febrero?   8. ¿Considera Vd. muy frío el cero centígrado?   9. Cuando hay hielo, ¿hay que guiar con mucho cuidado?   10. Para esquiar, ¿se necesita nieve?

III. Translate the following:

1. We have to study in order to learn Spanish.   2. He has to work in order to live.   3. What do you do in order to pass the time?   4. Can they travel in winter?   5. She has to take the bus every day.   6. You must respect the teacher.   7. The hospital is probably far from here.   8. The nurses are probably in the dining room.   9. The hotel must be near here.   10. You are probably accustomed to the heat.   11. I would prefer to ski.   12. Where would you live?   13. How could they do it?   14. Where would she find another room?   15. Pedro could come back later.   16. I would have to leave soon.   17. When could we see him?   18. Where would we go?   19. How would we eat?   20. When would they come back?

IV. Complete the following sentences so they make sense:

1. El gobierno envió los estudiantes para estudiar _____.
2. ¿Cómo pueden estudiar en los Estados Unidos si no comprenden _____?

3. Los estudiantes de Venezuela no han visto nunca _____.
4. Cuando hay nieve, por lo general hace _____.
5. Cuando hace calor en noviembre decimos que es _____.
6. Cuando hay nieve en las calles los autos llevan _____.
7. Los jóvenes prefieren el frío porque quieren _____.
8. El veinte y uno de marzo es la fecha cuando empieza _____.
9. La estación que viene después del verano es _____.
10. El invierno empieza a fines de _____.

# LECCIÓN DIEZ

### *Entre dos cajeros en Nueva York*

SR. PÉREZ —Mucho me alegro de que Vd. esté aquí, señorita Balboa. Hasta ahora era yo el único en entender el español.

SRTA. BALBOA —¿Hay muchos clientes de habla española?

SR. PÉREZ —Sí, hay puertorriqueños, cubanos y mexicanos. Algunos no hablan ni siquiera una palabra de inglés.

SRTA. BALBOA —Por eso hay esta ventanilla especial, ¿verdad? Los otros cajeros envían aquí los que no hablan inglés.

SR. PÉREZ —Algunos clientes vienen para depositar el dinero, otros para retirarlo, y otros para pedir préstamos.

SRTA. BALBOA —¿Se venden cheques de viajero también?

SR. PÉREZ —Sí, sobre todo porque hay varias agencias de viajes en esta plaza. Aquí viene una cliente. ¡Buenos días, señora!

CLIENTE —Muy buenos días. Quisiera retirar cuarenta dólares.

SR. PÉREZ —Muy bien. ¿Ha llenado el formulario de retiro?

CLIENTE —Sí, señor, aquí lo tiene Vd. Y ésta es mi libreta de banco.

SR. PÉREZ —Muy bien, señora. (*A la nueva cajera*) Ésta es una cuenta de ahorros. Primero registramos el interés que ha ganado y después retiramos los cuarenta dólares. Hay que poner la libreta en esta calculadora, apretar estos botones y la calculadora lo hace todo. (*A la señora*) ¿Quiere Vd. un cheque, o prefiere al contado?

CLIENTE —Al contado, por favor. Muchas gracias.

SRTA. BALBOA —Para depositar, ¿hay que llenar un formulario de depósito?

SR. PÉREZ —Antes sí que era necesario, pero ahora no. Sólo se necesita el número de la cuenta.

SRTA. BALBOA —¿Hay cajas de seguridad en este banco?

SR. PÉREZ —Sí, las hay de varios tamaños. Los clientes depositan joyas, acciones y documentos. Para abrir la caja de seguridad se necesitan siempre dos llaves, la del cliente y la del cajero.

SRTA. BALBOA —¿Y si un cliente necesita un préstamo?

SR. PÉREZ —Hay que enviarlo a la ventanilla donde dice «préstamos.» Hay allí un banquero que arreglará el préstamo. Nosotros los cajeros no podemos arreglarlos porque hay que verificar la garantía. Sin garantía no hay préstamo.

SRTA. BALBOA —Lo mismo vale para las hipotecas, ¿verdad? Si el valor de la propriedad no es superior a la hipoteca, claro que no habrá hipoteca.

SR. PÉREZ —Para las hipotecas hay bancos hipotecarios que se dedican completamente a esa función.

SRTA. BALBOA —Yo y Vd., ¿qué función tenemos en todo esto?

SR. PÉREZ —Pues, tenemos que explicar todo clara y exactamente a los clientes de habla española, para que ellos comprendan sus obligaciones con el banco. Si faltan en sus pagos mensuales, el banco corre el riesgo de perder dinero, y perder dinero es una cosa seria para el banco.

**el único en entender**   the only one who understands
**de habla española**   Spanish-speaking
**ni siquiera**   not even
**pedir préstamos**   to ask for loans
**(el) cheque de viajero**   traveler's check
**(la) agencia de viajes**   travel agency
**(el) formulario de retiro**   withdrawal slip
**(el) formulario de depósito**   deposit slip
**(la) libreta de banco**   bankbook
**(la) cuenta de ahorros**   savings account
**al contado**   in cash
**(la) caja de seguridad**   safety deposit box
**arreglar el préstamo**   to arrange a loan
**verificar la garantía**   to check the collateral
**(el) banco hipotecario**   mortgage bank
**(el) pago mensual**   monthly payment

Banking in San José, Costa Rica.

# PRONUNCIACIÓN

Spanish **x** has various distinct pronunciations.

1. Before a consonant the letter **x** is pronounced like English *s* in *seat*.

   **extranjero, explicar, expresión, excelente, extra**

2. Before vowels **x** is usually pronounced as a double sound, like English *gs* in *eggs*. Sometimes the sound is reduced to a single *s* sound, depending on the speaker. Listen carefully to the model:

   **éxito, examen, exacto, exactamente, exageración**

3. The letter **x** in old Spanish represented the sound of a hard *h*, and the spelling was later changed to **j**; hence the double spelling **Quixote** and **Quijote**, as well as **México** and **Méjico**. In Mexico they use the spellings **México** and **mexicano**, and in Spain they use **Méjico** and **mejicano**.

# REPASO GRAMATICAL

## 50.  Interrogative words

Interrogative words are adjectives, pronouns, or adverbs that are used to ask questions. The most common ones are:

| | |
|---|---|
| **¿cuándo?**  when? | **¿quién? (¿quiénes?)**  who? whom? |
| **¿dónde?** *or* **¿a dónde (adónde)?** where? | **¿cuál? (¿cuáles?)**  which one? (which ones?) |
| **¿por qué?**  why | **¿cuánto? (¿cuánta?)**  how much? |
| **¿qué?**  what? which? | **¿cuántos? (¿cuántas?)**  how many? |

All interrogative words have a written accent to distinguish them from similar words which are not interrogative.

## 51.  Interrogative adjectives and pronouns

Interrogative adverbs do not change in form and therefore they cause no problem. However, for the correct use of interrogative adjectives and pronouns, study the following distinctions:

1. **¿Quién? (¿Quiénes?)** is a pronoun and refers only to persons.

   **¿Quiénes son los clientes?**  Who are the depositors?

2. **¿Qué?** is both a pronoun and an adjective. As a pronoun it refers to things or ideas. It may be used either as the subject or the object of a preposition.

**¿Qué le gusta a Vd.?** What do you like?
**¿Qué ha preguntado?** What did he ask?
**¿En qué piensa ella?** What is she thinking about?

**¿Qué?** with **ser** calls for an explanation or a definition.

**¿Qué es una cuenta de ahorros?** What is a savings account?

**¿Qué?** as an adjective carries the meaning of *what one(s)* or *which one(s)*.

**¿Qué papeles desea Vd.?** What papers do you want?

3. **¿Cuál?** (**¿Cuáles?**) distinguishes between several persons or objects already known and simply asks *which one(s)*. It does not ask for an explanation.

**¿Cuáles son los productos principales?** Which are the principal products?
**¿Cuáles quiere Vd.?** Which ones do you want?

4. **¿Cuánto (-a, -os, -as)?** may be used either as an adjective or as a pronoun. As an adjective it agrees with the word it modifies, which comes right after it. As a pronoun it agrees with the person or object referred to.

**¿Cuántos bancos hay?** How many banks are there?
**¿Cuánto me cuesta?** How much will it cost me?

5. The normal way to express *whose?* is by the expression **¿de quién?** or **¿de quiénes?** followed by the verb **ser**.

**¿De quién es esa libreta de banco?** Whose bankbook is that?

## 52. ¿Dónde? and ¿a dónde (adónde)?

The English interrogative *where?* may mean *in what place* or *to what place* (*whither*). When it means *in what place*, Spanish uses **¿dónde?** When it means *to what place*, Spanish uses **¿a dónde (adónde)?**

**¿A dónde vas, amigo mío?** Where are you going, my friend?

## 53. Acabar de + Infinitive

When an action has taken place a short while before the time mentioned in the sentence, English uses the word *just* with the proper form of the verb. In Spanish, if the sentence refers to present time, one uses the present of **acabar + de + *infinitive*: Acaban de llegar a esta ciudad,** *They have just arrived in this city.* If the sentence refers to some time in the past, one uses the imperfect of **acabar + de + *infinitive*: Acababan de llegar,** *They had just arrived.*

## 54.  *Hacer* + Infinitive

When the subject of a sentence causes someone else to do an action, Spanish uses the verb **hacer** followed by an infinitive. When we say *I'll have the boy bring the groceries*, we mean that someone else (*the boy*) is going to do the action (*bring the groceries*). Spanish says: **Haré traer los comestibles al muchacho.** The person who actually performs the action becomes the indirect object (notice **al muchacho**).

## 55.  *Volver a* + Infinitive

When the subject repeats an action already performed, Spanish uses the verb **volver a** + an infinitive.

**Volvió a hablar con el banquero.**   He talked to the bank officer again.

## 56.  *Haber de* and *deber de*

**Haber de** followed by an infinitive denotes an action which is expected or supposed to take place.

**Ha de llover mucho.**   It is going (expected) to rain a great deal.

**Deber de** followed by an infinitive denotes an assumption; it is usually translated by *must*.

**Debe de ser mi primo.**   He must be my cousin.

## DIALOGUITOS

1.  A. —¿Cuántas agencias de viajes hay en esta plaza?
    B. —Hay a lo menos cinco agencias.
    A. —¿Por qué hay tantas en este lugar?
    B. —Porque hay muchos viajeros en los hoteles.
    A. —¿Adónde van todos estos viajeros?
    B. —Viajan por todas las partes del mundo.
    A. —Por eso oigo tantos idiomas extranjeros por acá.

2.  A. —¿Cuánto dinero quiere Vd. retirar?
    B. —Quiero retirar trescientos pesos.
    A. —¿Ha llenado Vd. el formulario de retiro?
    B. —Sí, señorita.  Aquí lo tiene Vd.
    A. —Su libreta de banco, por favor. ¿Lo quiere Vd. al contado?
    B. —No, señorita, quiero un cheque a mi nombre, por favor.
    A. —Muy bien, señor.  El cheque está listo.  Buenas tardes.

3. A. —¿Es ésta la ventanilla de préstamos?
   B. —No, señor, ésta es la ventanilla de hipotecas. La de préstamos está allí enfrente.
   A. —Pero allí no hay nadie que hable español.
   B. —Espere Vd. un momentito y llegará un empleado bilingüe.
   A. —Muy bien, gracias. ¿Es Vd. española?
   B. —No, señor, no soy española, pero hablo español porque he vivido varios años en Santiago de Chile.
   A. —¡Qué bueno! ¡Cuánto me gustaría pasar una temporada en Chile!

4. A. —¿Hay cajas de seguridad en este banco?
   B. —Sí, las hay de varios tamaños. ¿Quiere Vd. una caja grande o pequeña?
   A. —Regular. ¿Cuánto me cobran?
   B. —Las cajas grandes son de doscientos pesos al año, y las pequeñas son de cien pesos.
   A. —Hágame Vd. el favor de enseñarme una caja pequeña.
   B. —Aquí la tiene Vd.
   A. —Pues, es bastante para mis documentos. Me quedo con ésa.

5. A. —Sí, señor, podemos arreglar el préstamo. ¿Cuánto dinero necesita Vd.?
   B. —Necesito cuatrocientos dólares.
   A. —¿Por cuánto tiempo los necesita Vd.?
   B. —Los necesito por seis meses.
   A. —¿Qué ofrece Vd. de garantía?
   B. —Tengo un sueldo regular de doscientos dólares por semana.
   A. —Entonces no hay problema. Firme Vd. estos papeles, por favor.

6. A. —¿Cuántas cuentas de ahorros tienes?
   B. —Tengo seis cuentas, en bancos distintos.
   A. —¿Cuáles bancos prefieres?
   B. —Los bancos que dan el mayor interés.
   A. —¿Tienes muchas acciones también?
   B. —Sí, tengo muchas acciones que me traen buenos dividendos.
   A. —Entonces, ¿por qué quieres casarte?

## EJERCICIOS

### Práctica oral

I. To review interrogative words, answer the following questions in any way that makes sense:

1. ¿Cuándo se levanta Vd. y cuándo se desayuna? 2. ¿A dónde va Vd. después del desayuno? 3. ¿Con quiénes viene Vd. a la universidad? 4. ¿Cuántos varones (men) hay en esta clase? ¿cuántas señoritas? 5. ¿Qué

país de Europa le gusta más? ¿cuál de Sudamérica? 6. ¿Por cuáles países le gustaría viajar? 7. ¿A quién enviaría Vd. tarjetas? 8. ¿Cuánto dinero lleva Vd. en su cartera (*wallet*)? 9. ¿Qué trabajo le gustaría a Vd.? 10. ¿Para qué carrera se prepara Vd.? 11. ¿Para quiénes preparan Vds. sus lecciones? 12. ¿Con quién sale Vd. por la noche? 13. ¿De quién es el coche en que Vds. salen? 14. ¿Qué es un préstamo? 15. ¿Qué interés pagan en su banco?

II. Complete the following sentences with the proper forms of the verbs in parentheses:

1. Hoy no llueve, pero dicen que mañana (haber de) llover mucho.
2. Roberto todavía no está aquí, pero sé que (haber de) estar aquí pronto.
3. No sabemos quien es ese señor, pero (deber de) ser una persona importante.
4. Si Rosario no está en la clase, (deber de) estar en su casa.
5. Ya le hablé del asunto, pero (volver a) hablarle mañana.
6. No ha contestado a mi carta y por eso (volver a) escribirle.
7. Cuando no comprendemos una respuesta, (volver a) preguntar.
8. Aquí están nuestros amigos; (acabar de) llegar ahora mismo.
9. Es una carta de mis padres; (acabar de) recibirla esta tarde.
10. No comprendíamos nada; sólo ahora (acabar de) comprender lo que decían.
11. Nuestra profesora (hacer) trabajar mucho a sus alumnos.
12. Cuando estamos enfermos, (hacer) venir al médico.
13. La secretaria (hacer) funcionar la máquina calculadora.
14. Juan es puntual y nunca (hacer) esperar a su esposa.
15. La señora (hacer) traer los paquetes al empleado.

III. Complete the following sentences with the words required by the context:

1. La persona que deposita el dinero en un banco es _____.
2. Cuando estamos en el banco, para depositar el dinero vamos a _____.
3. La persona que registra el dinero se llama _____.
4. El dinero se registra en una _____.
5. La cuenta en que se ahorra el dinero se llama _____.
6. Para depositar el dinero, ¿hay que llenar _____?
7. Para retirar el dinero hay que llenar _____.
8. Para pedir prestado el dinero se necesita _____.
9. El dinero que se pide prestado sobre una casa se llama _____.
10. Los clientes pueden depositar cosas de valor en _____.

IV. Get together with another student, ask a question using each of the following terms, and have the other student answer it:

1. el cajero  2. la ventanilla  3. depositar el dinero  4. retirar el dinero
5. agencia de viajes  6. cheques de viajero  7. el formulario de depósito
8. la imposición  9. la libreta de banco  10. una cuenta de ahorros

11. la caja de seguridad   12. el préstamo   13. la garantía   14. la hipoteca
15. los pagos mensuales

I. Rewrite the following sentences, supplying the correct forms of the object pronouns:

1. El cajero depositará (it, *m.*).   2. La señora retirará (it, *m.*).   3. Enviarán (me) a la ventanilla de préstamos.   4. Pediremos (them, *m.*) a los empleados.
5. ¿Tendrá (them *m.*) Vd. listos?   6. Las señoras llamarán (you) pronto.
7. Empezarán (them, *f.*) en el verano.   8. Venderá (it, *f.*) al policía.   9. Escribirás (them, *f.*) en seguida.   10. Harás (it, *m.*) cuando tengas tiempo.
11. Daríamos (to him) la libreta de banco.   12. Darían (to me) el número de teléfono.   13. ¿Cuándo escribiría Vd. (to them)?   14. ¿Cómo enviarían (to them) el dinero?   15. ¿Qué interés traería (to me) esta cuenta?
16. Diría (to you, *fam.*) todo, pero no puedo.   17. Hablaríamos (to you, *pol.*) con mucho gusto.   18. Enviaría (to them) doscientos pesos.   19. ¿Cuánto darían (to me) por el coche?   20. ¿Cree Vd. que darían (to us) el préstamo?

II. Rewrite the following sentences, supplying the correct forms of the interrogative words:

1. ¿(How many) clientes hay en este banco?   2. ¿(Which) es la ventanilla para préstamos?   3. ¿(How much) quiere Vd. depositar?   4. ¿(What) agencias de viajes hay en esta plaza?   5. ¿(Which) es el formulario de retiro?
6. ¿(How) quiere Vd. el dinero, en cheque o al contado?   7. ¿(Whose) son estas joyas?   8. ¿(Whose) es esta libreta de banco?   9. ¿(With whom, *pl.*) vamos a hacer el viaje?   10. ¿(To whom, *pl.*) enviarán Vds. tarjetas?
11. ¿(Where) nos lleva este autobús?   12. (Where) van los jóvenes con el coche?   13. ¿(How much) es el pago mensual de la hipoteca?   14. ¿(What) interés hay que pagar sobre este préstamo?   15. ¿(How many) secretarias hay en el despacho?

III. Translate:

1. I have just opened a savings account.   2. What is the number of your safety deposit box?   3. Why are there always two keys for these boxes?
4. Who runs the risk of losing a great deal of money?   5. The Spanish-speaking customers would prefer another bank.   6. What interest will you have to pay on the mortgage?   7. Where is this taxi taking us—to the hospital?
8. I should like to arrange a loan, but I have no collateral.   9. How many traveler's checks do you need for your trip?   10. They have just returned from their trip to Spain.

IV. In each of the following sentences supply the correct form of the future of the verb given in parentheses:

1. A principios del mes de agosto mi esposa y yo (ir) de vacaciones.
2. A fines del mismo mes (volver) a nuestras tareas.

3. En ese mes (hacer) mucho calor y (haber) sol cada día.
4. Nuestros vecinos (salir) para las montañas, donde (hacer) fresco.
5. ¿Cuándo (venir) los días de calor?
6. ¿Cree Vd. que (valer) la pena quedarnos en casa?
7. Vds. (poder) esquiar en noviembre, si (querer).
8. Pedro dice que (ser) banquero y (tener) mucho dinero.
9. ¿Qué interés le (dar) en ese banco?
10. Los clientes (tomar) una caja de seguridad y (poner) las cosas de valor.

# LECCIÓN ONCE 🔲🔲

El problema del transporte en la Ciudad de México parece insoluble, como en muchas ciudades que han crecido enormemente. Los coches particulares, los autobuses y los camiones que recorren las calles imposibilitan el tráfico. A cualquier hora del día o de la noche es peligroso atravesar las calles porque los peatones no se acostumbran ni a los semáforos ni a los pasajes marcados. La ciudad va construyendo pasajes subterráneos, como por ejemplo en el Zócalo, pero la construcción toma tiempo y es costosa. Para el transporte público hay varios tipos de autobuses. Los más frecuentes son los comunes, que no tienen límite de pasajeros y por lo tanto son más baratos. En éstos los pasajeros pueden encontrarse como sardinas en lata, lo mismo que en los «subways» de Nueva York. A diferencia de otras ciudades, pero, hay también autobuses de lujo que aceptan pasajeros sólo cuando hay asientos. El autista indica con los dedos el número de asientos libres y no permite más. Éstos se llaman «Delfines» y son más raros que los comunes, pero vale la pena esperar un poco y viajar cómodamente.

En el centro de la ciudad hay también taxis públicos de dos tipos: los «peseros,» en que se paga un solo peso, y los «colectivos,» que cobran dos pesos por persona. Los peseros se paran en lugares limitados, mientras que los colectivos dejan el pasajero donde quiera bajar en la ruta. La ciudad tiene también un excelente Metro, como el de París, en que una puerta de hierro no permite la entrada a los andenes mientras el tren está parado en la estación. El Metro es limpio, rápido y barato. Los mexicanos reconocen el problema del transporte y lo van resolviendo muy bien.

Hay pero otro problema más difícil a resolver: el de la pobreza—el problema que aflige a todas las grandes ciudades. La riqueza y elegancia de los rascacielos, las plazas y las hermosas avenidas dirigen la vista hacia arriba, pero hay que mirar también hacia abajo. De vez en cuando se ven por las calles los pobres pidiendo limosna. Hay niños pequeñitos que tendrán cinco o seis años y que están tan mal alimentados que parecen chiquitos de dos o tres años. Extienden las manitas sin decir palabra. Hay madrecitas con niños en pañales que se quedan en un rincón y no dicen ni pío. Ellas también extienden las manos con gesto cansado, y si reciben algo, dan las gracias y la bendición. Antes yo creía que las chicas así sentadas eran las hermanas de los pequeñitos, pero se me dice que éstas son las jóvenes madres que multiplican la población a pasos gigantescos. Hace unos treinta años la capital tenía una población de un millón y medio. Ahora la población pasa de los nueve millones, y la mitad consta de niños de menos de quince años. ¿Qué va a pasar dentro de otro treinta años?

Los turistas que viajan en grandes pulmans con aire acondicionado y butacas mullidas miran por las ventanillas y exclaman: «¡Qué pintoresco! ¡Qué color local tan fantástico!» No se dan cuenta de que la pobreza es uno de los mayores problemas de nuestra sociedad y que por lo tanto hay que resolverlo junto a los otros problemas que aflígen a nuestro mundo.

**recorren las calles**   go through the streets
**imposibilitan el tráfico**   make traffic impossible
**los peatones no se acostumbran**   the pedestrians do not get used to
**como sardinas en lata**   like sardines in a can
**autobuses de lujo**   luxury buses
**a diferencia de otras ciudades**   unlike other cities
**lo van resolviendo**   (they) are solving it
**dirigen la vista hacia arriba**   (they) direct their sight upwards
**hacia abajo**   downwards
**tendrán cinco o seis años**   (they) are perhaps five or six
**chiquitos de dos o tres años**   little ones two or three years old
**sin decir palabra**   without saying a word
**niños en pañales**   babies in diapers
**no dicen ni pío**   (they) don't even say boo
**dan las gracias y la bendición**   (they) give thanks and a blessing
**se me dice**   they tell me
**a pasos gigantescos**   with giant strides
**consta de**   consists of
**butacas mullidas**   soft, reclining seats
**no se dan cuenta**   (they) do not realize
**¡Qué color local tan fantástico!**   What a fantastic local color!

The Metro in Mexico City is modern, rapid, and clean.

### Linking and intonation

In Spanish, as in English, words are not pronounced as separate units but are run together to form breath groups, and these are actually the units of fluent conversation. In Spanish the last sound of a word is linked with the first sound of the following word. When two vowels meet, if they are alike the first vowel disappears; if they are not alike, they form a diphthong.

| | | |
|---|---|---|
| **el profesor de español** | becomes | el-pro-fe-sor-des-pa-**ñol** |
| **su amigo** | becomes | sua-**mi**-go |
| **¿Cómo está usted?** | becomes | ¿co-moes-taus-**ted**? |

Linking, together with intonation, gives fluency to speech. Spanish intonation technically has three pitch levels which can be distinguished: the normal pitch level of most of the statement, a lower pitch level which introduces the statement, and a higher pitch level which emphasizes the main accented syllable in the statement. However, the student will find it practically impossible to measure the exact pitch level at any one point. All he can do is to be aware of the differences and imitate closely the pitch level of the native speaker.

**No se veían pobres por las calles.**　　no se veían pobres por las calles

**¿Se veían pobres por las calles?**　　se veían pobres por las calles

## REPASO GRAMATICAL

### 57. Past tenses

In English an action which took place at some time in the past is expressed in the past or the present perfect tense. In Spanish such an action is expressed in one of three tenses, namely the present perfect, the imperfect, or the preterit; any one of them may correspond to the past tense in English. They are not interchangeable; each one expresses a particular aspect of an action, as explained in the treatment of each tense.

### 58. Present tense of *haber*

The verb **haber** is used to form compound tenses; it is not used to mean *have* in the sense of "possessing." Here is the present indicative:

| | | | |
|---|---|---|---|
| yo | **he** | nosotros, -as | **hemos** |
| tú | **has** | vosotros, -as | **habéis** |
| él, ella, Vd. | **ha** | ellos, ellas, Vds. | **han** |

## 59. Past participles

The past participle is the form of a verb which expresses the result of an action. In order for the past participle to express the action itself, it must be used together with the verb **haber** in compound tenses. The past participle is formed as follows:

|  | 1st Conj. | 2nd Conj. | 3rd Conj. |
|---|---|---|---|
|  | stem + **ado** | stem + **ido** | stem + **ido** |
| Examples: | **hablado** | **comido** | **vivido** |

In the second and third conjugations, when the stem ends in a strong vowel the past participle has an accent on the **i**.

**caer—caído     leer—leído     traer—traído**

Some verbs have irregular past participles, as for example those listed here:

| | |
|---|---|
| abrir—abierto | morir—muerto |
| cubrir—cubierto | poner—puesto |
| decir—dicho | resolver—resuelto |
| escribir—escrito | ver—visto |
| hacer—hecho | volver—vuelto |

Verbs compounded from other verbs usually have the same basic past participle as the verb from which they are derived.

**atraer** (from **traer**)—**atraído**     **descubrir** (from **cubrir**)—**descubierto**
**devolver** (from **volver**)—**devuelto**     **imponer** (from **poner**)—**impuesto**

The past participle may be used independently of the verb **haber** as an adjective denoting the result of an action. The most common use of the past participle as an adjective is after the verb **estar**.

**Las chicas así sentadas ...**     The girls seated like that ...
**Las ventanas están abiertas.**     The windows are open.

## 60. Present perfect tense: formation and uses

The present perfect tense is formed with the present of **haber** + the past participle of the verb conjugated. The past participle remains unchanged. Following are the present perfect forms of **hablar, comer,** and **vivir**.

|  | 1st Conj. | 2nd Conj. | 3rd Conj. |
|---|---|---|---|
| yo | he hablado | he comido | he vivido |
| tú | has hablado | has comido | has vivido |
| él, ella, Vd. | ha hablado | ha comido | ha vivido |
| nosotros, -as | hemos hablado | hemos comido | hemos vivido |
| vosotros, -as | habéis hablado | habéis comido | habéis vivido |
| ellos, ellas, Vds. | han hablado | han comido | han vivido |

The present perfect tense expresses an action which took place recently or is mentally connected by the speaker with the present. It is generally used when an action has taken place on the same day or in the period of time which is going on while the speaker is speaking.

**¿Ha viajado Vd. mucho este verano?**   Did you travel a great deal this summer?

### 61.   Present participle and progressive construction

The present participle of all verbs ends in **-ndo**. For regular verbs it is formed by taking the stem and adding **-ando** for the first conjugation and **-iendo** for the second and third.

**hablar—hablando      comer—comiendo      vivir—viviendo**

Remember, however, that an unstressed **i** between two vowels becomes **y**; therefore, the present participle will end in **-yendo** if the stem ends in a vowel.

**leer—leyendo      creer—creyendo      construir—construyendo**

In radical-changing verbs of the second and third classes (cf. Section 104) the stem vowel changes from **o** to **u** or from **e** to **i** in the present participle.

**dormir—durmiendo      sentir—sintiendo**

The present participle is used with the verb **estar** to form progressive constructions, denoting that an action is or was actually in progress at the time indicated.

**Nadie está pasando ahora.**   No one is passing by now.
**Juan estaba comiendo cuando entré.**   John was eating when I came in.

The present participle is used with verbs like **ir** and **seguir** to denote an action that keeps on going.

**Los guías siguen hablando.**   The guides keep on talking.
**Los mexicanos lo van resolviendo.**   The Mexicans are resolving it.

### 62.   Present participle alone

The present participle in an independent construction may express the means by which an action is done.

**Pensando se llega a una conclusión.**   By thinking one comes to a conclusion.

Sometimes the present participle is used as an adjective, invariable in form.

**Se veían pobres pidiendo limosna.**   One would see poor people begging.


## DIALOGUITOS

1.  A. —Su nombre, por favor.
    B. —Me llamo Luisa Robles de Gómez.
    A. —¿Dónde vive Vd.?

B. —En la Avenida Octava, número 320.

A. —¿Es una casa particular, o un apartamento?

B. —Es un apartamento. Vivimos en el sexto piso.

A. —¿Hay varios apartamentos en el sexto piso?

B. —Sí, hay cuatro. Vivimos en el apartamento 6 B.

2. A. —¿Cuántos cuartos tiene el apartamento?

B. —Tiene cuatro: tres dormitorios y una cocina.

A. —¿No hay cuarto de baño?

B. —El cuarto de baño está en el pasillo (*hall*).

A. —¿Cuántas personas hay en su familia?

B. —Somos siete: yo, mi madre, y cinco niños.

A. —¿Su esposo no vive con Vds.?

B. —Mi esposo desapareció hace dos años.

3. A. —¿Qué edad tienen sus hijos?

B. —La mayor tiene catorce años, y el menor tiene cuatro.

A. —¿Quién trabaja en su familia?

B. —Trabajo yo, cuando no estoy enferma.

A. —¿Qué trabajo hace Vd.?

B. —Soy mesera (*waitress*) en un restaurante.

A. —¿Cuánto gana Vd.?

B. —Quince dólares por día, y las propinas.

4. A. —¿Hay calefacción (*heat*) en su apartamento?

B. —Sí, hay calefacción de vez en cuando.

A. —¿No hay calefacción regularmente?

B. —No, señorita. Algunas veces hace mucho frío.

A. —¿Se queja Vd. al propietario?

B. —El propietario es una compañía de New Jersey.

A. —Vd. puede reclamar al servicio social.

B. —Lo mucho que vale, señorita.

5. A. —¿Cuánto tiempo hace que Vd. vive en esta ciudad?

B. —Hace tres años. Mi esposo vino para trabajar en los campos de tabaco.

A. —¿Y la familia vino al mismo tiempo?

B. —No, señorita. Vinimos el año después.

A. —¿De dónde vinieron Vds.?

B. —Vinimos del Caribe. Éramos muy pobres.

A. —¿Sabe Vd. que pasó a su esposo?

B. —No sé. El empleo se acabó, no teníamos dinero, y él se fue.

6. A. —¿Por qué no vuelven Vds. al Caribe?

B. —Allí no tenemos nada. Aquí tenemos un apartamento.

A. —¿Los chicos van a la escuela?

B. —Sí, señorita. Todos van a la escuela, menos el menor.

A. —¿Tienen lo suficiente para vivir?

B. —Con los cheques mensuales del servicio social tenemos lo suficiente.

A. —¿Los niños piensan hacer carrera aquí?

B. —Sí, señorita, todos se están preparando para una carrera.


# EJERCICIOS

## PRÁCTICA ORAL

I. Repeat the sentence every time you supply one of the verbs given in parentheses:

1. Esta mañana (hemos hablado, han hablado) con los guías antes de salir del hotel.   2. En la ciudad (he admirado, has admirado) los rascacielos modernos. 3. ¿(Ha visto Vd., Han visto Vds.) la muchedumbre por las calles?   4. ¿Qué (han hecho ellos, hemos hecho) antes de la comida?   5. ¿Cómo (has encontrado, ha encontrado) la ciudad después de tantos años?   6. ¿Dónde (ha puesto Vd., hemos puesto) la cámara fotográfica?   7. No le (hemos dicho, he dicho) nada importante.   8. ¿Cuántas tarjetas (han comprado Vds., hemos comprado) en la tienda del hotel?   9. ¿Por qué no (has abierto, ha abierto Vd.) las ventanillas del autobús?   10. No les (hemos escrito, he escrito) nunca durante el viaje.

II. Supply the correct form of the present perfect of the verbs indicated in parentheses and repeat the sentence every time:

1. Yo no (comer, tomar) gran cosa esta mañana.
2. Vds. (aprender, leer) mucho en este curso, ¿verdad?
3. Las madrecitas (abrir, retirar) las manos sin decir palabra.
4. Los turistas (hablar, exclamar) mucho viajando por la ciudad.
5. Vd. no (decir, escribir) nada toda la mañana.
6. Nosotros (comprar, comer) frutas y dulces.
7. ¿Cuántas ciudades (ver, visitar) Vd. este verano?
8. En este viaje yo (ver, aprender) cosas fantásticas.
9. Roberto y Elena (volver, salir) temprano esta tarde.
10. Las secretarias (copiar, terminar) las cartas para el jefe.

III. Supply the present participle of the verb indicated in parentheses:

1. Los profesores están (hablar) a los alumnos y (explicar) las reglas.
2. Me parece que no estás ni (aprender) ni (comprender) lo que digo.
3. Los turistas están (comer) y (beber) en el restaurante.
4. ¿Qué es lo que Vds. están (escribir) mientras están (esperar)?
5. (Escuchar) aprendemos mucho y (conversar) nos divertimos.
6. (Comprar) y (vender) se puede ganar mucho dinero o perderlo.
7. Los guías siguen (hablar) y los turistas siguen (exclamar).
8. ¿Por qué no sigue Vd. (leer) el periódico y (comer)?
9. Rosario está (hacer) ejercicios y (tomar) aire fresco.
10. ¿Quién está (almorzar) mientras los otros están (esperar)?

IV. Choose the correct phrase from the ones given in parentheses and read the whole sentence aloud:

1. El problema del transporte (es muy fácil, tiene poca importancia, es casi insoluble). 2. Por las calles de la capital (hay pocas personas, no se ve a nadie, hay mucho tráfico). 3. Para los peatones es peligroso (esperar el autobús, hablar con la gente, atravesar las calles). 4. En el Zócalo hay (muchos restaurantes, calles estrechas, pasajes subterráneos). 5. Los Delfines son (edificios altos, rascacielos modernos, autobuses de lujo). 6. En los autobuses comunes los pasajeros están (siempre cómodos, siempre sentados, como sardinas en lata). 7. El Metro de la Ciudad de México (es muy antiguo, no lleva pasajeros, es rápido y moderno). 8. En el Metro no se permite la entrada (cuando hace calor, cuando no hay pasajeros, mientras el tren está parado en la estación). 9. El problema de la pobreza (no es importante, es fácil a resolver, aflige a todas las grandes ciudades). 10. Los grandes pulmans tienen (sólo dos ventanillas, pocos asientos, aire acondicionado).

EJERCICIOS PARA ESCRIBIR

I. Answer the following questions in writing at home and then orally in class:

1. ¿Es difícil el problema del transporte en las grandes ciudades? 2. ¿Hay mucho tráfico en su ciudad por la mañana y por la tarde? 3. ¿Se acostumbran los peatones a los semáforos? 4. ¿Son útiles los pasajes subterráneos cuando hay mucho tráfico? 5. ¿Es buena la idea de los taxis colectivos? 6. ¿Dónde se encuentra otro Metro como el de la capital? 7. ¿Hay algunos países que tienen más pobreza que otros? 8. ¿Hay un problema serio con la población en el mundo? 9. ¿Le interesa a Vd. el color local cuando viaja? 10. Mencione Vd. otros problemas que afligen al mundo.

II. Translate the English expressions and read the sentences aloud:

1. En las grandes ciudades los automóviles y los camiones (make traffic impossible). 2. En los "subways" de Nueva York los pasajeros viajan (like sardines in a can). 3. Su hermana es una niña (three or four years old). 4. Hemos dejado a los amigos (without saying a word). 5. ¿Ha visto Vd. a esas madrecitas (with babies in diapers)? 6. Cuando ayudamos a los pobres, nos (give thanks and a blessing). 7. (They tell me) que la pobreza es un problema en todos los países. 8. La capital ha hecho progreso (at giant strides). 9. ¿(What is going to happen) dentro de treinta años? 10. Los pobres no viajan en pulmans (with reclining seats).

III. Supply the correct form of the present perfect of the verbs indicated; then make up a sentence for one of the verbs in the group.

1. Vds. (decir, hacer, abrir, ver, volver).
2. Tú (escribir, vivir, oír, poner, traer).

3. Nosotros (dar, poner, recibir, estar, ser).
4. Tú y yo (volver, pasar, viajar, decir, ver).
5. Vd. (extender, resolver, esperar, saber, tener).

IV. Translate the following, using the progressive construction (**estar** + present participle) for the verbs:

1. The Mexicans are studying the problem of transportation.   2. The ladies are looking in the shop windows.   3. The little children are extending their hands.   4. The population is multiplying (itself) at giant strides.   5. Were the pedestrians crossing the streets?   6. Were you talking with someone on the telephone?   7. One of the students was sleeping while the others were studying.   8. The tourists are looking through the windows of the bus.   9. Are you writing the exercises every day?   10. They are living on a beautiful avenue.

# LECCIÓN DOCE ᚐᚐ

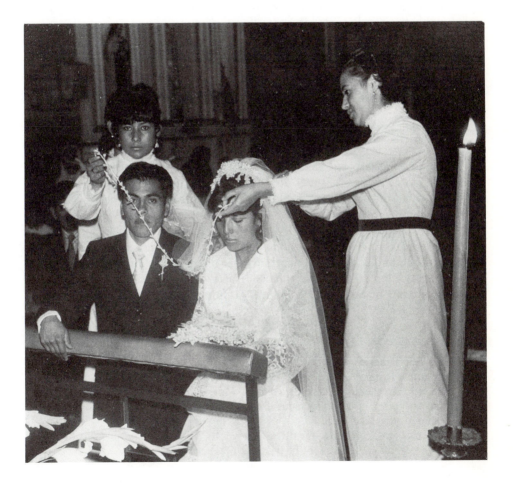

Era el domingo en Acapulco y fuimos a la iglesia. Hay muchas iglesias en la ciudad, pero decidimos ir a la Catedral, que se encuentra en el Zócalo, en el centro de la ciudad. En la Playa Caleta tomamos un autobús que nos llevó al Zócalo en pocos minutos. Había mucha gente en el autobús, pero por buena suerte encontramos dos asientos libres e íbamos cómodos hasta donde nos bajamos.

A pesar de tener poco valor turístico, para mí la Catedral es impresionante en su estilo árabe-románico y sus cúpulas de azul celestial. El interior es sencillo y al mismo tiempo elegante, con sus columnas y arcos de estilo bizantino. Predomina el azul, dando la impresión de un cielo estrellado. El altar es de una hermosura límpida y clara como las aguas de la bahía. Todo se presta a la meditación y la oración. En esa iglesia de estilo antiguo asistimos a una misa tan moderna que los siglos desaparecieron, y el pasado se confundió con el futuro. Junto al cura, que recitaba en latín, había tres narradores que recitaban en español, uno tras otro. La narradora principal era una mujer hermosa y simpática, que narraba y cantaba con voz encantadora, y el público la seguía cantando.

Al pie del altar, durante toda la misa, había una jovencita que recibía su primera comunión. Estaba vestida de blanco, con un velo azul que le cubría la cabeza y caía sobre el blanco vestido hasta los pies. Sus padres estaban a su lado durante toda la misa, y la felicidad los cubría como aquel velo azul. Era un cuadro digno de Velázquez, pero mi esposa y yo tuvimos que marcharnos temprano, porque algunos amigos nos esperaban en el hotel.

Al salir de la iglesia vimos en la entrada a dos jovencitos de doce o trece años, vestidos de novios, con fotógrafos que sacaban fotografías a más no poder. Claro que había alguna ceremonia importante, pero no tuvimos tiempo de esperar hasta el fin. Llegando al hotel, pregunté a una señorita mexicana del turismo por qué los dos chicos estaban vestidos de novios. ¡Cuál fue mi sorpresa cuando me dijo que era una boda verdadera! Me dijo que no era nada de raro, porque los chicos del pueblo se casaban muy jóvenes. ¡Madre mía! He visto cosas raras en mi vida, pero nunca había asistido a una boda entre dos niños que deberían jugar a la pelota y divertirse en las calles en vez de tomar las responsabilidades de la vida de casados. ¿Y los niños que resultarían de esa boda? El pasado y el futuro se confundían en un problema sin solución.

Ayudas para la comprensión

**por buena suerte**   by luck, by chance
**al mismo tiempo**   at the same time
**un cielo estrellado**   a starry heaven
**todo se presta**   everything lends itself
**junto a**   together with
**uno tras otro**   one after the other
**al pie del altar**   at the foot of the altar

**estaba vestida de blanco**   she was dressed in white
**al salir de la iglesia**   on leaving the church
**vestidos de novios**   dressed as newly-weds
**a más no poder**   at full speed
**nada de raro**   nothing unusual, anything unusual
**¡Madre mía!**   Good heavens!
**jugar a la pelota**   to play ball
**tomar las responsabilidades**   assume the responsibilities
**(la) vida de casados**   married life

Interior of Santa Prisca Church in Taxco, Mexico.

# PRONUNCIACIÓN

Fluency in Spanish is attained by speaking in breath groups rather than in single words. In order to speak in breath groups it is important to link words together, so that the last sound of one word is fused into the first sound of the following one. When Spanish is spoken at full speed the impression you get is that the speaker never takes a breath. It is not likely that a foreign speaker will ever attain that speed, but unless he learns to link words together he will not even be able to understand Spanish which is not addressed directly to him. Practice the following breath groups as pronounced with the linking indicated. As you pronounce the breath groups, let your accent fall only on the syllable which is italicized.

*Single words:*
fuimos a la iglesia
encontramos dos asientos libres
el interior es sencillo
una mujer hermosa y simpática
era un cuadro digno de Velázquez
nunca había asistido a una boda
deberían jugar a la pelota

*Linked breath groups:*
fui-mo-sa-lai-*gle*-sia
en-con-tra-mos-do-sa-sien-tos-*li*-bres
e-lin-te-rio-re-sen-*ci*-llo
u-na-mu-je-rer-mo-sai-sim-*pa*-ti-ca
e-raun-cua-dro-di-gno-de-ve-*laz*-quez
nun-ca-bi-a-sis-ti-dau-na-*bo*-da
de-be-ri-an-ju-ga-ra-la-pe-*lo*-ta

# REPASO GRAMATICAL

### 63.  The imperfect tense : formation and uses

The imperfect is formed by taking the stem of a verb and adding the appropriate endings:

|  | *1st Conj.* | *2nd Conj.* | *3rd Conj.* |
|---|---|---|---|
| yo | habl -aba | com -ía | viv -ía |
| tú | -abas | -ías | -ías |
| él, ella, Vd. | -aba | -ía | -ía |
| nosotros, -as | -ábamos | -íamos | -íamos |
| vosotros, -as | -abais | -íais | -íais |
| ellos, ellas, Vds. | -aban | -ían | -ían |

Notice that the second and third conjugations have similar endings. All the endings of the second and third conjugations have an accent on the **i**, whereas the first conjugation has only one accent—on the **a** of the first person plural.

The imperfect, or past descriptive, describes an action or a state of being which was in progress at the time under consideration in the past. When we say that *A friend was coming down the street* or *The sun was shining,* at some time in the past, the action *was coming* or *was shining* is rendered in the imperfect tense. If we are talking about a trip and we mean that we used to stop driving at four o'clock every day, *we stopped* would be in the imperfect tense. Therefore, we say that the imperfect or past descriptive expresses a continued, customary, or repeated action in the past.

**Había mucha gente en el autobús.**   There were many people on the bus.
**Mi padre trabajaba en un despacho.**   My father used to work in an office.
**Los veíamos cada mañana.**   We used to see them every morning.

## 64.   Irregular imperfects

The imperfect is the most regular of all tenses in Spanish. Only three verbs are irregular and the forms are as follows:

**ser**   to be:   **era, eras, era, éramos, erais, eran**
**ir**   to go:   **iba, ibas, iba, íbamos, ibais, iban**
**ver**   to see:   **veía, veías, veía, veíamos, veíais, veían**

## 65.   Preterit tense: formation and uses

The preterit is another of the past tenses in Spanish. For regular verbs it is formed by taking the stem and adding the endings given in this table:

|  | *1st Conj.* | *2nd Conj.* | *3rd Conj.* |
|---|---|---|---|
| yo | **habl -é** | **com -í** | **viv -í** |
| tú | **-aste** | **-iste** | **-iste** |
| él, ella, Vd. | **-ó** | **-ió** | **-ió** |
| nosotros, -as | **-amos** | **-imos** | **-imos** |
| vosotros, -as | **-asteis** | **-isteis** | **-isteis** |
| ellos, ellas, Vds. | **-aron** | **-ieron** | **-ieron** |

Notice that the second and third conjugations have the same endings. The preterit is used to express a simple, completed action in past time or an historical event. When we say *He ate at the restaurant around the corner,* the verb *ate* is in the preterit if we are referring to a particular occasion, but it is in the imperfect if we mean that the person ate there regularly. In Spanish the two tenses are not interchangeable. Knowing which one to use in every case is an ability acquired with observation.

**Tuvimos que dejar temprano aquel día.**   We had to leave early that day (that time).
**Algunos amigos nos esperaban.**   Some friends were waiting for us (for a length of time).

## 66. Some common verbs irregular in the preterit

| | |
|---|---|
| **decir**  to say: | **dije, dijiste, dijo, dijimos, dijisteis, dijeron** |
| **estar**  to be: | **estuve, estuviste, estuvo, estuvimos, estuvisteis, estuvieron** |
| **hacer**  to do, make: | **hice, hiciste, hizo, hicimos, hicisteis, hicieron** |
| **ir**   to go:  *or*  **ser**  to be: | **fui, fuiste, fue, fuimos, fuisteis, fueron** |
| **tener**  to have: | **tuve, tuviste, tuvo, tuvimos, tuvisteis, tuvieron** |
| **ver**  to see: | **vi, viste, vio, vimos, visteis, vieron** |

## 67. Idiomatic present and idiomatic past

An action begun in the past and continuing into the present is expressed by the present tense in Spanish. When we say *He has been here for two hours*, we mean that the person came two hours ago and is still here. Spanish says **Hace dos horas que está aquí,** using the present tense **está** for the English *has been*. To express this type of sentence you use **hace** + the expression of time + the present tense of the verb. In asking a question you use **¿ desde cuándo ?** + the present tense in Spanish, corresponding to *how long* + the present perfect in English. This is known as the idiomatic present.

When referring to the past, an action that began prior to the main action and continued up to the time of the main action takes the imperfect tense in Spanish. When we say *He had been watching the game for an hour when the ball hit him*, we mean that the action of watching had begun prior to the hitting and was still going on when the ball hit. Spanish says: **Hacía una hora que miraba el juego cuando la pelota le pegó,** using the imperfect **miraba** where English used the pluperfect *had been watching*. In this type of sentence Spanish uses **hacía** + the expression of time + the imperfect tense. This is known as the idiomatic past.

**Hace una semana que no lo vemos.**   We have not seen him for a week.
**Hacía tres meses que no lo veíamos cuando lo encontramos.**   We had not seen him for three months when we met him.


## DIALOGUITOS

1.  A.  —¿Dónde vivías de niño?
    B.  —Vivíamos en un pequeño pueblo de Ohio.
    A.  —¿Tenías muchos amigos?
    B.  —Los amigos no faltaban. Jugábamos siempre juntos.
    A.  —¿Asistían Vds. a partidos de futból?
    B.  —Por supuesto. Había partidos cada sábado por la tarde.
    A.  —¿Adónde ¡bas el domingo?
    B.  —El domingo descansábamos y escuchábamos la radio.

2. A. —¿Estaba fría el agua de la bahía?
   B. —Estaba un poco fría, pero se podía nadar.
   A. —¿Había mucha gente en le playa?
   B. —Sí, había una gran muchedumbre.
   A. —¿Todos sabían nadar bien?
   B. —Algunos nadaban muy bien y otros iban aprendiendo.
   A. —¿Se divertían los niños?
   B. —Sí, los niños jugaban, corrían, y gritaban a más no poder.

3. A. —¿Qué hacía Vd. cuando llegó su hermano?
   B. —Estaba sacando fotografías cuando él llegó.
   A. —¿Hacía buen tiempo cuando Vds. salieron?
   B. —No, llovía cuando salimos de casa.
   A. —¿Salían sus padres también cuando Vds. los encontraron?
   B. —No, volvían de la iglesia cuando los encontramos.
   A. —¿Buscaba Vd. a alguien cuando le vi esta mañana?
   B. —Bastan las preguntas. ¡Siéntese y tome un café!

4. A. —¿Qué países visitaron Vds. el verano pasado?
   B. —Yo visité a España y mi hijo visitó a Chile.
   A. —¿Vieron Vds. muchos sitios nuevos?
   B. —Mi hijo vió a Santiago de Chile por primera vez, pero yo no vi nada
      de nuevo.
   A. —¿Le gustó mucho a su hijo Santiago?
   B. —Quedó encantado. Dijo que la ciudad es muy pintoresca.
   A. —Y Vd., ¿cómo pasó el verano?
   B. —Lo pasé estudiando el español en la universidad de Madrid.

5. A. —¿Va Vd. a la iglesia el domingo?
   B. —No, señor, voy al templo los sábados.
   A. —¿Va Vd. con su esposa y sus niños?
   B. —No, señor, voy solo, porque mi esposa va a la iglesia el día siguiente.
   A. —Y los niños, ¿adónde van?
   B. —El chico viene conmigo al templo, y la chica va con su mamá a la
      iglesia.
   A. —¿Encuentran Vds. dificultades con ese arreglo?
   B. —De ninguna manera. La religión es un asunto personal y cada cual
      debe respetar la religión de los otros.

6. A. —¿A qué edad quieres casarte?
   B. —No sé. Primero tengo que encontrar una chica.
   A. —Hay tantas chicas en la escuela. ¿Cómo la quieres?
   B. —Tiene que ser muy guapa, claro.
   A. —¿Y después?
   B. —Tiene que ser inteligente y rica.
   A. —¿Nada más?
   B. —Sí, tiene que ser simpática, agradable y alegre.
   A. —Ya comprendo, amigo. Es que no quieres casarte nunca.

# EJERCICIOS

I. Supply the correct forms of the imperfect of the verbs indicated and repeat the whole sentence each time:

1. Los jóvenes (cantar, hablar) durante toda la función.
2. A menudo nosotros (ver, oír) los aviones en el aeropuerto.
3. Cada dos horas yo (salir, volver).
4. Los fotógrafos (sacar, tomar) fotografías.
5. La novia (llevar, tener) un velo azul.
6. Cada mañana Vds. nos (dejar, encontrar) a la misma hora.
7. De niño yo (correr, jugar) todo el día.
8. ¿Qué (decir, contestar) tú en esa ocasión?
9. En nuestros viajes (ver, aprender) muchas cosas raras.
10. Los chicos del pueblo no (hacer, decir) nada.

II. Supply the correct preterit form of the verb given in parentheses:

1. A las ocho de la mañana (we left) en el autobús. 2. Durante la misa los padres (were) siempre a su lado. 3. Ya era tarde y (we did not have) el tiempo para esperar. 4. ¿(Did you eat) demasiado para el desayuno? 5. ¿Qué (did they say) al bajar del coche? 6. La semana pasada (we went) a la catedral. 7. En el templo (you saw) mucha gente, ¿verdad? 8. (They lived) en esa ciudad varios años, pero ahora viven aquí. 9. ¿Cómo (did you spend) las vacaciones el verano pasado? 10. Por qué (did you not do) el trabajo que le pedí?

III. Supply the correct forms of the imperfect in the first half of the sentence and of the preterit in the second half:

1. (Ser) el domingo y todos (ir) a la iglesia.
2. (Haber) mucha gente en el autobús, pero nadie (levantarse).
3. Los asientos (estar) libres y nosotros (poder) sentarnos.
4. El cura (recitar) en latín, pero la narradora (cantar) en español.
5. Mientras el público (seguir) cantando, yo (tener) que marcharme.
6. Nuestros amigos nos (esperar) en el hotel y no (ver) nada.
7. Los jovencitos (estar) vestidos de novios y (salir) muy pronto.
8. Los fotógrafos (sacar) fotografías cuando nosotros (marcharse).
9. ¿(Jugar) los niños a la pelota cuando tú los (ver)?
10. Los padres (mirar) a la hija y no (asistir) a la boda.

I. Answer the following questions about yourself:

1. Hace dos años, ¿dónde vivía Vd? 2. ¿Desde cuándo vivía Vd. allí? 3. ¿A qué hora salía Vd. para el almuerzo? 4. ¿Quién fue su profesor de

español el año pasado? 5. ¿Asistían Vds. a los partidos de futból en la escuela secundaria? 6. ¿Sacaba Vd. muchas fotografías cuando viajaba? 7. ¿A qué edad se casaban los jóvenes en el tiempo de sus padres? 8. ¿Le gustaba mucho a Vd. cantar cuando era niña? 9. ¿Desde cuándo me esperaba Vd. cuando le vi esta mañana? 10. ¿Iba Vd. a menudo al mercado cuando vivía en Caracas?

II. In the following sentences supply the correct forms of the imperfect in the first half and of the preterit in the second half:

1. El Zócalo no (estar) lejos y yo (llegar) muy pronto.
2. La mujer (ser) simpática y (cantar) con voz encantadora.
3. Los chicos (estar) vestidos de novios y (casarse).
4. Mientras nosotros (llegar) al hotel, ellos (salir).
5. Los jóvenes (nadar) en la piscina cuando yo los (ver).
6. El cura (cantar) la misa cuando los turistas (entrar).
7. Lola (divertirse) mucho cuando (caerse) en el agua.
8. Mientras Vds. (viajar), ¿qué (ver) Vds. de interesante?
9. Rosita (asistir) al partido de futból cuando (desaparacer).
10. Mis padres (recibir) a nuestros amigos cuando (empezar) a llover.

III. Translate the English in parentheses:

1. (By luck) no sabemos lo que es la verdadera pobreza. 2. (At the same time) sabemos que hay pobres aun en nuestro país. 3. ¿Le gusta a Vd. descansar bajo (a starry heaven)? 4. En una noche bonita (everything lends itself) a la meditación. 5. Los invitados llegaron a la fiesta (one after the other). 6. El novio dejó la novia (at the foot of the altar). 7. La enfermera en el hospital estaba (dressed in white). 8. (On leaving) el hotel, encontré el fotógrafo. 9. ¿Por qué están (dressed as newly-weds) esos jovencitos? 10. En el restaurante los hombres bebían (at full speed). 11. Ahora no hay (anything unusual) en un viaje en automóvil. 12. (Instead of) hablar tanto, ¿por qué no tratas de comprender lo que digo? 13. (Married life) no es para chicos de doce o trece años. 14. Queridos amigos, ahora han llegado Vds. a la edad de (assume the responsibilities) de hombres maduros.

# PART TWO

# LECCIÓN TRECE ﾂﾂ

SR. ALONSO —Buenas tardes, señor. ¿Vuelve Vd. a la capital?

SR. CARTER —Sí, señor, volvemos a la capital. Mi esposa y yo hemos pasado unas horas en Guanajuato y ahora estamos de vuelta. ¿Es Vd. de aquí?

SR. ALONSO —Ahora no. Nací en Guanajuato, pero de joven me trasladé a la capital. Vivimos allí con mi esposa, que está aquí a mi lado.

SR. CARTER —Buenas tardes, señora. Mi esposa y yo somos de muy, muy lejos.

SRA. ALONSO —¿De dónde? ¿Tal vez de El Paso?

SR. CARTER —Aun más lejos. Somos de Boston, en los Estados Unidos.

SR. ALONSO —Pero Vds. dominan el español perfectamente. ¿Acaso son Vds. profesores?

SR. CARTER —Eso es; somos profesores de español y venimos a México para ver el país y conocer a la gente y sus costumbres.

SR. ALONSO —¡Magnífica idea! Pero en los hoteles Vds. no logran conocer la vida mexicana. Deberían quedarse con una familia mexicana. Nosotros, por ejemplo, nos consideraríamos honrados si Vds. visitaran nuestra casa.

SR. CARTER —Vd. es muy amable, como todos los mexicanos que hemos conocido. Sería un verdadero placer aceptar su hospitalidad, si tuviéramos tiempo.

SR. ALONSO —Nosotros somos de clase media—obreros, nada más. Tenemos sin embargo una grande estimación por los que se dedican a los estudios. Nos harían Vds. un gran honor si tomaran una tequila con nosotros. Aquí tiene Vd. mi tarjeta de visita, con nuestra dirección y el número de teléfono. ¡No duden en visitarnos!

SR. CARTER —¡Qué amable es Vd.! Si nos queda un rato libre antes de volver a nuestro país, lo llamaré. Si no, agradezco muchísimo su cordialidad y le enviaremos una tarjeta para la Navidad.

SRA. ALONSO —¿Les gustó Guanajuato?

SRA. CARTER —Nos gustó muchísimo. Ayer hicimos un recorrido por los lugares más importantes. Teníamos poco tiempo, y por lo tanto tomamos un taxi particular. Por noventa pesos el taxista nos llevó por todas partes y nos dió explicaciones completas. Primero nos enseñó la Alhóndiga de Granaditas, donde empezó la guerra de independencia en 1810. Nos enseñó la puerta que incendió el joven Pípila, en donde se habían encerrado los realistas. Después vimos el teatro Juárez, que es una maravilla (o monstruosidad, según el gusto) de arquitectura barroca.

SRA. ALONSO —¿Vieron la Iglesia de la Valenciana?

SRA. CARTER —Esa sí que es una joya de arquitectura barroca. La iglesia misma es algo pintoresco y raro, con su altar de encajes de oro que muestran la riqueza de Guanajuato en otros tiempos. Y desde la iglesia se domina una vista estupenda de todo el valle.

SR. ALONSO —¿Cuál fue la cumbre de su recorrido?

SR. CARTER　—La cumbre, sin duda, fue la visita al Panteón, en que hay más de cien momias. Antes yo creía que esas famosas momias databan de otros siglos, como las de Egipto. ¡Cuál fue mi sorpresa al saber que algunas de las momias dormían pacíficamente enterradas hace cuatro o cinco años! En Guanajuato no hay seguridad de que el entierro va a ser permanente. Un pobre esqueleto puede despertarse un buen día, creyéndose en su ataúd, y encontrarse en cambio en un escaparate, sin ropa, delante de una cola de espectadores que lo miran estupefactos, alegres de estar ellos al otro lado del escaparate y no dentro. ¡Ay, qué susto!

SR. ALONSO　—¡Pierda Vd. cuidado, señor! Por lo que yo sepa, no hay turistas entre las momias.

The square is the center of life in Mexican cities.

**estamos de vuelta**   we are on the way back
**de joven**   as a young man
**Vds. dominan el español perfectamente.**   You are quite fluent in Spanish.
**Somos de clase media.**   We are middle class.
**los que se dedican a los estudios**   those who devote themselves to studies
**¡No duden en visitarnos!**   Don't hesitate to visit us.
**un rato libre**   a free moment
**hicimos un recorrido**   we took a tour
**por lo tanto**   therefore, consequently
**por todas partes**   all over
**según el gusto**   according to one's taste
**altar de encajes de oro**   altar with gold inlays
**la cumbre del recorrido**   the high point on the tour
**databan de otros siglos**   dated back to other centuries
**hace cuatro o cinco años**   four or five years ago
**en cambio**   instead
**¡Pierda Vd. cuidado!**   Don't worry.
**por lo que yo sepa**   as far as I know

CUESTIONARIO

Contéstese en español:

1. ¿Quién está de vuelta hacia la capital?   2. ¿A dónde se trasladó el señor de joven?   3. ¿Domina Vd. el español perfectamente?   4. ¿Hay mucha gente que se dedica a los estudios?   5. ¿Llamará el señor si le queda un rato libre?   6. ¿Por dónde hicieron los señores un recorrido?   7. ¿Por dónde los llevó el taxista?   8. ¿Qué es una maravilla o una monstruosidad según el gusto?   9. ¿Qué tiene el altar de la iglesia?   10. ¿Cuál fue la cumbre del recorrido?   11. ¿Qué hacían algunas momias hace cuatro o cinco años?   12. Por lo que Vd. sepa, ¿hay turistas entre las momias?

Chichen-Itza, Mexico.

## 68.  Relative adjectives, pronouns, and adverbs

The complete list of the common relative adjectives, pronouns, and adverbs is as follows:

**que**  who, whom, which, that
**quien, quienes**  (he) who, (they) who, whom (*when preceded by a preposition*)
**el cual, la cual, los cuales, las cuales**  who, whom, which; **lo cual**  which
**el que, la que, los que, las que**  who, whom, which (he, they, the one, the ones) who; **lo que**  what, that which
**cuanto, -a, -os, -as**  all that (those), as much (many) as
**cuyo, -a, -os, -as**  whose
**cuando** (*relative adverb*)  when
**donde** (*relative adverb*)  where

## 69.  Relative pronouns

A relative pronoun connects two clauses by referring to a person or thing mentioned in the first clause. The second clause is called a relative clause. The person or thing which is qualified by the relative clause is called the antecedent. For brevity we refer to the antecedent as person or thing, bearing in mind that words such as **gusto** and **España** can hardly be classified as things. In Spanish the most common relative pronoun is **que**, which refers to persons or things and may be used as subject or object of a verb. **Que** is rendered by *who, whom, which,* or *that*, according to the context.

**Hay dos señoritas que quieren hablarle.**  There are two young ladies who wish to talk to you.
**Le envío una pintura que acabo de comprar.**  I'm sending you a painting which I just bought.

After prepositions **que** may be used to refer to things, but not to persons.

**El gusto con que trabaja...**  The pleasure with which he works...

**Quien (quienes)** is especially used when the clause is parenthetical and simply adds an idea to a sentence which is otherwise complete.

**Roberto es un amigo del señor Rosas, quien vive en Granada.**  Robert is a friend of Mr. Rosas, who lives in Granada.
BUT: **El señor que vive en Granada es un amigo de Roberto.**  The man who lives in Granada is a friend of Robert's.

Notice that in this second sentence the clause **que vive en Granada** actually tells you which man you are talking about, and is not an added piece of information.

With persons, the relative pronoun after a preposition is **quien** when referring to one and **quienes** when referring to more than one.

**La mecanógrafa con quien yo hablé...**   The typist with whom I talked...
**Los jefes para quienes trabajamos...**   The bosses for whom we work...

When the antecedent is not expressed, **quien** is used with the meaning of *he who* or *the one who*.

**Quien no trabaja no come.**   He who does not work does not eat.

**El que (la que)** is also used with the meaning of *he who* (*she who*) or *the one who*, and **los que (las que)** is used with the meaning of *those who*.

**Los que toman el autobús encuentran sitio (a veces).**   Those who take the bus find seats (sometimes).

**El cual** in all its forms is used as the relative pronoun whenever there is a chance for confusion, because it gives the gender and number of the antecedent.   It is commonly used after **por, sin, con**, and some other prepositions.

**Pasó la tarde con el primo de mi esposa, el cual es pintor.**   He spent the afternoon with my wife's cousin, who is a painter.
**Paco es el hermano de las chicas con las cuales Vd. viajó.**   Paco is the brother of the girls with whom you traveled.

**Lo cual** and **lo que** refer to an indefinite antecedent or to a general idea. **Lo cual** generally refers to something more specific than **lo que.**

**Chile está situado entre el mar y las montañas, por lo cual es muy estrecho.**   Chile is located between the mountains and the sea, for which reason it is very narrow.
**No nos gusta lo que no conocemos.**   We don't like what (that which) we don't know.

**Cuanto** in all its forms has the force of *all that* (*which*), *as much* (or *as many*) *as possible*.   It may be used either as an adjective or as a pronoun.

**Le gusta ver cuantas películas puede.**   He likes to see as many films as possible.

**Cuyo** in all its forms is used when possession is implied.   It agrees in gender and number with the noun which follows.

**El profesor, cuyos libros nadie lee, se considera gran autor.**   The professor, whose books nobody reads, considers himself a great author.

**Cuando** connects a relative clause with the idea of *the time when*.

**Era la época cuando volvían los pájaros.**   It was the period when the birds came back.

**Donde** connects a relative clause with the meaning of *the place where*.

**Éste es el museo donde todos los artistas son modernos.**   This is the museum where all the artists are modern.

*ha de = It's expected to*
*debe de = ___ must*

## 70. *Hay que, tener que,* and *deber*

Obligation is expressed in three ways:

1. **Hay que** refers to a general obligation. **Hay que estudiar** means *There is study to be done.* The implication is *One has to study.*

2. **Tener que** refers to a definite personal obligation to do something in particular.

   **Carmen tiene que volver a las cuatro.** Carmen has to get back at four o'clock.

3. **Deber** refers to a personal obligation in the sense of a duty.

   **Vd. no debe pensar así.** You ought not to think that way. (It is not right).

## EJERCICIOS

EJERCICIOS ORALES

I. CONVERSACIÓN. Un alumno hace la pregunta y otro la contesta:

1. ¿Ha pasado Vd. unas horas en la biblioteca? 2. ¿Quién está sentado a su lado derecho? ¿a su lado izquierdo? 3. ¿Es Vd. de muy lejos, o es Vd. de aquí? 4. ¿Conoce Vd. las costumbres de México? 5. ¿Invitaría Vd. a un extranjero a visitar su casa? 6. ¿Aceptaría Vd. la hospitalidad de una persona que no conoce? 7. ¿Quiere Vd. darme el número de su teléfono? 8. ¿Le gustaría a Vd. tomar una tequila ahora? 9. ¿Envía Vd. muchas tarjetas para la Navidad? 10. ¿Viaja Vd. por todas partes en el verano? 11. ¿Hay alguna monstruosidad en la arquitectura en esta ciudad? 12. ¿Hay momias en los escaparates de nuestras tiendas?

II. Lea Vd. las oraciones siguientes, escogiendo la forma correcta del pronombre relativo:

1. Hay muchos turistas (que, quien) visitan las momias de Guanajuato. 2. Hay muchos espectadores (quienes, que) miran los escaparates. 3. Los mexicanos con (quien, quienes) he hablado son muy amables. 4. La señora con (quien, que) viajaba era su esposa. 5. Ésta es la iglesia (que, quien) domina una vista estupenda. 6. El taxista nos enseñó la puerta (que, quien) incendió Pípila. 7. Éstos son los señores a (que, quienes) enviaremos tarjetas para la Navidad. 8. Aquí está el número de teléfono (quien, que) Vd. quería. 9. Hay varios restaurantes en (que, quienes) se puede comer bien. 10. El autobús en (que, quien) viajábamos tenía aire acondicionado.

III. Complete Vd. cada oración con cada frase entre paréntesis, repitiendo la oración completa cada vez:

1. Es un verdadero placer aceptar (su invitación, su hospitalidad). 2. Nos quedará un rato libre antes de (regresar a casa, dejar el país). 3. Si Vds.

nos visitan, nos harán (un gran honor, un verdadero placer).  4. Aquí
está nuestra dirección. ¡No duden en (visitarnos, venir a nuestra casa)!
5. Agradezco muchísimo su (amabilidad, cortesía).  6. En los hoteles no se
logra conocer (la vida mexicana, el pueblo mexicano).  7. Desde la iglesia se
domina (una vista estupenda, un paisaje fantástico).  8. La iglesia misma es
algo (raro y pintoresco, hermoso e interesante).  9. La cumbre de nuestro
recorrido fue (la visita al Panteón, la vista del paisaje).  10. Delante de los
escaparates había (una cola de espectadores, una muchedumbre de turistas).
11. La Iglesia de la Valenciana es una joya (de arquitectura barroca, de los
monumentos históricos).  12. En otros tiempos Guanajuato tenía (mucha
riqueza, mineras importantes).

IV. Cambie Vd. los verbos en cursiva al imperfecto de indicativo:

1. No *conocemos* a la gente y sus costumbres.  2. Los jóvenes *se dedican* a
los estudios.  3. En México *hacen* un recorrido por los lugares más interesantes.  4. El taxista siempre nos *da* explicaciones completas.  5. El teatro
*es* una monstruosidad de arquitectura barroca.  6. El altar *tiene* encajes de
oro.  7. Desde la iglesia *se domina* una vista maravillosa.  8. En el Panteón
*hay* más de cien momias.  9. Las momias *duermen* pacíficamente.  10. Los
espectadores *ven* a las momias en los escaparates.  11. Los turistas *van* por
las calles de la ciudad.  12. La iglesia *muestra* la riqueza de Guanajuato en
otros tiempos.

EJERCICIOS ESCRITOS

I. Pongan las palabras en cursiva en el plural y hagan los cambios necesarios:

Modelo:       El señor con quien hablo es mexicano.
Contestación:  Los señores con quienes hablo son mexicanos.

1. *El autobús* en el cual viajamos no tiene aire acondicionado.
2. No nos gustó *el hotel* cuyo comedor es pequeño.
3. *El turista* con el cual hablaban es profesor.
4. *El estado* por el cual viajan está en el centro del país.
5. *El escaparate*, en el cual hay momias, me asusta.
6. *El lugar* en el cual estaban es muy lindo.
7. Éste es *el obrero* cuyo hijo trabaja en Arizona.
8. *El que* escucha bien aprende bien.
9. *La que* es buena enfermera gana mucho dinero.
10. *La lección* con la cual estudiamos los pronombres es difícil.
11. Éste es *el extranjero* cuya maleta desapareció.
12. *El que* viaja por México se divierte mucho.

II. Escriba Vd. las oraciones siguientes, traduciendo las palabras inglesas:

1. ¿Conoce Vd. a la hermana de Pedro, con (whom) José bailaba?  2. Ésta
es la esposa del pintor a (whom) escribimos la carta.  3. México es un país
enorme, por (which reason) tiene muchos idiomas.  4. Los muchos idiomas

de México, (which) son difíciles, son todos indios.   5. No me gusta hablar de (that which) yo no comprendo.   6. (Those who) viajan mucho, aprenden mucho.   7. (He who) bebe demasiada tequila empieza a cantar.   8. (She who) escribe bien a máquina es buena mecanógrafa.   9. (Those who) cuidan a los enfermos se llaman enfermeras.   10. No puedo decirle (how many) películas he visto.   11. José no sabe (how much) trabajo tiene que hacer.   12. Rosario no entendió (what) decían los extranjeros.

III. Tradúzcase al español:

1. Now they are on the way back.   2. The young man moved (transferred) to the city.   3. The professor and his wife are from far, far away.   4. They have come to visit the country.   5. It would be a pleasure to accept your hospitality.   6. Here is my visiting card with our address.   7. When will they take a tour of the capital?   8. Where did the war of independence begin? 9. The altar shows the wealth of other times.   10. Oh, what a shock when we saw the mummies!

DIÁLOGOS SUPLEMENTARIOS

1.  Dos alumnos hablan de los viajes que hicieron durante el verano. (A) pasó dos semanas en México y (B) pasó una semana en California. Los dos viajaron primero por avión y después en coche. Los dos viajaron con sus esposas y los dos no tienen hijos.

2.  Un señor mexicano (A) invita a un señor norteamericano (B) a pasar unos días con su familia en su casa en Acapulco. (A) describe las playas de Acapulco y le dice a (B) las muchas cosas que podrán hacer en esos pocos días. (B) invita a su amigo a pasar unos días con su familia en San Francisco.

3.  Dos alumnas hablan de una visita al Panteón en Guanajuato. (A) habla de las momias que ha visto y (B) no puede creer que tales cosas existan en nuestros días.

The English tower is a landmark in Buenos Aires.

# LECCIÓN CATORCE ▣▣

# EL MUSEO DE ARTE MODERNO
# DE LA CIUDAD DE MÉXICO

Tomamos un autobús, Delfín número dos, marcado Auditorio, en la Plaza de la Independencia, cerca del hotel donde nos alojábamos. Nos apeamos enfrente de la entrada principal del Museo de Arte Moderno. Al entrar en el museo, dejamos el bullicio y la confusión del Paseo de la Reforma. Pasamos por un encantador jardín tropical cuyos arriates y plantas estaban arreglados con gran simetría, y adornados con numerosas esculturas que parecían surgir de entre las flores de vistosos y múltiples colores. En contraste con el mundo de ajetreo cotidiano que habíamos dejado a la puerta del museo, tuvimos al entrar la sensación de que íbamos a contemplar otro muy distinto, lleno de cosas maravillosas.

El Museo de Arte Moderno, que es una de las maravillas de la Ciudad de México, es un mundo de ambiente fantástico, con los más bellos y variados objetos artísticos creados por la imaginación humana. Parece ya de fantasía la blanca escalera que, pasada la puerta de entrada, sube por los dos lados del zaguán hasta alcanzar una elegante plataforma. En el centro de la plataforma hay una decoración de globitos de acrílico tan claros que semejan las esferas de cristal que sirven para ver el futuro. Para el visitante estos globitos son como un símbolo del espíritu del propio museo, que mira hacia delante, hacia el futuro desarrollo del arte, y no hacia el pasado, como suelen hacer otros museos. En la mayor parte de los países de Europa y de la América del Norte no se encuentra nada tan expresivo del pensamiento y del alma de una nación como este museo. El artista mexicano, que ha creado estas obras de arte, ha buscado su inspiración en su tierra de espacios infinitos y de una tremenda fuerza telúrica.

En todo su arte encontramos la presencia de su tierra. En las pinturas de Siqueiros se encuentran las formas de las enormes montañas que rodean la Ciudad de México y el acero de la estructura de sus modernos rascacielos. En la expresión de la cara de las figuras humanas también hay como un grito de desafío del espíritu invencible del hombre frente a la crueldad de las fuerzas de la naturaleza. La luminosidad de las pinturas de Velasco llena de luz la sala en que se exhiben, como si el Creador quisiera iluminar para nosotros toda su creación y ahuyentara nuestros miedos. El mundo fantástico de Tamayo crea en el espectador la ilusión de los sueños y muestra lo efímero de nuestra presencia en este mundo. La fuerza de las obras de Orozco revela el poder de la voluntad humana, que no se deja vencer fácilmente en su lucha contra los obstáculos que la Naturaleza pueda oponer al progreso de la Humanidad.

Los brillantes colores que nos rodean por todas partes en el museo forman una sinfonía de chocantes y llamativos contrastes. A su lado las pinturas clásicas parecen pálidas, como si les faltara la vitalidad de la época moderna. El Museo de Arte Moderno de la Ciudad de México es como el museo del espíritu humano encapsulado en obras de arte.

**el hotel donde nos alojábamos**   the hotel where we were staying
**Nos apeamos enfrente de la entrada.**   We got off in front of the entrance.
**el bullicio y la confusión**   the noise and hubbub
**cuyos arriates y plantas**   whose paths and plants
**parecían surgir de entre las flores**   seemed to arise from among the flowers
**el mundo de ajetreo cotidiano**   the world of daily routine
**un mundo de ambiente fantástico**   a world of fancy
**parece ya de fantasía**   looks like a work of fancy
**por los dos lados del zaguán**   on both sides of the courtyard
**mira hacia delante**   looks forward
**como suelen hacer otros museos**   like other museums do
**una tierra de una tremenda fuerza telúrica**   a land of tremendous impact
**un grito de desafío**   a cry of defiance
**como si el Creador quisiera**   as if the Creator wanted
**ahuyentara nuestros miedos**   alleviate our fears
**lo efímero de nuestra presencia**   the shortness of our stay
**el poder de la voluntad humana**   the power of the human will
**no se deja vencer fácilmente**   is not easily conquered
**chocantes y llamativos contrastes**   shocking and appealing contrasts
**como si les faltara**   as if they lacked

Artwork for sale on Sunday morning in Mexico City.

Contéstense las preguntas siguientes:

1. ¿Estaba lejos el hotel donde nos alojábamos? 2. ¿Dónde nos apeamos? 3. ¿Había bullicio y confusión en el Paseo de la Reforma? 4. ¿Habíamos dejado el mundo de ajetreo cotidiano? 5. ¿Es el Museo un mundo de ambiente fantástico? 6. La escalera, ¿sube por los dos lados del zaguán? 7. La tierra de México, ¿es una tierra de tremenda fuerza telúrica? 8. Los rascacielos modernos, ¿tienen acero en la estructura? 9. ¿Hay mucha expresión en la cara de las figuras humanas? 10. ¿Es grande el poder de la voluntad humana? 11. ¿Son chocantes y llamativos los contrastes? 12. ¿Le gustaría visitar el Museo de Arte Moderno?

Central gallery of the Prado museum in Madrid.

## 71.  Present subjunctive: formation

The subjunctive expresses the mood implied when one action depends upon another.  The subjunctive, therefore, may express doubt, uncertainty, desire, or any other mood which a speaker has in mind.  The forms of the present subjunctive of regular verbs are as follows:

|  | 1st Conj. | 2nd Conj. | 3rd Conj. |
|---|---|---|---|
| yo | hable | coma | viva |
| tú | hables | comas | vivas |
| él, ella, Vd. | hable | coma | viva |
| nosotros, -as | hablemos | comamos | vivamos |
| vosotros, -as | habléis | comáis | viváis |
| ellos, ellas, Vds. | hablen | coman | vivan |

Notice that the endings of the present subjunctive are alike for verbs of the second and third conjugations.

## 72.  Uses of the subjunctive

The subjunctive is used in dependent clauses after the following:

1. Expressions of wishing or desiring.

   **¿Quiere Vd. que entremos en el jardín?**  Do you want us to enter the garden?

2. Verbs of requesting, urging, or commanding.

   **Dígale que ponga quince litros de gasolina.**  Tell him to put in fifteen liters of gas.

3. Expressions of fear, doubt, or denial.

   **Dudo que se encuentre algo tan expresivo.**  I doubt that one can find anything so expressive.

4. Verbs of permitting or forbidding, approving or disapproving.

   **Nunca permitirán que él venga.**  They will never allow him to come.

5. Impersonal verbs or expressions.

   **Es preciso que Vd. le hable ahora mismo.**  It's necessary that you talk to him right now.

This is only a brief introduction to the uses of the subjunctive in dependent clauses.  The subject will be treated more fully in later lessons.

### 73. Present subjunctive of *ser, tener, ir, venir,* and *hacer*

Many verbs are irregular in the present subjunctive. Here are five of the most common ones.

| | |
|---|---|
| ser: | **sea, seas, sea, seamos, seáis, sean** |
| tener: | **tenga, tengas, tenga, tengamos, tengáis, tengan** |
| ir: | **vaya, vayas, vaya, vayamos, vayáis, vayan** |
| venir: | **venga, vengas, venga, vengamos, vengáis, vengan** |
| hacer: | **haga, hagas, haga, hagamos, hagáis, hagan** |

NOTE: For most of the irregular verbs you can derive the present subjunctive from the present indicative. Simply take the first person singular of the indicative, drop the **-o,** and add the endings **-a, -as, -a, -amos, -áis, -an.**

### 74. Command forms

The present subjunctive is used in a main clause to express a command in the polite form (**usted**). The polite command forms for the regular conjugations are as follows:

| *1st Conj.* | *2nd Conj.* | *3rd Conj.* |
|---|---|---|
| **hable Vd.**  speak | **aprenda Vd.**  learn | **viva Vd.**  live |
| **hablen Vds.**  speak | **aprendan Vds.**  learn | **vivan Vds.**  live |

In other words, the polite command forms for the first conjugation end in **-e** in the singular and **-en** in the plural; for the second and third conjugations they end in **-a** in the singular and **-an** in the plural. The subject pronoun (**Vd.** or **Vds.**) comes after the verb and is normally used with the command form, except where it is obvious or would be repeated in the same sentence. Generally, a command form is introduced by an inverted exclamation mark (¡) and ends with a regular exclamation mark (!).

**¡Tome Vd. el autobús número dos!**  Take bus number two.
**¡Suban por la escalera!**  Go up the stairway.
**¡Escriba Vd. y aconseje a su amigo!**  Write and advise your friend.

For familiar commands in the affirmative, the imperative is used and not the subjunctive. The familiar imperatives are those used with **tú** for one person and **vosotros** for more than one. They are as follows:

| | *1st Conj.* | *2nd Conj.* | *3rd Conj.* |
|---|---|---|---|
| (tú) | **habla**  speak | **come**  eat | **vive**  live |
| (vosotros) | **hablad**  speak | **comed**  eat | **vivid**  live |

A command given to a group of people which includes the speaker is in the first person plural form. It is expressed either by the first person plural of the present subjunctive or by the expression **vamos a** + the infinitive. It is translated *let us* + a verb.

| *1st Conj.* | *2nd Conj.* | *3rd Conj.* |
|---|---|---|
| **hablemos**⎫ <br> **vamos a** ⎬ let us speak <br> **hablar** ⎭ | **comamos**⎫ <br> **vamos a** ⎬ let us eat <br> **comer** ⎭ | **vivamos**⎫ <br> **vamos a** ⎬ let us live <br> **vivir** ⎭ |

## 75. Negative commands

When command forms are in the negative, the present subjunctive is used for all forms, whether polite, familiar, or first-person plural.

| *1st Conj.* | *2nd Conj.* | *3rd Conj.* |
|---|---|---|
| **habla—no hables** <br> **hablad—no habléis** | **come—no comas** <br> **comed—no comáis** | **abre—no abras** <br> **abrid—no abráis** |

**¡No vayas al museo tan temprano!** Don't go to the museum so early.
**¡No hablemos de eso ahora!** Let's not speak about that now.

## 76. Position of object pronouns with command forms

When a command form is in the affirmative, the object pronoun comes after the verb and is attached to it, whether the object is direct or indirect. Moreover, a written accent is placed over the syllable which was originally stressed.

**¡Enséñeme un buen restaurante, por favor!** Show me a good restaurant, please.

If the command form is in the negative, the object pronouns come before the verb, as they do with any verb form in the indicative.

**¡No me digas!** Don't tell me. (You don't say.)

NOTE: Remember that when the reflexive pronoun **os** is attached to the affirmative second person plural imperative form, the **-d** of the verb is dropped (except in **idos**).

**¡Callaos todos, niños!** All of you children be quiet.

## 77. Formation of adverbs

In English, adverbs are generally formed by adding **-ly** to the adjective. In Spanish they are formed by adding **-mente** to the feminine of the adjective. When the feminine of the adjective has a written accent, it is retained when forming the adverb. ·

**tranquila, tranquilamente      fácil, fácilmente**
**No se deja vencer fácilmente.**   (It) is not easily conquered.

When two or more adverbs ending in **-mente** appear consecutively, the ending **-mente** is used only on the last one. The others remain in the form of the feminine of the adjective.

**Habló fácil y claramente.**   He spoke easily and clearly.


## 78. Common words used as adjectives and adverbs

There are some words which may be used either as adjectives or as adverbs. As adjectives they vary in gender and number; as adverbs, they are invariable. Some of the common ones are **mucho, tanto, demasiado,** and **poco.**

**Hay demasiadas flores en el zaguán.**   There are too many flowers in the courtyard.

**El niño comió demasiado.**   The child ate too much.


# EJERCICIOS

EJERCICIOS ORALES

I. Un alumno pregunta y otro contesta sobre asuntos personales:

1. ¿Se aloja Vd. en buenos hoteles cuando viaja?   2. ¿Hay árboles enfrente de la entrada de este edificio?   3. ¿Tienen Vds. muchas flores en el jardín de su casa?   4. ¿Hay bullicio y confusión en las calles de su ciudad?   5. ¿Lee Vd. el español fácil y claramente?   6. ¿Sabe Vd. si hay muchos rascacielos en la Ciudad de México?   7. ¿Son brillantes los colores del traje de la profesora?   8. ¿Qué países quiere Vd. visitar en el verano?   9. ¿Cree Vd. que la naturaleza oponga obstáculos al progreso?   10. ¿Le gustaría a Vd. visitar el Museo de Arte Moderno?

II. Ponga Vd. las siguientas oraciones en forma de mando:

*Modelo:*       Vd. come siempre despacio.
*Contestación:*   ¡Coma Vd. siempre despacio!

1. Vds. ponen gasolina en el automóvil.
2. Vd. va a la iglesia los domingos. (Vd. va al templo los sábados.)

3. Vd. sube por la escalera.
4. Vds. visitan a los enfermos en el hospital.
5. Tú hablas con la profesora antes de la clase.
6. Tú tomas el taxi en la calle.
7. Vosotros tomáis el autobús en esta esquina.
8. Nosotros hablamos al policía.
9. Nosotros entramos en el jardín.
10. Vds. vienen a visitarnos por la tarde.
11. Vd. contesta todas las preguntas.
12. Vds. escriben tarjetas a los amigos.

III. Cambie Vd. los siguientes mandos a la forma negativa:

*Modelo:*        (tú) ¡Háblame más despacio!
*Contestación:*   ¡No me hables más despacio!

1. ¡Envíale una carta por semana!   2. ¡Telefonéame cada día por la noche!
3. ¡Mire Vd. estas pinturas!   4. ¡Vayan Vds. a la estación del norte!
5. ¡Tome Vd. el autobús delante del hotel!   6. ¡Tómelo a las cinco y media!
7. ¡Abran Vds. los libros!   8. ¡Contéstelas Vd. por escrito!   9. ¡Pongan
Vds. las sillas aquí!   10. ¡Traduzca Vd. al español!   11. ¡Díganos porque
Vd. no quiere bailar!   12. ¡Entremos por la entrada principal!

IV. Una alumna pregunta y otra contesta las siguientes preguntas:

1. ¿Quieres que entremos en este museo?   2. ¿Deseas que te llame por
teléfono esta noche?   3. ¿Decimos a los jóvenes que vengan a las siete y
media?   4. ¿Les rogamos que no lleguen tarde?   5. ¿Dudas que la profesora nos deje salir?   6. ¿Tienes miedo de que el vestido cueste demasiado?
7. ¿Me permites que te haga una observación?   8. ¿Apruebas que mi novio
nos acompañe?   9. ¿Es probable que tu novio nos acompañe también?
10. ¿Es preciso que hablemos de eso ahora?

Ejercicios escritos

I. Contéstense por escrito las preguntas siguientes, basadas en la selección:

1. ¿Estaba lejos el hotel donde nos alojábamos?   2. ¿Dónde nos apeamos?
3. ¿Había bullicio y confusión en el Paseo de la Reforma?   4. ¿Habíamos
dejado el mundo de ajetreo cotidiano?   5. ¿Cuál es una de las maravillas de
la Ciudad de México?   6. ¿Cómo sube la escalera en el zaguán del museo?
7. La tierra de México, ¿es una tierra de tremenda fuerza telúrica?   8. Los
rascacielos modernos, ¿tienen acero en la estructura?   9. ¿Qué expresión
hay en la cara de las figuras de Siqueiros?   10. ¿Qué revelan las obras de
Orozco?   11. ¿Son chocantes y llamativos los contrastes en el museo?
12. ¿Cómo parecen las pinturas clásicas al lado de las modernas?

II. Cambie Vd. los infinitivos en la forma debida del presente de subjuntivo:

1. Los profesores desean que los alumnos (escuchar) bien.
2. Mi madre quiere que yo (ir) al supermercado.

3. ¡Dígale a Juanita que (comprar) una docena de huevos!
4. El jefe manda a las secretarias que (hacer) copias de las cartas.
5. Dudamos que el médico (haber) curado al enfermo.
6. Tienen miedo de que el enfermo no (vivir) mucho más.
7. ¿Permitiría Vd. que yo (acompañar) a su esposa?
8. La profesora aprueba que Vds. (escribir) con lápiz.
9. Es preciso que todos (entrar) por la misma puerta.
10. Es necesario que cada enfermera (ser) agradable.

III. Forme Vd. preguntas empleando las palabras siguientes:

1. las pinturas clásicas  2. el progreso humano  3. los sueños  4. las fuerzas de la naturaleza  5. el acero  6. los globitos de acrílico  7. el desarrollo del arte  8. cosas maravillosas  9. las flores  10. el Paseo de la Reforma

IV. Complétense las oraciones siguientes con palabras que tengan sentido:

1. Son los más bellos y variados objetos artísticos creados por _____.
2. La blanca escalera sube por _____ del zaguán.
3. En el centro de la plataforma hay una decoración de _____.
4. El artista mexicano ha buscado _____ en su tierra de espacios infinitos.
5. En las pinturas de Siqueiros se encuentran las formas _____.
6. En los rascacielos modernos por lo general la estructura es de _____.
7. Las pinturas de Velasco muestran gran _____.
8. El mundo fantástico de Tamayo crea la ilusión de _____.
9. Las obras de Orozco revelan el poder de _____.
10. A las pinturas clásicas les falta la vitalidad de _____.
11. Los cuatro artistas mexicanos mencionados en esta selección son _____.
12. El espíritu del museo mira hacia el futuro _____.

V. Tradúzcase al español:

1. The professor wants you to learn something about Mexican art.  2. He is afraid that you do not understand the spirit of that art.  3. He will never allow us to forget that art is a part of life.  4. Some think that art has nothing to do with the history of a nation.  5. Do you see the brilliant colors which are all around us?  6. Do you believe in the power of the human will? 7. It is important for everybody to visit a museum from time to time.  8. It is not necessary for the museum to be large.  9. It is good for you to spend several weeks in a foreign country.  10. Those who travel discover many interesting things.

# LECCIÓN QUINCE 🌀🌀

# CARRERAS PROFESIONALES

La selección de una carrera profesional se puede hacer en distintos momentos de la vida del joven o de la joven interesados. Quizás los primeros en escoger una carrera sean los que se van a dedicar al magisterio, es decir, a la enseñanza primaria en las escuelas públicas o privadas. Los que van a enseñar las primeras letras cursan sus estudios entre los doce y los diez y ocho años, en las Escuelas Normales o Escuelas de Magisterio. En esos mismos años los que van a dedicarse a otras carreras profesionales todavía están en el bachillerato.

A principios de este siglo las carreras más importantes en todos los países hispánicos eran la de Derecho y la de Medicina. La carrera de Derecho no era entonces una carrera profesional para la formación de abogados, sino que los seis años de estudios eran una especie de humanidades en ciencias morales, políticas y económicas. La tomaban los que se iban a dedicar a servir la Administración del Estado; o, por ser la familia rica, no pensaban ejercer la profesión y se contentaban sólo con el título. La Medicina, en cambio, era una carrera profesional que atraía un gran número de jóvenes, en algunos países mucho más que la de Derecho. Entonces eran pocos los que se iban a dedicar a las Ciencias o las Letras, a la Ingeniería, a la Arquitectura y a otras distintas actividades profesionales.

En los últimos años ha cambiado mucho la situación. Primero hay que notar el gran aumento del número de estudiantes en todas las facultades o escuelas universitarias. En español «la Facultad» se refiere a todos los que estudian, junto a los que enseñan, en una sección de la universidad, y corresponde a lo que llamamos en inglés «the school» or «the college». Pues, el aumento es sobre todo visible en las Facultades de Filosofía y Letras, hoy llenas de estudiantes, particularmente mujeres, que aspiran a enseñar en los Institutos de Segunda Enseñanza y Universidades. Es también muy numerosa la concurrencia de estudiantes a las Facultades o Escuelas de Ciencias. Pero el aumento mayor se ha registrado en las Escuelas Técnicas. El desarrollo de la economía en los países de lengua española ha hecho disminuir, sobre todo en España, el número de estudiantes de Derecho y aumentar los que cursan sus estudios en las Escuelas Técnicas. El desarrollo industrial en esos países, con las nuevas oportunidades que ofrecen en carreras profesionales, ha estimulado la creación de una serie de Escuelas de Ciencias Empresariales donde se estudia todo lo relativo a la gestión de negocios e industrias.

Así es que de jóvenes los estudiantes eligen la carrera que los acompañará para el mañana. Unos serán ingenieros, otros médicos, maestros, profesores, arquitectos, etc. Antiguamente las carreras profesionales eran principalmente para los hombres, pero en nuestros días las mujeres han entrado y van entrando en todas las profesiones. A pesar del desarrollo industrial y cultural de los países de habla española, por varias razones muchas personas no ejercerán su profesión en el lugar de su nacimiento, sino que saldrán al extranjero. Los primeros en número son los profesores y las profesoras de lengua y cultura española e hispanoamericana, que enseñan en las universidades extranjeras, y sobre todo en los Estados Unidos. Muchos profesores empezaron su vida con otra carrera profesional, pero acabaron enseñando la lengua y la literatura. Por lo tanto llevan a la aula una preparación más amplia de la que se encuentra entre las hojas de un libro.

College of Pharmacy of the University of Valladolid.

AYUDAS PARA LA COMPRENSIÓN

**en distintos momentos**   at various periods
**los primeros en escoger**   the first ones to choose
**dedicarse al magisterio**   to devote oneself to teaching
**la enseñanza primaria**   elementary education
**cursar los estudios**   to pursue studies
**Escuela de Magisterio**   teacher's college
**el bachillerato**   baccalaureate (European, before entering college)
**la carrera de Derecho**   career in law
**la carrera de Medicina**   career in medicine
**la Administración del Estado**   government
**aspiran a enseñar**   are aiming to teach
**Institutos de Segunda Enseñanza**   secondary schools
**Escuela de Ciencias Empresariales**   School of Business Administration
**todo lo relativo a la gestión de negocios e industrias**   everything that pertains to business and industry
**para el mañana**   for the future
**en nuestros días**   in our day
**saldrán al extranjero**   they'll go to foreign countries

CUESTIONARIO

1. ¿Ha elegido Vd. una carrera profesional todavía?  2. ¿Quiere Vd. dedicarse al Magisterio? ¿Por qué?  3. ¿Hay Escuelas Normales (o Escuelas de Magisterio) en esta ciudad?  4. ¿A qué edad se toma el bachillerato en los Estados Unidos? ¿en España?  5. ¿Cree Vd. que haya muchos abogados entre los profesores españoles?  6. ¿Piensa Vd. seguir la carrera de Medicina, señorita?  7. ¿Hay señoritas que se matriculan en las Escuelas de Ingenieros?  8. ¿Hay un gran aumento en el número de estudiantes universitarios?  9. ¿Hay un gran desarrollo industrial en los países de habla española?  10. ¿Van entrando las mujeres en todas las carreras profesionales ahora?

## 79. Possession

To express possession in Spanish, observe the following formula:

the boy's mother = the mother of the boy = **la madre del muchacho**

Notice that there is no apostrophe **s** or anything like it in Spanish. Every time there is an apostrophe **s** in English, the expression has to be paraphrased.

The verb **ser** is used when expressing possession or belonging.

**¿Es suya esta cartera?**   Is this your briefcase?

## 80. Possessive adjectives

Possessive adjectives come before the nouns they modify when they simply indicate the possessor. When there is any emphasis or stress on the possession, these adjectives come after the noun.

The forms which come before the noun are as follows:

| | |
|---|---|
| **mi, mis** | my |
| **tu, tus** | your (*fam.*) |
| **su, sus** | his, her, its, your (*pol.*), their |
| **nuestro, -a, -os, -as** | our |
| **vuestro, -a, -os, -as** | your (*fam.*) |

**Mis padres y sus padres tienen carreras.**   My parents and her parents have professions.

A possessive adjective agrees in gender and number with whatever is possessed and not with the possessor. Therefore, in Spanish you cannot tell from the possessive whether the owner is masculine or feminine. In the third person, if a distinction is necessary between *his*, *her*, *your*, or *their*, Spanish clarifies the possessive by using **de él, de ella, de Vd., de ellos, de ellas,** or **de Vds.** after the noun.

**¿Va Vd. a visitar a su familia de él?**   Are you going to visit his family?

Usually the possessive adjective is replaced by the definite article when the clarifying expression **de él, de ella,** etc., is used.

**Éstos son los hermanos de ella.**   These are her brothers.

After the noun the forms of the possessive are:

| | |
|---|---|
| mío, mía, míos, mías | my |
| tuyo, tuya, tuyos, tuyas | your (*fam.*) |
| suyo, suya, suyos, suyas | his, her, its, their, your (*pol.*) |
| nuestro, -a, -os, -as | our |
| vuestro, -a, -os, -as | your (*fam.*) |

**El periódico mío está aquí.**  My newspaper is right here.
**La universidad suya es pequeña.**  His university is small.

## 81. Possessive pronouns

When a word not only expresses possession but also takes the place of a noun, it is a possessive pronoun. In Spanish the forms are as follows:

| | |
|---|---|
| el mío, la mía, los míos, las mías | mine |
| el tuyo, la tuya, los tuyos, las tuyas | yours (*fam.*) |
| el suyo, la suya, los suyos, las suyas | his, hers, theirs, yours (*pol.*) |
| el nuestro, la nuestra, los nuestros, las nuestras | ours |
| el vuestro, la vuestra, los vuestros, las vuestras | yours (*fam.*) |

The possessive pronoun must agree in gender and number with the noun for which it stands. To avoid confusion or to give emphasis, the third person pronoun may be clarified, the same as the adjective, by adding **de él, de ella, de Vd., de ellos, de ellas,** or **de Vds.**

With possessive pronouns the article is omitted after the verb **ser** if the sentence expresses only possession. In the third person, however, not only the article but the pronoun itself may be omitted, using instead **es de él, son de Vd.,** etc.

**Estos libros son míos. ¿Dónde están los suyos?**  These books are mine. Where are yours?
**Éstos son de Vd.**  These are yours.

In order to know which form of the possessive pronoun to use, think back to the person or thing referred to by the pronoun and use that gender and number.

**Vd. tiene sus guantes, pero, ¿dónde están los míos?**  You have your gloves, but where are mine?

When, for emphasis, the adjective comes after the noun, the form is the same as that of the pronoun, but without the article.

**Es falta suya, no es falta mía.**  It's his mistake, not mine.

When the possessive pronoun is used as a predicate nominative after the verb **ser**, the definite article is omitted.

**Esos abrigos son nuestros.**   Those overcoats are ours.

However, with the verb **ser** the article is used with the possessive if the speaker wishes to distinguish between various objects of the same group.

**No sé cuál es el suyo, pero éste es el mío.**   I don't know which one is yours, but this one is mine.

The article without the possessive is used to show possession in the third person if the speaker wants to be clear about the possessor and if another possessive has just been mentioned.

**La familia nuestra y la de Vds.**   Our family and yours (*pl.*).
**La casa nuestra y la del abuelo.**   Our house and grandfather's house.

## 82. *Aun* and *aún*

The more common form of **aun** is without the accent; it has a written accent only when it can be substituted by **todavía**.

**Aun los americanos bailan el flamenco.**   Even Americans dance the flamenco.
**Los dos jóvenes bailan aún.**   The two young people are still dancing.

## 83. *Acá* and *allá*

**Acá** corresponds to **aquí**, but the general direction is more vague; it may carry the connotation of motion toward this place.

**Ven acá, chico.**   Come here (where I am), child.

**Allá** corresponds to **allí**, but it indicates a more general location or direction than **allí**.

**El sonido venía de allá.**   The sound came from there (somewhere).

# EJERCICIOS

EJERCICIOS ORALES

I. Diálogos. Practiquen los diálogos siguientes en clase y formulen diálogos parecidos sobre otros temas:

1.  A. —¿Qué carreras hay en tu familia?
    B. —Mi padre es abogado y mi madre es profesora. ¿Y en la tuya?
    A. —En la mía no hay carreras, sino que hay profesiones. Mi padre es policía y mi madre es secretaria.

B. —¿Y tus hermanos?

A. —Roberto, el mayor, es bombero, y Pablo, el segundo, es taxista.

B. —Y tú, ¿qué piensas hacer con tus estudios?

A. —Con mis cursos de Ciencias Empresariales pienso emplear a los profesores y ganar mucho dinero.

B. —Así es la vida. Nuestras carreras nos preparan para trabajar para los que no las tienen.

2. A. —Perdón, señorita. ¿Es suyo este periódico?

B. —No, señor, no es mío.

A. —Disculpe, señorita. ¿Son suyas estas gafas?

B. —No, señor, no son mías.

A. —No quisiera molestarla. ¿Son suyos estos papeles?

B. —No son míos tampoco.

A. —¿De quién serán todas estas cosas?

B. —Son todas de mi esposo, que volverá en un momento. Vd. está en su asiento.

A. —Disculpe, disculpe, señora. Creía que Vd. viajaba sola.

B. —Lo comprendo muy bien, señor. ¡Mejor suerte otra vez!

3. A. —¿Qué Facultades hay en esta universidad?

B. —Primero hay la Facultad de Filosofía y Letras.

A. —¿Por qué dice Vd. primero? ¿Es ésa la más importante?

B. —Según mi opinión, es la Facultad básica para cualquier otra carrera.

A. —Bueno, estoy de acuerdo. ¿Y qué otras Facultades hay?

B. —Tenemos aquí la Escuela de Ciencias y la Escuela Técnica.

A. —¿No hay Escuela de Medicina?

B. —Claro que hay Escuela de Medicina. Es la más famosa.

A. —Por supuesto. Sin médicos la sociedad no podría funcionar.

4. A. —¿Dónde se estudia la gestión de negocios e industrias?

B. —Se estudia en las Escuelas de Ciencias Empresariales.

A. —¿Vienen estudiantes de otros países a esas Escuelas?

B. —Sí, son las Escuelas más populares entre los extranjeros.

A. —¿Cómo se explica eso?

B. —Es que todos admiran la gestión de negocios de los Estados Unidos.

A. —¿Hay muchas oportunidades para la gestión de negocios en otros países?

B. —Sí, hay muchas oportunidades, y las oportunidades van creciendo.

II. Lean Vds. las oraciones siguientes, traduciendo los posesivos entre paréntesis:

1. Todos los jóvenes tienen que escoger (their) carreras temprano.
2. (My) hermana y (her) amiga van a enseñar las primeras letras.
3. (Our) profesor y (his) esposa enseñan en la Escuela de Magisterio también.
4. (Our) abogados no siguen cursos de humanidades, ¿verdad?
5. (Their) familias son ricas y ellos no piensan ejercer (their) profesiones.

6. (Our) universidades tienen varias facultades.
7. En (our) Escuelas de Ciencias la concurrencia es numerosa.
8. Aun las mujeres cursan (their) estudios en las Escuelas Técnicas.
9. ¿Cuáles serían (my) oportunidades en la carrera de medicina?
10. ¿Piensa Vd. quedarse en (your) lugar de nacimiento?

EJERCICIOS ESCRITOS

I. Forme Vd. oraciones originales empleando las frases siguientes:

1. entre las hojas de un libro   2. las universidades extranjeras   3. el lugar
de nacimiento   4. a pesar de   5. la concurrencia de estudiantes   6. el
desarrollo industrial   7. la Facultad de Medicina   8. en los últimos años
9. la situación ha cambiado   10. van a dedicarse

II. Pongan Vds. las palabras siguientes en la forma posesiva indicada por el
    pronombre entre paréntesis:

    *Modelo:*      (tú) carrera profesional; compañeros de escuela
    *Contestación:*  tu carrera profesional; tus compañeros de escuela

1. (nosotros) profesores de inglés; universidad; carrera profesional; cursos
   de estudio
2. (usted) libros de medicina; amigos; clases de inglés; sección de la
   universidad
3. (yo) últimos años; situación; otras actividades; lugar de nacimiento
4. (ella) preparación; carrera de secretaria; bachillerato; cursos de
   literatura
5. (él) abrigo; zapatos; corbata; guantes
6. (ellos) padre y madre; hermanos; abuelas; tíos y tías
7. (ellas) papeles; clases de idiomas; cartas para escribir; profesora
8. (Vds.) países de nacimiento; actividades personales; profesor;
   preguntas
9. (nosotros) automóvil; viajes por México; taxista; familias
10. (tú) cartera; dinero; billetes; lecciones de gramática

III. Tradúzcanse las palabras inglesas:

1. Todos llevaron sus coches, pero yo dejé (mine) en casa.
2. Nuestras flores son muy bonitas, pero (theirs) son aun más bonitas.
3. Su universidad es grande y (ours) es pequeña.
4. Ese periódico es de él; (mine) no ha llegado.
5. Es una ciudad enorme; (its) calles son muy largas.
6. Las tiendas de Acapulco son pintorescas; (ours) son prácticas.
7. Sus abuelos son españoles; (mine) son italianos.
8. Invitaremos a sus amigos y a (ours) al baile.
9. Mi carrera es de medicina; (his) es de abogado.

10. Este coche es nuestro; (theirs) está al otro lado de la calle.
11. Esta cartera es la de Vd. Déme Vd. (mine), por favor.
12. Sus billetes son baratos; (ours) son caros.

IV. Tradúzcase al español:

1. They take courses between their twelfth and eighteenth year. 2. The most important careers used to be that of law and that of medicine. 3. Because the family was wealthy, they did not think of practicing their professions. 4. That was a career which used to attract a great number of young people. 5. Do you think the situation has changed a great deal in the last few years? 6. In Spanish the faculty refers to a section of the university and not just to those who teach. 7. Are there women in the engineering schools in our day? 8. They are studying everything relative to the management of business and industry. 9. For various reasons many people leave their place of birth. 10. Professional careers are very important for the development of society.

The Palace of Fine Arts is the cultural center of Mexico.

# LECCIÓN DIECISÉIS 🔄🔄

El teatro es uno de los grandes espectáculos nacionales de España, unido a su tradición, a su historia, religión y costumbres sociales. Como teatro nacional, espejo de su vida y cultura, el teatro español nació en Madrid, cuando en 1560 se trasladó de Toledo a aquel lugar la capital de España; y con Madrid fue creciendo, como si los dos fueran inseparables.

El creador del teatro nacional fue Lope de Vega (1562–1635), autor de más de mil comedias y autos religiosos. Lope de Vega llevó a su teatro la historia de España—principalmente la que quedó viva en la tradición de los romances o baladas que cantaba el pueblo español. Sus *comedias de capa y espada* entusiasmaban a todas las clases sociales que llenaban los corrales, como entonces se llamaban los primeros teatros. El teatro nacional, que con Lope de Vega y Tirso de Molina (1584–1648) fue eminentemente popular por sus temas y espíritu, se hizo más cortesano y aristocrático, más simbólico y poético, con don Pedro Calderón de la Barca (1600–1681). Entre las formas más bellas del teatro español del Siglo de Oro figuran los autos sacramentales, composiciones dramáticas alegóricas en una jornada, que, por referirse generalmente al misterio de la comunión, se representaban el día de Corpus Christi en las plazas públicas.

Hoy como ayer, y como en el Siglo de Oro, el teatro sigue siendo el espectáculo por excelencia de Madrid y una de las principales atracciones que tiene la ciudad para los miles de forasteros que la visitan. El día del estreno de una obra dramática es uno de los más importantes de la vida madrileña, desde el otoño hasta fines de la primavera, que es la época de la temporada teatral. El teatro español tiene un lugar tan importante en las letras de España que dos de los cuatro premios Nobel recibidos por españoles han correspondido a dramaturgos: José Echegaray (1832–1916), autor de *El gran Galeoto*; y Jacinto Benavente (1866–1954), conocido por *Los intereses creados* y *La malquerida*.

En el siglo XX hubo un renacimiento del teatro. Los principales dramaturgos, anteriores a la guerra civil, son Ramón María del Valle-Inclán (1866–1936), creador del teatro expresionista de los esperpentos, con *Los cuernos de Don Friolera;* Federico García Lorca (1898–1936), autor de tensas tragedias como *La casa de Bernarda Alba*, estrenada, después de su muerte, en Buenos Aires; y Alejandro Casona (1903–1966), cuya obra más famosa, *La dama del alba*, fue compuesta en el exilio en la Argentina. El dramaturgo más notable de la postguerra civil es Antonio Buero Vallejo, autor de *Historia de una escalera.*

En Hispanoamérica había un teatro indígena antes de la llegada de los españoles. Después de la Conquista hubo un teatro español en distintas partes de América, sobre todo en la ciudad de México y en Lima, capitales de los viejos virreinatos españoles; y era mexicano de nacimiento y educación uno de los grandes dramaturgos españoles del Siglo de Oro, Juan Ruíz de Alarcón (1581–1639).

La importancia del teatro como expresión original del carácter hispano-americano comenzó en la vuelta del siglo, principalmente en los países del Río de la Plata (Argentina y Uruguay). El dramaturgo más notable fue el uruguayo Florencio Sánchez (1875–1910) que, en su obra *Barranca abajo* (1905), presentó la vida rural de esos países. Con él, Roberto Jorge Payró (1867–1928) ofreció ya un drama de tesis en *Marco Severi* (1905). El chileno Armando Moock (1894–1942) escribió entonces *Pueblecito* (1913). El gran impulso del teatro hispanoamericano se produjo en la tercera década del siglo XX por la influencia de las corrientes de vanguardia del período de entreguerras. Este teatro es una superación de los temas sociológicos americanos del drama de las dos primeras décadas del siglo. Trató, en temas más urbanos que rurales, los problemas más universales de los seres humanos, con una tendencia a la farsa expresionista y surrealista . El tema predominante es el de la incomunicabilidad de las almas, de los sexos y de las generaciones.

Los dramaturgos más destacados de este teatro son: los argentinos Samuel Eichelbaum (1894–    ), autor de *Dos brasas* (1956), Conrado Nalé Roxlo (1898–    ), de *La cola de la sirena* (1941), y Augustín Cuzzani (1924–    ), de la farsátira *Sempronio*; los chilenos Egon Wolff (1926–    ), autor de la sátira socio-económica *Los invasores* (1957), y Jorge Díaz, de la farsa expresionista *El cepillo de dientes* (1966); y los mexicanos Rodolfo Usigli (1905–    ), autor de la sátira política expresionista *El gesticulador* (1943), Xavier Villaurrutia (1903–1950), de *El yerro candente* (1945), y Carlos Solórzano (1939–    ), de *Las manos de Dios* (1956), que tiene un sentido de auto sacramental o de moralidad medieval.

## Ayudas para la comprensión

**unido a**   together with
**con Madrid fue creciendo**   it grew right along with Madrid
**comedia de capa y espada**   cloak and dagger comedy
**se hizo más cortesano**   became more courtly
**composiciones dramáticas en una jornada**   one-act dramatic compositions
**por referirse**   because they referred
**sigue siendo**   continues to be
**miles de forasteros**   thousands of outsiders
**el día del estreno**   the opening day, premiere
**las letras de España**   the literature of Spain
**hubo un renacimiento**   there was a revival
**el teatro expresionista de los esperpentos**   the expressionistic theater of the absurd
**estrenada después de su muerte**   premiered after his death
**un teatro indígena**   a native theater
**en distintas partes**   in various parts
**en la vuelta del siglo**   in the turn of the century
**un drama de tesis**   a thesis play
**el período de entreguerras**   the period between the two wars (the twenties and thirties)
**la incomunicabilidad de las almas**   the inability to communicate, alienation
**los dramaturgos más destacados**   the most outstanding dramatists

Jacinto Benavente y Martínez.

*Repaso práctico y cultural*

## 84. Personal pronouns after prepositions

Personal pronouns used after prepositions are called disjunctive personal pronouns. The forms are as follows:

| | | | |
|---|---|---|---|
| mí | me | nosotros, -as | us |
| ti | you (*fam.*) | vosotros, -as | you (*fam.*) |
| él | him | ellos | them (*m.*) |
| ella | her | ellas | them (*f.*) |
| usted | you | ustedes | you |
| sí | himself, herself | sí | themselves |

NOTE:   **Con** + **mí** becomes **conmigo**, **con** + **ti** because **contigo**, and **con** + **sí** becomes **consigo**.

## 85. Table of personal pronouns

| Subject | Direct Object | Indirect Object | Object of Preposition |
|---|---|---|---|
| yo | me | me | mí |
| tú | te | te | ti |
| él | le, lo | le | él |
| ella | la | le | ella |
| usted | le, lo, la | le | usted |
| nosotros, -as | nos | nos | nosotros, -as |
| vosotros, -as | os | os | vosotros, -as |
| ellos | los | les | ellos |
| ellas | las | les | ellas |
| ustedes | los, las | les | ustedes |

## 86. Double object pronouns

When two object pronouns, one direct and one indirect, both depend on the same verb, the indirect comes before the direct, regardless of whether the pronouns are before or after the verb. If both pronouns are in the third person, the indirect object pronoun becomes **se**, whether it is singular or plural. In other words, **le** and **les** become **se** before a direct object pronoun of the third person (**le, lo, la, los, las**).

**Me lo escribieron ayer.**   They wrote it to me yesterday.
**Se lo dejo todo a Vd.**   I leave it all to you.
**¿Quiere Vd. enseñárselo a ellos?**   Do you want to show it to them?

### 87. Summary of position of object pronouns

We learned in Sections 33 and 76 that personal object pronouns, whether direct, indirect, or reflexive, come before the verb, except with an infinitive, a command form in the affirmative, or a participle used independently. An object pronoun depending on a present participle used alone is attached to it, and an accent is placed on the next to the last vowel of the original form of the participle.

**olvidándose muchas veces**    forgetting frequently

If the participle is used with the verb **estar** in a progressive form, the object pronoun may come either before **estar**, or after the participle and attached to it.

**Lo estamos estudiando** or **Estamos estudiándolo.**    We are studying it.

When an infinitive is complementary to another verb, the object pronouns may come either before both verbs or be attached to the infinitive.

**No lo puedo comprender** or **No puedo comprenderlo.**    I cannot understand it.

When two pronouns are attached to an infinitive, the infinitive bears a written accent on the last vowel of the original form. When two pronouns are attached to a present participle, the participle bears a written accent on the next to the last vowel of the original form. In other words, infinitives or participles do not change their stress when pronouns are attached.

**¡Díme, María!**    Tell me, Mary.

**Quiere explicárselo a Vd.**    He wants to explain it to you.

**Explicándomelo, se olvidó de lo que decía.**    While explaining it to me, he forgot what he was saying.

### 88. Uses of *por* and *para*

**Por** and **para** are frequently translated alike in English, thus making it difficult to tell which one to use in Spanish. Since **por** and **para** each has its definite uses and cannot be interchanged, it is important to know these uses.

**para:**

1. is used before the person for whom something is intended.

   **para los miles de forasteros...** for the thousands of foreigners...

2. expresses the purpose for which an action is done.

   **para la representación** for the performance

   **para presentar las últimas novedades** in order to present the latest innovations

**por:**

1. expresses for what reason or on whose account an action is done.

   **por sus temas y espíritu** because of its plots and spirit

2. expresses the agent by whom an action is performed or received.

   **producidos por estas civilizaciones** produced by these civilizations

   **recibidos por españoles** received by Spaniards

3. expresses the point of time in the future by which an action is to be accomplished.

**Lean el capítulo para mañana.** Read the chapter for tomorrow.

4. With the verb **estar, para** expresses *to be about to* in the sense of *being ready*.

**Estaban para salir.** They were about to leave.

5. **Para** expresses destination or limit of space.

**Salgo para Caracas.** I am leaving for Caracas.

3. expresses the extent of time during which an action is done.

**Vd. ha leído por tres horas.** You have read for three hours.

4. With the verb **estar, por** expresses the intention to perform an action.

**Estaba por confesarlo, pero se calló.** He was about (inclined) to admit it, but he kept quiet.

5. **Por** frequently expresses the means of transportation.

**Le gusta viajar por avión más que por tren.** She likes to travel by plane rather than by train.

6. **Por** is used to express the amount for which something is bought or sold.

**Compraron el billete por seis pesos.** They bought the ticket for six pesos.

7. **Por** is used in set expressions and in referring to the general time of day.

**por excelencia** par excellence
**por la mañana** in the morning

8. **Por** is the only one of the two which means *through* or *per*.

**Hacen un recorrido por provincias.** They take a tour through the provinces.
**el diez por ciento** ten percent

# EJERCICIOS

## EJERCICIOS ORALES

I. Contesten Vds. estas preguntas personales:

1. ¿Va Vd. a menudo al teatro? 2. ¿Prefiere Vd. comedias o tragedias? 3. ¿Ha visto Vd. nunca un auto sacramental? 4. ¿Hay miles de forasteros

en su ciudad? 5. ¿Prefiere Vd. el otoño o la primavera? ¿por qué? 6. ¿Hace Vd. un recorrido por las playas en el verano? 7. ¿Hace más fresco en el verano o en el invierno? 8. ¿Piensa Vd. ganar el premio Nobel algún día? 9. ¿Le gustan a Vd. los dramas de tesis? 10. ¿Le gusta a Vd. el teatro del Siglo de Oro?

II. Pónganse pronombres (objetos directos) en lugar de las palabras entre paréntesis, repitiendo la oración cada vez:

*Modelo:*          Visitaron (a sus tíos, a su hermana) en Galicia.
*Contestación:*    Los visitaron en Galicia. La visitaron en Galicia.

1. Hemos leído (la balada, los autos, las comedias, el autor) en las clases.
2. Encontrarán (la muchedumbre, las novedades, los asientos, el programa) en el teatro.
3. Vieron (las compañías, los carros, al forastero, a la gente) por las calles.
4. No podré visitar (al invitado, a los artistas, al joven, a la enfermera) esta tarde.
5. ¿Cuándo piensa Vd. ver (la obra, el espectáculo, las tragedias, los lugares)?
6. Tenemos que leer (los autos sacramentales, las obras, los poemas, la tragedia).
7. Vds. han comprado (las frutas, la leche, los plátanos, el periódico) en el supermercado.
8. Los turistas verán (el autobús, los autos, las muchedumbres, a la gente) delante del hotel.
9. Generalmente encuentro (a Vd., a Vds., a los compañeros, a las chicas) cuando salgo de las clases.
10. ¿Vd. vio (a mí, a nosotros, a la secretaria, a los actores) esta mañana?

III. Pónganse pronombres (objetos indirectos) en lugar de las palabras entre paréntesis, repitiendo la oración cada vez:

1. Enviaron unas tarjetas (a la madre, al padre, a los hermanos, a las hermanas).
2. Escribiremos varias cartas (a los amigos, al profesor, a las jóvenes, a Vd.).
3. Dijo que quería hablar (a mí, a nosotros, a Vds., a la señorita).
4. ¿Cuándo entregará Vd. el dinero (a mí, a nosotros, a los empleados, a las secretarias)?
5. Tenemos que hablar (a Vds., a ellos, a ellas, a los niños).

IV. Lea Vd. las siguientes oraciones con la forma debida, **por** o **para**:

1. Esa película no es (por, para) Vd. y no le gustará. 2. Nuestros amigos estaban (por, para) salir cuando llegamos. 3. Mañana saldrán (por, para) Montevideo. 4. (Por, para) mi parte no encuentro interesante este asunto. 5. Me gusta viajar (por, para) avión más que (por, para) tren. 6. Algunos de los mejores dramas modernos fueron escritos (por, para) mexicanos.

7. Nuestro dinero gana ahora el ocho (por, para) ciento. 8. Este dramaturgo es conocido (por, para) sus temas surrealistas. 9. Van a hacer un recorrido (por, para) las provincias. 10. El cine es ahora el espectáculo (por, para) excelencia. 11. María estaba (por, para) decirme un secreto cuando llegó su mamá. 12. Vino a esta universidad (por, para) estudiar medicina.

EJERCICIOS ESCRITOS

I. Conteste Vd. por escrito estas preguntas basadas en el texto:

1. ¿En qué época nació el teatro nacional en España? 2. ¿En qué ciudad ha ido creciendo el teatro nacional? 3. ¿Nacieron muchos grandes dramaturgos en la capital de España? 4. ¿De dónde tomaba sus temas Lope de Vega? 5. ¿Cómo se llamaban los primeros teatros? 6. ¿Cuáles son los tres grandes dramaturgos del Siglo de Oro? 7. ¿A qué tema se refieren generalmente los autos sacramentales? 8. ¿Hay muchos forasteros que visitan a Madrid? 9. ¿Es importante el día del estreno de una obra dramática? 10. ¿Cuánto tiempo dura la temporada teatral? 11. ¿Cuáles dramaturgos españoles han recibido el premio Nobel? 12. ¿Qué dramaturgos del siglo veinte conoce Vd.?

II. Complete Vd. las oraciones siguientes con un pronombre personal después de la preposición.

    *Modelo:*      El teatro nacional es muy importante para _____.
    *Contestación:*   El teatro nacional es muy importante para mí.

1. Las comedias de capa y espada no son interesantes para _____.
2. Venga Vd. con _____ y le enseñaré algunas de las plazas públicas.
3. No quiero ir al estreno de la comedia sin _____.
4. Las últimas novedades son las más agradables para _____.
5. Nos gustaría hacer un recorrido por la ciudad con _____.
6. ¿Quieres llevarte todas estas maletas con _____?
7. El premio recibido por _____ no es el premio Nobel.
8. Hasta fines de la primavera la madre no había recibido noticias de _____.
9. Para _____ y para _____ no hay remedio ahora.
10. Si Vd. sale con _____, tendrá que volver con _____.

III. Escríbase una buena traducción en inglés de las oraciones siguientes:

1. El teatro nacional de España está unido a su tradición, a su historia, religión y costumbres sociales. 2. El teatro fue creciendo con la nueva capital, como si los dos fueran inseparables. 3. Las comedias de capa y espada entusiasmaban a todas las clases sociales que llenaban los corrales. 4. Hoy como ayer el teatro sigue siendo una de las principales atracciones de la capital. 5. En el verano las compañías teatrales hacen un recorrido por provincias para presentar las últimas novedades. 6. Este teatro es una superación de los temas sociológicos americanos del drama de las dos primeras décadas del siglo.

IV. Complete Vd. las oraciones siguientes con la información apropiada según el texto:

1. El creador del teatro nacional fue _____, que vivió entre _____.
2. El teatro nacional se hizo más cortesano y aristocrático con _____.
3. Los autos sacramentales se referían generalmente al _____.
4. Uno de los días más importantes de la vida madrileña es _____.
5. Jacinto Benavente, entre muchas obras, es conocido por _____.
6. *La casa de Bernarda Alba* fue estrenada después _____ del autor, _____.
7. El dramaturgo más notable de los países del Río de la Plata fue _____.
8. El gran impulso del teatro hispanoamericano se produjo _____.
9. El drama de las dos primeras décadas de este siglo trató _____.
10. *El gesticulador*, de Rodolfo Usigli, es una _____.

# LECCIÓN DIECISIETE

La naturaleza americana supera a la europea en la magnitud de sus proporciones. En el continente americano, tan rico y variado en paisajes de gran belleza, Chile ocupa uno de los primeros lugares por los contrastes que presentan sus tierras. Si al norte de Chile está el desierto de Atacama, donde apenas llueve, en el extremo sur de la tierra chilena hay regiones de incesante lluvia, y otras cuyas montañas están cubiertas eternamente de nieve. En el este de Chile se alzan majestuosos los Andes—cuyos picos más altos, el Aconcagua y el Tupungato, son los mayores colosos naturales del continente americano; mientras que en el occidente, frente a la larga costa chilena, se abre inmenso e infinito el Océano Pacífico.

Chile es una larga faja de tierra emparedada entre el mar infinito y las montañas gigantescas de los Andes, entre el desierto, donde el agua es un tesoro, y las regiones de las lluvias y nieves permanentes, donde la humedad es muy alta. Su costa accidentada está adornada con miles de islas e islotes, que hacen de ella un paraíso para los pintores de marinas. La costa chilena, de más de dos mil kilómetros, es como un mosaico de todas las costas de la tierra: unas veces seca, otras húmeda, cubierta de vegetación hasta la misma orilla; unas veces suave y otras terriblemente escarpada.

La zona central de Chile, donde está situada su capital, Santiago, es una de las regiones más agradables del continente. De carácter muy semejante a los valles de Sacramento y San Joaquín en California, es una tierra de tipo mediterráneo, donde crecen la vid y el olivo y se cultivan las plantas más variadas. Esta zona central chilena es una de las más ricas huertas de América, cuyos productos—y de una manera señalada el vino y las frutas—no sólo sirven para su propia población, sino que se exportan a otras naciones de América y aun de Europa.

Las condiciones naturales de Chile, sus altas y nevadas montañas y las hermosas playas de su extensa costa, atraen todo el año miles de amantes de los deportes de los otros países de la América del Sur y también de la del Norte. El contraste de estaciones, que hace que en los países sureños de la América del Sur sea verano cuando en la del Norte es invierno, o viceversa, es un gran atractivo para los deportistas de los Estados Unidos y del Canadá, y aun de Europa. Chile es hoy el paraíso de los esquiadores de todas las partes del mundo, que van a esquiar en sus altas y nevadas montañas, casi a las mismas puertas de Santiago de Chile, con sus espléndidos hoteles en la región de Portillo. Y cuando es invierno en la América del Norte se pueden pasar unas agradables vacaciones veraniegas en las hermosas playas chilenas, como la de Viña del Mar, no lejos de Valparaíso.

AYUDAS PARA LA COMPRENSIÓN

**la magnitud de sus proporciones**   the immensity of its proportions
**regiones de incesante lluvia**   regions of endless rains
**se alzan majestuosos los Andes**   the Andes rise majestically

**frente a la larga costa chilena**  opposite the long Chilean coast
**faja de tierra emparedada**  strip of land walled in
**miles de islas e islotes**  thousands of islands and islets
**de una manera señalada**  in a particular manner, in a special way
**sino que**  but rather
**amantes de los deportes (deportistas)**  sport fans
**países sureños**  southern countries
**vacaciones veraniegas**  summer vacations

Colorfully dressed Chilean cowboys at a celebration.

### 89. Reflexive verbs

When a verb indicates an action which reverts to the subject, it is called reflexive. The action is made to revert to the subject by the use of reflexive pronouns, which are as follows:

| | | | |
|---|---|---|---|
| **me** | myself | **nos** | ourselves |
| **te** | yourself (*fam.*) | **os** | yourselves (*fam.*) |
| **se** | himself, herself, itself, yourself | **se** | themselves, yourselves |

**Juana se mira al espejo.**   Joan looks at herself in the mirror.

The addition of a reflexive pronoun does not change the original form of the verb. For example, all regular reflexive verbs will follow the model given here for both simple and compound tenses:

**lavarse**   to wash (oneself)

| | *Present* | *Future* | *Present Perfect* |
|---|---|---|---|
| yo | **me lavo** | **me lavaré** | **me he lavado** |
| tú | **te lavas** | **te lavarás** | **te has lavado** |
| él, ella, Vd. | **se lava** | **se lavará** | **se ha lavado** |
| nosotros, -as | **nos lavamos** | **nos lavaremos** | **nos hemos lavado** |
| vosotros, -as | **os laváis** | **os lavaréis** | **os habéis lavado** |
| ellos, ellas, Vds. | **se lavan** | **se lavarán** | **se han lavado** |

### 90. Reflexive for the passive

The third person of a verb can be used to express the general application of an action, with no one in particular as the subject. Such a statement takes the passive voice in English, or is expressed by a general subject such as *people, one, you*, etc. We have, for example, such general statements as *Spanish is spoken here*, or *They sell flowers in that store*, where the subject of the action can be anybody. Such statements are expressed in the reflexive form in Spanish. If the subject is in the singular, the verb is in the singular; if the subject is in the plural, the verb is in the plural. The first sentence would be **Aquí se habla español**, with **habla** in the singular because **español** is in the singular. The second sentence would be **Se venden flores en esa tienda**, with **venden** in the plural because **flores** is really the subject in Spanish and it is in the plural.

## 91. Verbs reflexive in form and meaning

Some verbs are clearly reflexive both in form and meaning, because the subject performs an action *to himself* or *for himself.*

**afeitarse**  to shave oneself, shave
**bañarse**  to bathe oneself, take a bath
**lavarse**  to wash oneself, get washed
**limpiarse**  to clean oneself, get cleaned up
**mojarse**  to get wet

**peinarse**  to comb oneself, comb one's hair
**secarse**  to dry oneself
**vestirse**  to dress oneself, get dressed

Other verbs are reflexive in form because the subject performs an action involving himself, but the English translation does not indicate any reflexive.

**acostarse**  to go to bed
**almorzarse**  to have lunch
**caerse**  to fall down
**callarse**  to be quiet, "shut up"
**desayunarse**  to have breakfast
**despertarse**  to wake up
**detenerse**  to stop
**divertirse**  to have a good time
**dormirse**  to fall asleep
**hacerse**  to become

**irse**  to go away
**levantarse**  to get up
**pasearse**  to take a walk
**ponerse**  to become
**quedarse**  to remain
**retirarse**  to withdraw
**sentarse**  to sit down
**sentirse**  to feel
**volverse**  to become

## 92. Verbs reflexive in form but not necessarily in meaning

Just about every verb which is reflexive in English is also reflexive in Spanish, but not the other way around. Following is a list of common verbs which are reflexive in Spanish, but not in English:

**acercarse (a)**  to draw near
**acostumbrarse (a)**  to become accustomed, get used (to)
**alegrarse (de)**  to be glad, rejoice
**apoderarse (de)**  to take possession of
**arrepentirse (de)**  to repent, regret
**asustarse (de)**  to get frightened
**atreverse (a)**  to dare
**burlarse (de)**  to make fun of
**cansarse (de)**  to get tired (of)
**casarse (con)**  to get married (to)
**convencerse (de)**  to become convinced (about)

**despedirse (de)**  to say good-bye to, take leave of
**enamorarse(de)**  to fall in love (with)
**encontrarse (con)**  to meet
**enterarse (de)**  to find out (about)
**equivocarse (de)**  to be mistaken (about)
**ocuparse (de)**  to attend to
**olvidarse (de)**  to forget
**preocuparse (de)**  to worry (about)
**quejarse (de)**  to complain (about)
**quitarse**  to take off
**reírse (de)**  to laugh (at)

## 93. Reciprocal pronouns

A reflexive verb may be used in a reciprocal sense, that is, the action is exchanged between the various members of the subject. Such a use of a reflexive verb is rendered by the expression *each other*.

**Se quieren mucho.** They love each other a great deal.
**Nos telefoneamos cada día.** We telephone each other every day.

## EJERCICIOS

EJERCICIOS EN CLASE

I. Escriban al dictado las oraciones siguientes:

1. En Chile hay un extenso desierto al norte y tierras de incesante lluvia en el sur.
2. La costa accidentada de Chile tiene miles de islas e islotes grandes y pequeños.
3. Dos de los productos más famosos de Chile son el vino y las frutas.
4. Las condiciones naturales de Chile atraen miles de amantes de los deportes.
5. Se pueden pasar unas agradables vacaciones veraniegas en las playas chilenas.

II. Conversación sobre el texto:

1. ¿Presentan muchos contrastes las tierras de Chile? 2. ¿Cuáles son los mayores picos del continente americano? 3. ¿Cómo está emparedada la tierra de Chile? 4. ¿Hay buena vegetación en toda la costa chilena? 5. ¿Es fértil la zona central de Chile? 6. ¿Cuáles son los productos principales de las huertas de la zona central? 7. ¿Hay altas y nevadas montañas cerca de Santiago? 8. Cuando es verano en los Estados Unidos, ¿qué estación es en Chile? 9. ¿De dónde vienen los esquiadores que se encuentran en Chile? 10. ¿Cuál es una de las playas más conocidas de Chile?

III. Preguntas personales entre dos alumnas:

1. ¿Le gustaría a Vd. una lluvia incesante? 2. ¿Hay montañas cubiertas de nieve todo el año en este estado? 3. ¿Cree Vd. que el agua sea un tesoro para la salud? 4. ¿Sabe Vd. lo que es un emparedado que se vende por las calles? 5. ¿Conoce Vd. el valle de San Joaquín? 6. ¿Cultivan sus padres la vid en su huerta? 7. ¿Cuál es el uso más extenso de la vid? 8. ¿Es Vd. amante de los deportes? 9. ¿Es buen esquiador su novio? 10. ¿Dónde piensa Vd. pasar sus vacaciones veraniegas?

IV. (Repaso sobre «El teatro español») Complete Vd. las oraciones siguientes con la información apropiada:

1. El dramaturgo que escribió más de mil dramas fue _____.
2. En 1560 la capital de España se trasladó de _____ a Madrid.
3. El siglo más importante del teatro español se llama _____.
4. El autor de *Los intereses creados* y *La malquerida* fue _____.
5. *La casa de Bernarda Alba* es una tensa tragedia del autor _____.
6. El gran dramaturgo Juan Ruíz de Alarcón nació en _____.
7. El período de entreguerras indica la _____ década del siglo XX.
8. Samuel Eichelbaum y Egon Wolff son _____ importantes.
9. Alejandro Casona vivió en el exilio en _____.
10. Usigli, Villarrutia y Solórzano son los tres de _____.

EJERCICIOS ESCRITOS

I. Complétense con la forma debida de los verbos entre paréntesis en la persona indicada:

1. (yo) En el verano (levantarse) a las siete y (desayunarse) a las siete y media.
2. (nosotros) Esta mañana (despertarse) temprano y (lavarse) en pocos minutos.
3. (Vd.) ¿Cuándo (afeitarse) y (peinarse), antes o después del desayuno?
4. En la playa los chicos (secarse) y (vestirse) antes de volver a su casa.
5. Las señoritas fueron al centro, donde (pasearse) y (divertirse).
6. (yo) Cuando estoy cansado, (sentarse) y (dormirse).
7. (tú) ¿Cómo (sentirse), Pablo? ¿Quieres (acostarse)?
8. No podemos (quedarse). Tenemos que (retirarse).
9. Cuando el padre (ponerse) furioso, el hijo (callarse).
10. (nosotros) Antes de salir, (limpiarse) y (vestirse).

II. Traduzcan Vds. las palabras inglesas y lean las oraciones completas en español:

1. (I have become accustomed) a leer en alta voz.
2. ¿(Are you glad) de que el semestre esté para terminar?
3. La pobrecita (became frightened) cuando vio el perro.
4. (He would never dare) a corregir al profesor. Sería un desastre.
5. Los chicos (were making fun of) las chicas que jugaban al futból.
6. Los novios (got married) en una pequeña iglesia.
7. Ahora (they are saying good-bye to) los amigos que han asistido a la boda.
8. Tal vez (you are mistaken). Aquí no hay momias.
9. La profesora (forgot) de corregir los ejercicios.
10. Sin embargo nadie (complained).

III. Traduzcan Vds. las oraciones siguientes con verbos reflexivos:

1. They laughed at everything. 2. I'll take off my hat. 3. Why does she complain? 4. Don't worry about that. 5. They found out about the

matter.  6. She fell in love with the policeman.  7. When will they get married?  8. Do you think they'll regret (it)?  9. Did you get tired a great deal?  10. I said good-bye to them.  11. The firemen went away (withdrew). 12. Her son became a lawyer.

IV. Para escribir en español:

1. Skiers from all parts of the world visit Chile.  2. Everybody can spend his summer vacations in that country.  3. Do you go skiing on high mountains or in the valleys?  4. Did you see those beautiful beaches when you visited Viña del Mar?  5. The vine and olive tree are cultivated in the central zone. 6. There is vegetation right up to the shores of the Pacific.  7. There are regions whose mountains are covered with snow the whole year.  8. The painters of seascapes look for islands and islets.  9. One could see the most varied plants in those regions.  10. Chile has the longest coast of any country in South America.

# LECCIÓN DIECIOCHO

# LOS JARDINES DE ESPAÑA

No hay en Europa occidental país alguno que tenga un suelo y un clima tan variado como el de España: la costa atlántica húmeda y templada; la meseta castellana alta y fría; las montañas majestuosas en el norte, centro y sur; y la costa mediterránea seca y agradable. En estas tierras crecen las más bellas flores, que sirven para adornar los patios, las ventanas y las terrazas de sus casas, y aun el tocado de sus mujeres, prestándoles singular gracia y encanto.

En país de suelo y clima tan variados se han desarrollado diferentes tipos de jardines a lo largo de la historia. El más antiguo de ellos se formó en Andalucía, cultivado por los árabes. El jardín andaluz más famoso fue el de Medina Azahara, levantado en el siglo X por los califas cordobeses en la Sierra de Córdoba, en donde se pueden ver aún hoy sus ruinas. Del jardín andaluz nos quedan el Generalife y los cármenes de Granada, el Alcázar y algunos patios de Sevilla. En África, por donde se extendió, se conserva uno de gran belleza en el Cairo. En nuestro siglo, con motivo de la Exposición de Sevilla, se construyó en esta ciudad andaluza el Parque de María Luisa, que es la versión moderna de este tipo de jardín, y el lugar más popular de esa ciudad encantadora.

Un tanto más moderno es el jardín del Levante español, de Baleares, Valencia y Cataluña, formado bajo la influencia de Italia, en el Renacimiento. En él los árboles, principalmente los frutales, se combinan con las flores en una mayor proporción que en el andaluz.

Un poco más tarde se crearon en el centro de España los jardines reales, que representaban el refinamiento de la vida cortesana española. El más viejo es el de Aranjuez, al sur de la capital de España. Madrid se fue rodeando de una serie de palacios con hermosos parques y jardines: Aranjuez, el Escorial, el Pardo, la Zarzuela, la Granja y Montefrío. Y en el propio Madrid, además de su palacio, se levantaron el Palacete de la Moncloa y el jardín del Buen Retiro, hoy parque municipal de la capital española. El jardín real, más frío y serio que el andaluz y el levantino, es una síntesis de las varias culturas de España.

El último jardín español es el de los pazos gallegos, que tiene algo del carácter exuberante de la vegetación de la tierra. El jardín gallego es, en realidad, más parque que jardín; y recuerda en España los jardines ingleses que se pusieron de moda en Europa con el romanticismo hacia la mitad del siglo XIX. En el valle del Río Ulla, que separa las provincias de La Coruña y Pontevedra, se pueden ver los maravillosos pazos de Oca y Santa Cruz de Ribadulla, joyas de los jardines gallegos.

## AYUDAS PARA LA COMPRENSIÓN

**aun el tocado de las mujeres**   even the women's hair styles
**a lo largo de la historia**   in the course of history
**con motivo de**   because of
**un tanto más moderno**   somewhat more modern

**el Levante español**   the eastern section of Spain
**la vida cortesana española**   Spanish court life
**se fue rodeando de**   became surrounded with
**además de**   besides
**algo del carácter**   something of the character
**se pusieron de moda**   became fashionable
**los maravillosos pazos**   the magnificent manors

A section of the Generalife in Granada.

## 94. Orthographic changes in verbs

A verb form in Spanish has a tendency to keep the same basic sounds of the root regardless of changes in the ending. Since the consonant letters **c** and **g** each have two different sounds, depending on the vowel which follows, the spelling is changed in some forms. Changes made in the writing of a word are called orthographic changes, and verbs which undergo these changes are called orthographic-changing verbs. A verb like **llegar,** for example, adds **u** after the **g** whenever the ending begins with an **e.**

| | |
|---|---|
| *Pres. Subj.* | **llegue, llegues, llegue, lleguemos, lleguéis, lleguen** |
| *Imperative* | llega **(no llegues),** llegad **(no lleguéis)** |
| *Preterit* | **llegué,** llegaste, llegó, llegamos, llegasteis, llegaron |

Likewise a verb ending in **-car** changes **c** to **que** whenever the ending begins with **e.** Take **buscar** (*to seek, look for*):

| | |
|---|---|
| *Pres. Subj.* | **busque, busques, busque, busquemos, busquéis, busquen** |
| *Imperative* | busca **(no busques),** buscad **(no busquéis)** |
| *Preterit* | **busqué,** buscaste, buscó, buscamos, buscasteis, buscaron |

Verbs ending in **-zar** change the **z** to **c** before **e.** Take **empezar (ie)** (*to begin*):

| | |
|---|---|
| *Pres. Subj.* | **empiece, empieces, empiece, empecemos, empecéis, empiecen** |
| *Imperative* | empieza **(no empieces),** empezad **(no empecéis)** |
| *Preterit* | **empecé,** empezaste, empezó, empezamos, empezasteis, empezaron |

Verbs ending in **-ger** and **-gir** change the **g** to **j** when the ending begins with **a** or **o.** Take **coger** (*to seize, take*) or **dirigir** (*to direct*):

| | |
|---|---|
| *Pres. Ind.* | **cojo,** coges, coge, cogemos, cogéis, cogen |
| *Pres. Subj.* | **coja, cojas, coja, cojamos, cojáis, cojan** |
| *Imperative* | coge **(no cojas),** coged **(no cojáis)** |

| | |
|---|---|
| *Pres. Ind.* | **dirijo,** diriges, dirige, dirigimos, dirigís, dirigen |
| *Pres. Subj.* | **dirija, dirijas, dirija, dirijamos, dirijáis, dirijan** |
| *Imperative* | dirige **(no dirijas),** dirigid **(no dirijáis)** |

## 95. Table of orthographic changes

| Verbs ending in | change | before | Examples |
|---|---|---|---|
| -car | c > qu | e | **sacar**  to take out |
| -gar | g > gu | e | **llegar**  to arrive |
| -zar | z > c | e | **empezar**  to begin |
| -guar | gu > gü | e | **averiguar**  to verify |
| -cer, -cir (preceded by consonant) | c > z | a, o | **vencer**  to conquer |
| -cer, -cir (preceded by vowel) | c > zc | a, o | **conocer**  to know; **traducir**  to translate |
| -ger, -gir | g > j | a, o | **dirigir**  to direct |
| -guir | gu > g | a, o | **seguir**  to follow |

## 96. Automatic vowel changes in verbs

1. An unaccented **i** between two vowels changes to **y**.

   **concluir**  to conclude:  **concluyo,** etc.

2. A stressed **i** or **u** coming as the last letter of a verb stem takes a written accent when followed by another vowel.

   **enviar**  to send:  **envío,** etc.
   **actuar**  to perform:  **actúo,** etc.

   *[handwritten margin note: not always. cf. estudiar cambiar etc.]*

3. An unstressed **i** before an **e** is dropped when the verb stem ends in **ll, ñ,** or **j.**

   **bullir**  to boil:  **bullendo**
   **reñir**  to quarrel:  **riñendo**
   **traer**  to bring:  **trajeron**

## 97. Radical-changing verbs of the first class

As you have observed, there are verbs in which the tonic vowel of the stem changes when it comes under the stress. For example, in the verb **querer,** when the tonic **e** of the stem is stressed, it becomes **ie,** giving the forms **quiero, quieres,** etc. Likewise with the verb **encontrar,** when the tonic **o** of the stem comes under the stress, it becomes **ue,** giving the forms **encuentro, encuentras,** etc. When the tonic vowel is not stressed, it does not break up into a diphthong, and we have the forms **queremos, queréis,** etc.; **encontramos, encontráis,** etc.

Only verbs of the first and second conjugations can have the type of changes we have outlined here and no additional changes. For convenience, we classify such verbs as radical-changing verbs of the first class. These verbs are indicated by (**ie**) and (**ue**) in the vocabulary. The changes occur in the present indicative, present subjunctive, and imperative.

FIRST CONJUGATION

**pensar (ie)** to think

| | |
|---|---|
| *Pres. Ind.* | **pienso, piensas, piensa**, pensamos, pensáis, **piensan** |
| *Pres. Subj.* | **piense, pienses, piense**, pensemos, penséis, **piensen** |
| *Imperative* | **piensa (no pienses)**, pensad (no penséis) |

**contar (ue)** to count

| | |
|---|---|
| *Pres. Ind.* | **cuento, cuentas, cuenta**, contamos, contáis, **cuentan** |
| *Pres. Subj.* | **cuente, cuentes, cuente**, contemos, contéis, **cuenten** |
| *Imperative* | **cuenta (no cuentes)**, contad (no contéis) |

There is one first conjugation verb in which the tonic vowel **u** changes to **ue** under the stress.

**jugar (ue)** to play

| | |
|---|---|
| *Pres. Ind.* | **juego, juegas, juega**, jugamos, jugáis, **juegan** |
| *Pres. Subj.* | **juegue, juegues, juegue, juguemos, juguéis, jueguen** |
| *Imperative* | **juega (no juegues)**, jugad (no juguéis) |

SECOND CONJUGATION

**entender (ie)** to understand

| | |
|---|---|
| *Pres. Ind.* | **entiendo, entiendes, entiende**, entendemos, entendéis, **entienden** |
| *Pres. Subj.* | **entienda, entiendas, entienda**, entendamos, entendáis, **entiendan** |
| *Imperative* | **entiende (no entiendas)**, entended (no entendáis) |

**volver (ue)** to return

| | |
|---|---|
| *Pres. Ind.* | **vuelvo, vuelves, vuelve**, volvemos, volvéis, **vuelven** |
| *Pres. Subj.* | **vuelva, vuelvas, vuelva**, volvamos, volváis, **vuelvan** |
| *Imperative* | **vuelve (no vuelvas)**, volved (no volváis) |

# EJERCICIOS

EJERCICIOS EN CLASE

I. Escriban al dictado las oraciones siguientes:

1. No hay país alguno en Europa que tenga un clima y un suelo tan variado como el de España.   2. A lo largo de la historia se han desarrollado varios tipos de jardines.   3. Entre los jardines más famosos figuran el jardín andaluz, el de Levante, el real, y el de los pazos gallegos.   4. Algunos jardines se desarrollaron con motivo de una exposición u[1] otro evento histórico.   5. El jardín real representa una síntesis de las varias culturas de España.

---

[1] Before a word beginning with an **o**, the Spanish word **o** meaning *or* becomes **u**.

II. Conversación basada sobre el texto:

1. Mencione Vd. algunos de los varios climas de España.  2. ¿Cómo son sus costas?  3. ¿Para qué sirven sus flores?  4. ¿Se han desarrollado muchos tipos de jardines en ese clima tan variado?  5. Mencione Vd. algunos de los jardines andaluces que nos quedan.  6. ¿Qué es el Parque de María Luisa en Sevilla?  7. ¿En qué época se formó el jardín del Levante español?  8. En este tipo de jardín, ¿qué árboles se combinan con las flores?  9. ¿Qué parques cerca de Madrid tienen jardines famosos?  10. ¿Qué carácter tiene el jardín de los pazos gallegos?

III. Preguntas personales entre dos alumnos:

1. ¿Qué montañas majestuosas hay en los Estados Unidos?  2. ¿Tienen terrazas los condominios modernos?  3. ¿Prestan mucha atención al tocado las señoritas de nuestros días?  4. ¿Qué importancia tienen los árabes en la crisis de petróleo?  5. ¿Ha visitado Vd. algún país de África?  6. ¿Sabe Vd. dónde están las islas Baleares?  7. ¿En qué países modernos queda todavía la vida cortesana?  8. ¿Hay parques municipales en su ciudad?  9. ¿Quién atiende al jardín de su casa?  10. ¿En qué estación del año hay las flores más bonitas?

IV. (Repaso de vocabulario) Forme Vd. oraciones completas empleando las palabras siguientes:

1. la secretaria/buscar/colocación
2. escribir/palabras/por minuto
3. el jefe/usar/dictáfono
4. las niñas/tomar/taquigrafía
5. los estudiantes/manejar/máquinas calculadoras
6. las cartas escritas a máquina/salir/limpias
7. una buena secretaria/tomar cartas/al dictado
8. nuestras máquinas/llevar/acentos
9. pagar/cien dólares/por semana
10. el sueldo/ser bastante/para principiar

EJERCICIOS ESCRITOS

I. Escríbanse las formas apropiadas del verbo entre paréntesis:

1. (llegar)    No es probable que (I arrive, we arrive, they arrive) a tiempo.
2. (llegar)    Ayer cuando (I arrived, she arrived, you arrived) no había nadie.
3. (buscar)    ¿Quiere Vd. que (I look for, we look for, she looks for) una enfermera?
4. (buscar)    No había bananas; las (I looked for, we looked for, they looked for) en todas las tiendas.
5. (empezar)   Es preciso que (you begin, she begins, they begin) el trabajo ahora mismo.

6. (empezar)   Ayer por fin (I began, he began, they began) a comprender la situación.
7. (coger)   Hace tanto frío que es posible que (I catch, you catch, we catch) un resfriado.
8. (coger)   Siempre (I get, she gets, they get) el autobús en esta esquina.
9. (conocer)   No hay nadie que (I know, we know, they know).
10. (conocer)   En esta clase (she knows, you know, we know) a todos.

II. Escríbanse las formas de los verbos entre paréntesis en el tiempo indicado:

1. (*Pres. Progressive*)   Ellos están (concluir, leer, construir).
2. (*Past Progressive*)   Nosotros estábamos (traer, reñir, creer).
3. (*Pres. Ind.*)   Vds. (actuar, enviar, continuar).
4. (*Pres. Subj.*)   Quieren que yo (averiguar, dirigir, coger).
5. (*Preterit*)   Yo (sacar, buscar, tocar).
6. (*Preterit*)   Los niños (traer, coger, decir).
7. (*Pres. Subj.*)   No es posible que yo (vencer, conocer, traducir).
8. (*Imperative*)   (tú) No (buscar, llegar, empezar).
9. (*Preterit*)   Los bomberos (llegar, buscar, sacar).
10. (*Pres. Ind.*)   Yo (conocer, traducir, empezar).

III. Complétense las oraciones siguientes con palabras que tengan sentido:

1. El tocado presta a las mujeres españolas _____.
2. A lo largo de la historia se han desarrollado en España _____.
3. El Parque de María Luisa es la versión moderna _____.
4. Los árboles frutales son árboles que _____.
5. El jardín de Medina Azahara fue levantado en _____.
6. La costa atlántica de España es _____.
7. La costa mediterránea, por contraste, es _____.
8. Los jardines reales representaban el refinamiento _____.
9. Los jardines ingleses se pusieron de moda hacia _____.
10. El jardín del Buen Retiro es hoy _____.

IV. Escríbase en español:

1. There is no country in America that has gardens like those of Spain. 2. Spanish culture is a synthesis of Arabic and European elements. 3. They tell me that San Juan in Puerto Rico has very beautiful terraces. 4. Flowers in the hairdo lend grace and charm to the Spanish women. 5. One Andalusian garden can still be seen in ruins in the mountains near Córdoba. 6. Maria Luisa Park in Seville was built because of the Exposition. 7. Madrid became surrounded with a series of palaces with beautiful gardens. 8. Those who visit Andalucía find an enchanting countryside.

# LECCIÓN DIECINUEVE

Uno de los rasgos peculiares de la civilización española, que la distingue entre las otras de la Europa occidental, es la presencia en ella de numerosos elementos que recibió de los árabes en la época en que éstos dominaron la península ibérica. Pero esta influencia se reparte de una manera muy desigual por las varias regiones españolas: apenas existe en el norte y es, en cambio, muy fuerte en las provincias del antiguo reino de Granada, en donde los árabes permanecieron casi ocho siglos. Las huellas de la civilización árabe en España son más profundas en Aragón, Valencia y Andalucía, en donde todavía se conservan muchos y muy bellos monumentos de esta época.

En realidad los árabes no eran un solo pueblo con una sola cultura, sino que constituían un conglomerado de naciones. Muchas de ellas, como Egipto, Persia, Siria, Líbano y Palestina, eran muy viejas en la civilización; y los árabes las unieron en una comunidad de fe y de lengua. Una de las viejas culturas que entró a formar parte de esta comunidad del mundo islámico fue la española, que, en el momento en que invadieron la península ibérica los musulmanes (711 A.D.), era una de las más avanzadas de la Europa occidental. La cultura española no desapareció con la invasión árabe, sino que se incorporó a las otras que formaban parte del mundo islámico y que los árabes iban trayendo a España; y fue el principal motor que animó, en los años de dominio musulmán, las creaciones culturales de los árabes españoles.

Los dos monumentos más notables que se conservan de esta cultura son la mezquita de Córdoba y la Alhambra de Granada, los dos en Andalucía. La mezquita de Córdoba—comenzada en el siglo VIII, no mucho después de la invasión árabe—es una de las más notables del mundo. En su construcción se emplearon materiales de iglesias cristianas visigóticas derribadas por los árabes. La vista interior de la mezquita, con más de ochocientas columnas, veinte y nueve naves transversales y diez y nueve longitudinales, es uno de los espectáculos más impresionantes, que da al visitante la sensación de encontrarse en medio de un bosque de armoniosas construcciones artísticas. El Palacio de la Alhambra es más moderno—quizás del siglo XIV—y muestra la influencia de la lejana Persia en la delicadeza de sus proporciones. La Alfajería de Zaragoza, el Alcázar de Sevilla y centenares de castillos en muchas de las provincias españolas son un recuerdo eternamente presente del pasado musulmán.

La tradición árabe se conserva también en muchas pequeñas industrias que son una de las mayores riquezas de la artesanía española. Una de las más famosas es la cerámica, que tiene una larga y brillante historia en España. Sevilla con sus azulejos y Valencia con sus excelentes platos siguen siendo los herederos de esta artesanía. Otra es la del cuero, principalmente la de Córdoba, que es conocida en el mundo entero por su excelencia. En Toledo y en Eibar se producen hoy una serie de objetos artísticos de varios metales que revelan su clara ascendencia árabe. Esta artesanía española, así como las huertas de Valencia y Murcia, y los jardines de Andalucía y Castilla la Nueva,

nos muestran que la herencia árabe quedó incorporada de manera permanente
a la cultura española.

AYUDAS PARA LA COMPRENSIÓN

**se reparte**   is distributed
**de una manera desigual**   in an uneven manner, unevenly
**comunidad de fe y de lengua**   community of faith and language
**entró a formar parte**   become a part
**se incorporó a las otras**   became incorporated with the others
**en medio de un bosque**   in the middle of a forest
**centenares de castillos**   hundreds of castles
**la artesanía española**   Spanish handicraft
**quedó incorporada a la cultura española**   remained as an integral part of Spanish
    culture

Perfect symmetry as seen in the Patio de los leones in the Alhambra.

## 98. Imperfect subjunctive *present imperfect (below)*

The subjunctive mood has two simple and two compound tenses. The two simple tenses are the present, which you reviewed in Section 71, and the imperfect, which you are going to review now.[1]

There are two common forms of the imperfect subjunctive, the **-se** and the **-ra** forms. In order to form the imperfect subjunctive of any verb, regular or irregular, take the third person plural of the preterit, drop the **-ron,** and add **-se, -ses, -se, -semos, -seis, -sen** for the **-se** forms, and **-ra, -ras, -ra, -ramos, -rais, -ran** for the **-ra** forms. Notice that in the first person plural there is an accent on the vowel preceding the **-semos** or **-ramos.**

Following are the forms of the imperfect subjunctive for regular verbs:

| 1st Conj. | | 2nd Conj. | | 3rd Conj. | |
|---|---|---|---|---|---|
| hablase | hablara | comiese | comiera | viviese | viviera |
| hablases | hablaras | comieses | comieras | vivieses | vivieras |
| hablase | hablara | comiese | comiera | viviese | viviera |
| hablásemos | habláramos | comiésemos | comiéramos | viviésemos | viviéramos |
| hablaseis | hablarais | comieseis | comierais | vivieseis | vivierais |
| hablasen | hablaran | comiesen | comieran | viviesen | vivieran |

There is no difference in meaning between the **-se** and **-ra** forms. The **-se** form is perhaps more literary, or at least the **-ra** form is more common in conversational Spanish. The **-ra** form, however, has a special use as a modified wish, in which case the **-se** form cannot be used (see Section 103).

## 99. Uses of the subjunctive (cont.)

As you learned in Section 71, the subjunctive indicates the manner in which the subject of an action is affected by that action. There are certain types of clauses which invariably go in the subjunctive. There are other clauses where the speaker can intimate how he feels about a situation by the mood he uses. The subjunctive is actually an instrument for expressing delicate shades of meaning.

In Section 72 we outlined the general types of dependent clauses which go in the subjunctive. Those were noun clauses. They are dependent clauses used after the following:

1. Expressions of wishing or desiring.
2. Verbs of requesting, urging, or commanding.

---

[1] For conversational purposes we disregard the future subjunctive, which is purely literary and outmoded.

3. Expressions of fear, doubt, or denial.
4. Verbs of permitting, forbidding, approving, or disapproving.
5. Impersonal verbs or expressions.

Notice that in the first four classifications the dependent clause explains a feeling or mood on the part of the subject. In the last classification the subject is the clause itself. In addition to these uses, the subjunctive is used in certain types of adjective and adverbial clauses.

## 100. The subjunctive in adjective clauses

The subjunctive is used in an adjective clause whenever uncertainty or indefiniteness is expressed or implied. Adjective clauses are relative clauses; they may have either a simple antecedent or a compound antecedent. Simple antecedents are just the relative pronouns. Compound antecedents are such words as **quienquiera** (*whoever*), **dondequiera** (*wherever*), **cualquiera** (*whatever, any one*), etc. These compound antecedents express indefiniteness and therefore take the subjunctive.

Relative clauses are in the subjunctive whenever the antecedent is uncertain, indefinite, non-existent, or a superlative or its equivalent. In a sentence such as **Busco un alumno que sepa escribir poemas**, the relative clause is in the subjunctive because no such pupil has been found at the time of speaking— otherwise one would not be looking for him. In a sentence such as **No veo** ninguna señorita que sea fea, the girl described is non-existent at the time of speaking. Common words which are the equivalent of a superlative are **primero, último, único,** etc.

**Sevilla es la única ciudad que yo quisiera conocer.** Seville is the only city I would like to know.

## 101. The subjunctive in adverbial clauses

The subjunctive is used in the following types of adverbial clauses:

1. Clauses which express a time future to the main verb, after conjunctions such as the following. (In Spanish the idea is that you cannot consider an action definite if it's going to take place later.)

| | |
|---|---|
| **cuando** when | **mientras que** while, as long as |
| **antes (de) que** before | **así que** as soon as |
| **hasta que** until | **siempre que** whenever |
| **luego que** as soon as | |

    **Cuando volvamos a España, visitaremos a Galicia.** When we go back to Spain, we'll visit Galicia.

Notice that these conjunctions take the indicative if the clause refers to time prior to the main verb.

**Luego que volvió a España, visitó a Galicia.** As soon as he went back to Spain, he visited Galicia.

2. Purpose clauses, after expressions such as:

**para que**
**a fin de que** } in order that, so that

**de manera que**
**de modo que** } so that, in such a manner that

**Nos invitaron para que gozáramos del flamenco.** They invited us so that we might enjoy the flamenco.

Here again, if the clause does not express purpose but result, the indicative is used.

**Había muchas momias, de manera que algunos turistas sintieron nauseas.** There were many mummies, so that some tourists became nauseated.

3. Clauses of concession or restriction, after such expressions as:

**aunque** although
**a pesar de que** in spite of the fact that
**por bueno (malo) que** however good (bad)
**dado que** since

**en caso (de) que** in case
**con tal que** provided that
**a menos que (no)** unless
**sin que** without

**A pesar de que sea una de las más viejas casas, es muy cómoda.** Although it is one of the oldest houses, it is very comfortable.

When there is a pure admission of fact, the indicative is used even though the clause expresses concession.

**Asturias se parece a Galicia, aunque es más montañosa que ella.** Asturias resembles Galicia, even though it is more mountainous.

## 102. The independent subjunctive

The present subjunctive is used in independent clauses to express a wish or an indirect command.

**¡Vaya con Dios!** Go with god. (God bless you.)
**¡Que vengan a verme!** Let them come to see me.

The present subjunctive is used to give general directions to a group in an impersonal way; in this case the reflexive form of the verb is used.

**Complétense las oraciones siguientes.** Complete the following sentences.

## 103. Subjunctive in modified assertions

The **-ra** form of the imperfect subjunctive of **querer, poder**, and **deber** may be used to express a modified assertion or wish instead of a direct assertion or wish.

*Direct assertion:*    **Vd. no debe hacer eso.**  You must not do that.
*Modified assertion:*  **Vd. no debiera hacer eso.**  You ought not to do that.
*Modified wish:*       **¿Pudiera Vd. ayudarme?**  Could you help me?


# EJERCICIOS

I. Escriban al dictado las oraciones siguientes:

1. La cultura española entró a formar parte del mundo islámico.
2. Las varias culturas animaron las creaciones culturales de los árabes.
3. El palacio de la Alhambra muestra la influencia de la lejana Persia en la delicadeza de sus proporciones.
4. La tradición árabe se conserva en industrias como la cerámica y la del cuero.
5. En muchas mezquitas se emplearon materiales de iglesias cristianas visigóticas.

II. Dése la forma apropiada del imperfecto de subjuntivo del verbo entre paréntesis:

1. No sabíamos que (tener) que estudiar la civilización árabe.
2. Era imposible que el profesor no (hablar) de esa cultura.
3. El profesor deseaba que los alumnos (comprender) la historia del país.
4. Los alumnos creían que los árabes (ser) un solo pueblo.
5. Invitaron a los turistas para que (gozar) del baile.
6. Sin embargo los turistas se marcharon antes de que (empezar) el baile.
7. No pudieron esperar hasta que los gitanos (bailar).
8. Los novios desaparecieron sin que nadie los (ver).
9. Por buena que (ser) la fiesta, algunos no quisieron quedarse.
10. Escribió a sus padres para que le (enviar) más dinero.

III. Dése la forma apropiada del imperfecto de subjuntivo:

1. Querían que nosotros los (visitar).  2. Nos dijeron que (llegar) a las cuatro de la tarde.  3. María dudaba que todos (poder) asistir.  4. Tenía miedo de que algunos (faltar).  5. El médico le permitió que (levantarse). 6. No le permitió que (pasearse).  7. El jefe aprobó que ella (quedarse) en casa.  8. No aprobó que yo (ir) al cine.  9. Era posible que Vd. no (comprender).  10. No era posible que Vd. no (entender).

IV. Cambie Vd. el verbo principal al imperfecto de indicativo y el verbo subordinado al imperfecto de subjuntivo:

*Modelo:*        Busco alguien que sepa guiar.
*Contestación:*    Buscaba alguien que supiera guiar.

1. No *conocemos* a nadie que *pueda* ayudarnos.
2. *¿Hay* alguien que *quiera* ir a la playa?
3. *Deseo* nadar aunque *llueva.*
4. La enfermera no *permite* que el visitante *entre* en el cuarto.
5. *Cierra* la puerta para que los visitantes no *entren.*
6. El bombero *grita* de manera que los de dentro le *oigan.*
7. La secretaria *escribe* bien a máquina aunque no *comprenda* el idioma.
8. *Es* preciso que los turistas *compren* billetes para la corrida.
9. *Es* probable que los *encuentren* en la tienda de enfrente.
10. Siempre *pedimos* que nos *traigan* el desayuno al cuarto.

EJERCICIOS ESCRITOS

I. Conteste Vd. por escrito las preguntas siguientes:

1. ¿Quiénes dominaron la península ibérica más de ocho siglos? 2. ¿En qué regiones son más profundas las huellas de la civilización árabe? 3. ¿Cuáles naciones eran ya muy viejas en la civilización? 4. ¿Qué pasó a la cultura española con la invasión árabe? 5. ¿Qué monumentos notables se conservan de la cultura árabe en Andalucía? 6. ¿Qué materiales se emplearon en la construcción de la mezquita de Córdoba? 7. ¿Qué impresión dan al visitante las columnas de la mezquita? 8. Mencione tres industrias importantes de la artesanía española. 9. ¿Qué productos de la cerámica se encuentran en Sevilla y en Valencia? 10. ¿Qué objetos se producen en Toledo y en Eibar?

II. Tradúzcase al español:

1. Listen, come here. 2. Let him come to see me. 3. Let them take a taxi. 4. Let us buy more wine. 5. Let her speak to the boss. 6. Let them sleep in the afternoon. 7. Go (*pl.*) with God (*or* God bless all of you). 8. I should like to rest. 9. He would like to go out. 10. She ought not to go alone. 11. They ought not to eat so much. 12. Could I buy some stamps? 13. Could we find a cheaper hotel? 14. Would you like to sleep now? 15. You (*pl.*) ought to stop here.

III. Háganse oraciones completas con las palabras siguientes:

*Modelo:*        Valencia, platos.
*Contestación:*    Valencia es famosa por sus platos.

1. Córdoba, cuero. 2. Toledo, metales. 3. Sevilla, la Giralda. 4. Córdoba, mezquita. 5. Granada, la Alhambra. 6. centenares, castillos. 7. industria, cerámica. 8. recuerdo, pasado. 9. invasión, ocho siglos. 10. Persia, influencia. 11. dominio, musulmán. 12. iglesias, derribadas.

IV. Escríbase en español:

1. It is difficult to imagine how peoples can become united if they speak different languages. 2. Without the influence of the Islamic world, the Iberian peninsula would have had a different development. 3. The Christian churches torn down by the Arabs were smaller than the mosque of Córdoba. 4. In Spain there are still many elements of the Arab civilization which dominated the country for eight centuries. 5. There are still hundreds of monuments of Arabic origin in Spain. 6. Did you know that the Arabs never represent the human figure in their mosques? 7. Would you like to visit the cities of Andalucía during the summer? 8. When you see those places you will understand the importance of Arab civilization.

# LECCIÓN VEINTE

Venezuela, patria del insigne emancipador Simón Bolívar, es uno de los países más prósperos de la América del Sur, con nivel de vida muy caro. Pocos pueblos hispanoamericanos presentan hoy mejor situación económica que la de Venezuela, que no tiene deuda pública y cuyos ciudadanos no pagan impuestos como los de otros países americanos. Caracas, la capital de Venezuela, se ha convertido en una de las ciudades más modernas del continente americano, y la prosperidad venezolana ha atraído al país numerosos emigrantes europeos.

Esta prosperidad se debe al petróleo, que es la riqueza máxima de la nación. Venezuela figura a la cabeza de los países exportadores de petróleo, y como productor es el segundo de América, después de los Estados Unidos. Los principales pozos petrolíferos venezolanos se encuentran en la zona del Lago Maracaibo, que se comunica con el mar. El transporte resulta más fácil y menos costoso, sobre todo si se compara con el de los países árabes, donde hubo que construir larguísimas conducciones por el desierto para llevar el petróleo a los puertos del Mediterráneo y del Golfo Pérsico.

La industria petrolera venezolana no es tan vieja como la de otros países americanos. Se fundó en 1917, poco antes de terminarse la primera guerra mundial. El tremendo desarrollo del automovilismo, de la aviación y de los motores a petróleo dió un gran impulso a la nueva industria. La modernización de Venezuela fue tomando de año en año un ritmo más rápido. Una de las obras más importantes fue la construcción de la autopista que une a Caracas con el puerto de La Guaira. En lugar de la vieja carretera, que contaba con más curvas que días tiene un año, se construyó una carretera amplísima de varias vías en cada dirección. En la propia Caracas, la Avenida Bolívar es modelo de la urbanización más avanzada, que divide la ciudad en dos partes, en norte y sur. Entre los numerosos edificios modernos de la ciudad figura en lugar preferente, por su arquitectura novísima y la grandeza de sus proporciones, la universidad.

Venezuela, como primer país exportador de petróleo de América, está asociado con los países árabes en la Organización de Países Exportadores de Petróleo (OPEC). Esta organización mundial tuvo una activa participación en la subida de los precios del petróleo que provocó recientemente la crisis de la energía de este combustible, crisis que afectó a todos los países del mundo, sobre todo a los más industrializados, desde el Japón a los Estados Unidos. En el Congreso venezolano acaba de aprobarse una ley nacionalizando totalemente la industria petrolera del país, la cual era norteamericana y canadiense en su mayor parte.

Venezuela tiene también grandes reservas de mineral de hierro en la cuenca del Orinoco. Parte del mineral de hierro que se extrae todos los años se exporta a los Estados Unidos; pero parte de él se consume en los grandes altos hornos que el gobierno venezolano ha levantado cerca de Ciudad Bolívar, la principal ciudad del Orinoco.

## AYUDAS PARA LA COMPRENSIÓN

**(el) nivel de vida**   standard of living

**se debe al petróleo**   is due to oil

**pozo petrolífero**   oil well

**se comunica con**   leads into, connects with

**antes de terminarse**   before (it) ended

**motores (movidos) a petróleo**   gasoline engines

**fue tomando de año en año**   kept on assuming from year to year (from one year to the next)

**más curvas que días tiene un año**   more curves than a year has days

**varias vías**   several lanes

**en lugar preferente**   in a prominent place

**países exportadores de petróleo**   oil-exporting countries

**la crisis de la energía**   the energy crisis

**en su mayor parte**   for the most part

**mineral de hierro**   iron ore

**altos hornos**   blast furnaces

Statue of Simon Bolivar in Caracas.

## 104.  Summary of radical-changing verbs

In Section 97 you reviewed the radical-changing verbs of the first class, which comprises verbs of the first and second conjugations only. Verbs of the third conjugation which have radical changes fall under two groups, which we call second and third class for convenience. The radical-changing verbs of the second class are **-ir** verbs which have the same radical changes as those of the first class; but in addition they have changes in the unstressed vowel preceding the stressed vowel in the present and past subjunctive, in the present participle, and in the third person singular and plural of the preterit. Notice the changes in the following summary, which compares verbs of the first class and the second class.

| *First Class* | *Second Class* |
|---|---|
| **-ar** and **-er** verbs: | **-ir** verbs only: |
| (First and second conjugations) | (Third conjugation) |
| Stem vowel: **o** > **ue** and **e** > **ie** when stressed | Stem vowel: **o** > **ue** and **e** > **ie** when stressed |
| | Unstressed vowel preceding stressed vowel: **o** > **u** and **e** > **i** in the subjunctive, present participle, and third person singular and plural of the preterit |

EXAMPLES OF VERBS:

| *First Class* | | *Second Class* | |
|---|---|---|---|
| *Present* **-ar** *Verb:* **encontrar** to meet | | *Present* **-ir** *Verb:* **dormir** to sleep | |
| *Ind.* | *Subj.* | *Ind.* | *Subj.* |
| **encuentro** | **encuentre** | **duermo** | **duerma** |
| **encuentras** | **encuentres** | **duermes** | **duermas** |
| **encuentra** | **encuentre** | **duerme** | **duerma** |
| encontramos | encontremos | dormimos | **durmamos** |
| encontráis | encontréis | dormís | **durmáis** |
| **encuentran** | **encuentren** | **duermen** | **duerman** |
| *Imperative* | | *Imperative* | |
| **encuentra** | | **duerme** | |
| encontrad | | dormid | |

(continued)

| First Class | Second Class |
|---|---|

*Present* **-er** *Verb:* **mover**
  to move

| *Ind.* | *Subj.* |
|---|---|
| **muevo** | **mueva** |
| **mueves** | **muevas** |
| **mueve** | **mueva** |
| movemos | movamos |
| movéis | mováis |
| **mueven** | **muevan** |

*Present* **-ir** *Verb:* **sentir**
  to feel

| *Ind.* | *Subj.* |
|---|---|
| **siento** | **sienta** |
| **sientes** | **sientas** |
| **siente** | **sienta** |
| sentimos | **sintamos** |
| sentís | **sintáis** |
| sienten | **sientan** |

*Imperative*
**mueve**
moved

*Imperative*
**siente**
sentid

| *Pret.* | *Past Subj.* (**-se, -ra**) | |
|---|---|---|
| dormí | **durmiese** | **durmiera** |
| dormiste | **durmieses** | **durmieras** |
| **durmió** | **durmiese** | **durmiera** |
| dormimos | **durmiésemos** | **durmiéramos** |
| dormisteis | **durmieseis** | **durmierais** |
| **durmieron** | **durmiesen** | **durmieran** |

| *Pret.* | *Past Subj.* (**-se, -ra**) | |
|---|---|---|
| sentí | **sintiese** | **sintiera** |
| sentiste | **sintieses** | **sintieras** |
| **sintió** | **sintiese** | **sientiera** |
| sentimos | **sintiésemos** | **sintiéramos** |
| sentisteis | **sintieseis** | **sintierais** |
| **sintieron** | **sintiesen** | **sintieran** |

*Present Participle*
**durmiendo**   **sintiendo**

## THIRD CLASS  (-ir verbs only)

Radical-changing verbs of the third class are -ir verbs whose only change is e > i, but this change takes place in all the forms where second class verbs have any vowel change, whether the vowel is stressed or unstressed. Notice all the changes in the following examples:

**servir**   to serve
*Present Participle,* **sirviendo**

| Pres. Ind. | Pres. Subj. | Impve. | Pret. | Imperf. Subj. (-se, -ra) | |
|---|---|---|---|---|---|
| sirvo | sirva | | serví | sirviese | sirviera |
| sirves | sirvas | sirve | serviste | sirvieses | sirvieras |
| sirve | sirva | | sirvió | sirviese | sirviera |
| servimos | sirvamos | | servimos | sirviésemos | sirviéramos |
| servís | sirváis | servid | servisteis | sirvieseis | sirvierais |
| sirven | sirvan | | sirvieron | sirviesen | sirvieran |

## 105.   Table of radical changes

| Class I | Example | Change | Tenses Involved |
|---|---|---|---|
| -ar, -er | cerrar, contar | e > ie <br> o > ue | 1st, 2nd, and 3rd pers. sing. and 3rd pers. pl. of pres. ind. and pres. subj., and impve. sing. |
| *Class II* | | | |
| -ir | sentir, dormir | e > ie <br> o > ue } stressed | Same as Class I |
| | | e > i <br> o > u } unstressed | 3rd pers. sing. and pl. pret.; 1st and 2nd pers. pl. pres. subj.; all past subj.; pres. part. |
| *Class III* | | | |
| -ir | servir | e > i stressed and unstressed | All the changes of Class II, both stressed and unstressed. |

## 106. Impersonal expressions

When the subject of a verb is not known, or it is an action or a whole clause, such a subject is considered impersonal. In English it is expressed by the word *one* or *it*.

**Hay que trabajar para vivir.**   One has to work in order to live.
**Es preciso salir en seguida.**   It's necessary to leave immediately.
**Es probable que los veamos esta tarde.**   We'll probably see them (It's probable that we'll see them) this afternoon.

An impersonal expression denoting an action is followed by the infinitive if the subject of the action is not expressed.

**No es posible cantar y comer al mismo tiempo.**   It's not possible to sing and eat at the same time.

An impersonal expression is followed by the subjunctive, unless it expresses a truism or certainty.

> **Es preciso que Vd. venga a verme mañana.**   It's necessary for you to come and see me tomorrow.

BUT:   **Es claro que el petróleo es indispensable en el mundo de hoy.**   It's clear that oil is indispensable in today's world.


# EJERCICIOS

EJERCICIOS ORALES

I. Preguntas para estimular discusión:

1. ¿Es caro el nivel de vida en estos días?   2. ¿Sabe Vd. si los precios en Venezuela son más elevados que los nuestros?   3. ¿Es indispensable el petróleo para la vida moderna? ¿por qué?   4. ¿Por qué hay tantos europeos que emigran a Venezuela?   5. ¿Tiene restricciones de emigración Venezuela?   6. ¿Cómo se puede resolver la crisis de la energía?   7. ¿Qué tipo de energía se podría desarrollar?   8. ¿Hay peligros con la energía nuclear?   9. ¿Cree Vd. que se pueda utilizar la energía del sol?   10. Los automóviles del futuro, ¿serán más grandes o más pequeños?

II. Complétense oralmente las oraciones siguientes con palabras que tengan sentido:

1. La universidad de Caracas se distingue por su _____.
2. Venezuela tiene también grandes reservas de _____.
3. Por el momento la industria petrolera venezolana es, en su mayor parte _____.
4. La subida de los precios del petróleo provocó _____.
5. El primer país exportador de petróleo de América es _____.

6. La industria petrolera venezolana se fundó en _____.
7. Los principales pozos petrolíferos venezolanos se encuentran en _____.
8. Para llevar el petróleo por el desierto los árabes tuvieron que construir _____.
9. La aviación depiende completamente de la industria _____.
10. La construcción de la autopista de Caracas a La Guaira fue _____.

III. Forme Vd. preguntas empleando las frases siguientes:

1. la industria petrolera.  2. los países industrializados.  3. la crisis de la energía.  4. país exportador de petróleo.  5. altos hornos.  6. una carretera de ocho vías.  7. dar un gran impulso.  8. los puertos del Mediterráneo.  9. la prosperidad de la nación.  10. pagar impuestos.

IV. Tradúzcanse las frases entre paréntesis y léanse las oraciones completas en español:

1. En nuestra ciudad hay demasiados (gasoline engines).  2. En esa carretera había más curvas que (days in a year)  3. La nueva carretera tiene más de (eight lanes) en cada dirección.  4. (The energy crisis) no se puede resolver tan fácilmente.  5. Venezuela tiene también muchas reservas de (iron ore).  6. ¿Sabía Vd. que hay (oil wells) en los lagos y en el mar?  7. (The prosperity of this country) se debe al petróleo.  8. Antes la industria era norteamericana y canadiense (for the most part).  9. Los venezolanos se hacen más ricos (from one year to the next).  10. Los países exportadores de petróleo (have formed an organization).  11. (The rise in prices) se debe principalmente a esa organización.  12. El gobierno quiere nacionalizar totalmente (the oil industry).

EJERCICIOS ESCRITOS

I. Escríbase la forma apropiada de los verbos entre paréntesis en el tiempo indicado:

1. (*Pres. Subj.*)  Quieren que Vd. (contar, jugar, mostrar, volver).
2. (*Pres. Ind.*)  Yo también (pensar, entender, cerrar, sentarse).
3. (*Pres. Subj.*)  Es preciso que ellos (empezar, almorzar, recordar, volver).
4. (*Pres. Ind.*)  Luisa (dormir, sentir, entender, preferir).
5. (*Past Subj.*)  Queríamos que ellos (dormir, convertirse, sentir, preferir).
6. (*Pres. Part.*)  Los chicos están (pedir, corregir, repetir, seguir).
7. (*Imperative*)  ¡Por favor, (seguir, repetir, pedir, corregir) Vd.!
8. (*Past Subj.*)  Su mamá no quería que Luis (pedir, dormir, repetir, seguir).
9. (*Pres. Ind.*)  Tú y yo (encontrar, atender, pedir, servir).
10. (*Pres. Subj.*)  Quieren que tú y yo (encontrar, atender, pedir, servir).

II. Tradúzcanse las palabras entre paréntesis:

1. Fue necesario que los árabes (constructed) larguísimas conducciones.
2. No era necesario que los venezolanos (did) lo mismo.  3. Es probable que

(we meet) en la Plaza Nueva.   4. ¿No sabe Vd. en qué ciudad (one finds) la Plaza Nueva?   5. Había que (work) muchísimo en ese curso.   6. Para la carrera de medicina hay que (study) muchos años.   7. ¿Cree Vd. que la aviación (can) continuar sin petróleo?   8. ¿Es posible que (we find) otro tipo de energía?   9. ¿Es importante que las naciones (resolve) la crisis de la energía?   10. ¿Vd. no sabía que (there were) reservas de mineral de hierro en Venezuela.?

III.  Traduzca Vd. al español:

1. The distinguished emancipator Bolívar was born in Venezuela, which is now an important industrial country.   2. Sometimes oil wells are found on a lake, or on the sea, near the coast.   3. The development of gasoline engines made the country very wealthy.   4. With the energy crisis, the automobile has lost some of its importance.   5. One has to develop other types of energy in the industrialized countries.

IV.  Escriba Vd. una composición de unas cien palabras sobre la crisis de la energía, tocando puntos como los siguientes:

1. el precio de la gasolina para los coches privados;
2. la subida de los precios del transporte público;
3. el coste de la calefacción (*heating*);
4. el coste de la electricidad para el aire acondicionado;
5. los precios de los productos de las industrias.

# LECCIÓN VEINTIUNA

La cordillera de los Andes se va abriendo en abanico a medida que avanza por Colombia. Primero se divide en dos grandes ramales: el de la izquierda, que se dirige hacia el istmo de Panamá, y el de la derecha, que se vuelve a dividir en otros dos: uno, el central, que forma la espina dorsal de las montañas colombianas; y otro, el oriental, que va hacia Venezuela. En este complicado sistema montañoso nacen numerosos ríos, algunos de ellos navegables, que van al Mar Caribe, al Océano Pacífico, al Orinoco y al Amazonas.

El complejo sistema montañoso de Colombia dificultó sus comunicaciones terrestres; en cambio, la extensa red de ríos navegables favoreció el transporte fluvial, al que debe en gran parte Colombia su desarrollo económico. Todavía hoy en día, para ir por tierra desde el Atlántico hasta Bogotá, o para ir a los pueblecitos del interior, hay que tomar un barco en Barranquilla y subir varios días por el Río Magdalena hasta llegar a Girardot. Allí espera el tren que lleva al viajero al centro de Colombia o al Pacífico. El Magdalena sigue siendo una de las principales arterias del país.

Sin embargo, la dificultad de las comunicaciones terrestres no ha impedido el desarrollo del país. Los valles colombianos son tierras de gran fertilidad, excelentes para toda clase de cultivo. En ellos se produce un café de primera calidad. La población de Colombia—que pasa hoy de los veinte millones—ha crecido notablemente en los últimos años. Su crecimiento no se debe a la llegada de emigrantes de otros países, como en Venezuela, sino a su evolución interior. La economía colombiana es una de las más equilibradas de los países hispanoamericanos, pues no está dominada por un solo producto. Hay café, tabaco, algodón y arroz en la agricultura; petróleo, hierro, cobre y esmeraldas en la minería. El café, que es lo más importante, no llega a constituir la tercera parte de la producción del país.

Los obstáculos que la naturaleza pone en Colombia han servido de estímulo para que el país organizara todo un amplio sistema de comunicaciones aéreas. Colombia ocupa un puesto muy destacado en este tipo de comunicación. A poco de terminar la primera guerra mundial, en 1919, se organizó en Colombia la primera compañía de esta clase, que fue la Sociedad Colombiana-Alemana de Transportes Aéreos (Scadta). Durante la segunda guerra mundial ésta se transformó en la Avianca. En la actualidad, existen en Colombia alrededor de una docena de empresas de aviación comercial que atienden al servicio de transporte de pasajeros y mercancías. Algunas de ellas extienden sus servicios hasta otros países de la América del Sur, los Estados Unidos y Europa. La situación especial de Colombia en el continente americano hace que algunos de sus aeropuertos, como el de Barranquilla, en la entrada del Magdalena, y el de Cali, en el interior del país, desempeñen un papel muy activo en el sistema de las comunicaciones intercontinentales. Puede afirmarse que uno de los principales factores que ha impulsado el notable progreso económico de Colombia y de los otros países de la América del Sur ha sido el sorprendente desarrollo de la aviación comercial. Sin la aviación esos países tal vez se hubieran quedado en condiciones económicas muy atrasadas.

Ayudas para la comprensión

**en abanico**   like a fan
**a medida que avanza**   while it moves on
**la espina dorsal**   backbone, spinal column
**el complejo sistema montañoso**   the intricate mountain system
**la extensa red de los ríos**   the extensive network of waterways
**el transporte fluvial**   the river transportation
**desarrollo económico**   economic development
**hoy en día**   nowadays
**toda clase de cultivo**   all types of cultivation
**no llega a constituir**   does not quite constitute
**un puesto muy destacado**   a very prominent place
**a poco de terminar**   shortly after the end of
**en la actualidad**   at the present time
**empresas de aviación comercial**   commercial airlines
**hace que**   brings about the result that
**desempeñar un papel**   to play a role
**en condiciones atrasadas**   in backward conditions

Colombian coffee is plentiful in every supermarket.

### 107. Comparison of adjectives

To form the comparative of an adjective, **más** is placed before the word.

**moderno—más moderno; inteligente—más inteligente; lindo—más lindo**

To form the superlative, the definite article is used before the word **más** or before the noun which is followed by **más**.

**hermoso—más hermoso—el más hermoso (la más hermosa)**
**importante—más importante—el (país) más importante**

**Venezuela es el país más próspero de la América del Sur.**   Venezuela is the most prosperous country in South America.

The comparative of an adjective may be of a lesser rather than a greater degree. In that case the word **menos** is used instead of **más**.

**costoso—menos costoso—el menos costoso (la menos costosa)**

**Compraron el menos costoso de los automóviles.**   They bought the least expensive (one) of the cars.

### 108. Comparison of adverbs

The comparative of an adverb is formed like the comparative of an adjective, by placing **más** before the adverb.  The superlative is formed with **más** before the adverb, which is preceded by the article **lo** and may be followed by **posible** or an equivalent.

**pronto—más pronto—lo más pronto posible**

**Salimos lo más pronto posible.**   We left as soon as possible.
**Salieron lo más pronto que pudieron.**   They left as soon as they could.

### 109. Irregular comparison of adjectives and adverbs

Following are the common adjectives with an irregular comparison:

| | | |
|---|---|---|
| **bueno** good | **mejor** better | **el (la) mejor** the best |
| **grande** large | **mayor** larger | **el (la) mayor** the largest |
| **malo** bad | **peor** worse | **el (la) peor** the worst |
| **pequeño** small | **menor** smaller | **el (la) menor** the smallest |

**La secretaria encontró mejor colocación.**   The secretary found a better position.

The words **mayor** and **menor** indicate relative importance or refer to age (*older* and *younger*). When referring to size, Spanish uses **más grande** and **más pequeño.**

**Su hermana mayor es más pequeña que él.**   His older sister is smaller than he.

Some common adverbs likewise have an irregular comparison:

| | | |
|---|---|---|
| **bien** well | **mejor** better | **(lo) mejor (posible)** best |
| **mal** bad | **peor** worse | **(lo) peor (posible)** worst |
| **poco** little | **menos** less | **(lo) menos (posible)** least |
| **mucho** much | **más** more | **(lo) más (posible)** most |

**Segovia toca mejor que cualquier otro guitarrista.**   Segovia plays better than any other guitarrist.

## 110.   Comparison of equality

When a comparison shows equality, Spanish uses **tanto** or **tan** (adjective or adverb) followed by **como**, meaning *as . . . as.*

**En esta calle hay tantos cubanos como puertorriqueños.**   On this street there are as many Cubans as Puerto Ricans.

**Es una ciudad tan grande como Bogotá.**   It is a city as large as Bogotá.

## 111.   Absolute superlative

When an adjective expresses the highest degree of quality without relation to anything else, Spanish uses a form ending in **-ísimo(a)**, which is the equivalent of *very* or *extremely*. This form is made by dropping the final vowel of the adjective, if there is one, and adding **-ísimo(a)**. (If the adjective has an accent of its own, it is dropped before adding **-ísimo**.)

**hermoso, hermosísimo**      **fácil, facilísimo**

**Hubo que construir larguísimas conducciones para el petróleo.**   They had to construct very long pipelines for the oil.

Some adjectives have an irregular as well as a regular form in the absolute superlative. The most common ones are:

| | | |
|---|---|---|
| **bueno** | **bonísimo** | **óptimo** |
| **grande** | **grandísimo** | **máximo** |
| **pequeño** | **pequeñísimo** | **mínimo** |

## 112.   Translation of "than" in comparisons

In a comparison the word *than* is translated by **que**, except before numerals, where **de** is used. Even before numerals, when the statement is negative, either **de** or **que** may be used.

**Luisa es menos bonita que su hermana. ¡Lástima!** Louise is less pretty than her sister. Too bad!

**Esa ciudad no tiene más de (que) medio millón de habitantes.** That city has no more than a half million inhabitants.

When *than* introduces a clause, it is rendered by **de lo que.**

**Gasta más de lo que gana.** He spends more than he earns.

### 113. "In" after a superlative

After a superlative the word *in* is translated by *de* if a comparison is intended. If it refers to actual location, it is translated by **en.**

**Es el país más próspero de la América del Sur.** It is the most prosperous country in South America.

**Puede ser la más guapa en su pueblo, pero aquí no lo es.** She may be the prettiest one in her town, but here she is not.

## EJERCICIOS

EJERCICIOS ORALES

I. Diálogo:

Dos estudiantes, (A) un colombiano y (B) un newyorkino, discuten la aviación.

A. dice que Colombia fue uno de los primeros países del mundo en desarrollar la aviación comercial.

B. está de acuerdo, pero añade que todos los países tienen ahora una enorme aviación comercial.

A. cuenta el transporte que hay en Colombia.

B. habla de la enormidad del transporte en los grandes aeropuertos de Nueva York.

A. habla de la importancia de la aviación para la América del Sur.

B. habla de las muchas comunicaciones entre la América del Norte y la América del Sur.

Y la conversación sigue de esta manera lo más posible.

II. Complétense las oraciones siguientes con palabras que tengan sentido:

1. En Colombia la cordillera de los Andes se divide _____.
2. La extensa red de ríos navegables ha favorecido _____.
3. Los valles colombianos favorecen toda clase de cultivos porque _____.
4. Algunos de los productos de la agricultura colombiana son _____.
5. Para ir por tierra desde el Atlántico hasta Bogotá hay que tomar _____.

6. La población de Colombia ha crecido notablemente en _____.
7. El café es el producto más importante, pero no llega a constituir _____.
8. La primera guerra mundial se terminó en _____.
9. Dos de los aeropuertos principales de Colombia son _____.
10. La aviación comercial en la América del Sur es _____.

III. Preguntas entre dos alumnos:

1. ¿Sirve mucho un abanico ahora que hay aire acondicionado? 2. ¿Sabe Vd. si la esmeralda es una piedra de gran valor? 3. ¿Ha oído Vd. hablar del café colombiano en la televisión? 4. ¿Sabe Vd. si el transporte fluvial es costoso o barato? 5. ¿Conoce Vd. algunos ríos navegables de los Estados Unidos? 6. ¿Cree Vd. que la aviación comercial sea importante para los países de la América del Sur? ¿por qué? 7. ¿Es fácil el transporte terrestre cuando un país es montañoso? 8. ¿Son necesarios el petróleo y el hierro para las industrias modernas? 9. ¿Qué factor ha impulsado principalmente el progreso de Venezuela? 10. Si Vd. tuviera el dinero, ¿visitaría Vd. a Colombia?

IV. Cambie Vd. las oraciones siguientes a la forma comparativa, añadiendo la frase entre paréntesis, si la hay:

*Modelo:*         Nuestro coche es *costoso.* (el de mi tío)
*Contestación:*   Nuestro coche es *más costoso* que el de mi tío.

1. Los picos de los Andes *son altos.* (los de los Alpes)
2. El sistema de comunicaciones es *bueno.* (el sistema fluvial)
3. La carretera antigua era *mala.* (la carretera moderna)
4. La economía de Colombia es *equilibrada.* (la de los Estados Unidos)
5. Los ríos de Colombia son *numerosos.* (los de México)
6. La población de la Ciudad de México es *grande.* (la de Bogotá)
7. El avión reactor llegará *pronto.* (el avión regular)
8. La agricultura se ha desarrollado *fácilmente.* (la industria)
9. Los pueblecitos del interior son *pobres.* (las ciudades)
10. Las condiciones económicas quedaron *atrasadas.*

EJERCICIOS ESCRITOS

I. Conteste Vd. por escrito las preguntas siguientes:

1. ¿Cómo se desarrolla la cordillera de los Andes al llegar hacia el norte de la América del Sur? 2. ¿Qué produce el complicado sistema montañoso? 3. ¿De qué manera se han desarrollado las comunicaciones de Colombia? 4. ¿Cómo se llega al interior del país? 5. ¿Qué diferencia hay entre la población de Colombia y la de Venezuela? 6. ¿Qué productos hay en Colombia? 7. ¿Qué condiciones han causado el desarrollo de las comunicaciones aéreas? 8. ¿Sabe Vd. algo de la historia de la Avianca? 9. ¿Qué influencia tiene la aviación comercial en el desarrollo económico del país? 10. Si no hubiera aviación, ¿se habrían desarrollado los países montañosos?

II. Dése la forma superlativa en **-ísimo(a)** en las oraciones siguientes:

*Modelo:*          Esta lección es fácil.
*Contestación:*    Esta lección es facilísima.

1. El sistema montañoso es complicado.   2. Las tierras de Colombia son fértiles.   3. Los aeropuertos desempeñan un papel activo.   4. El Museo de Arte Moderno es hermoso.   5. El sistema de transporte es moderno.   6. En Venezuela la vida es costosa.   7. Cuando el abuelo era niño, los precios eran baratos.   8. La avenida principal es larga.   9. Los ríos navegables son útiles.   10. Una mujer de cien años es vieja.

III. Tradúzcanse las palabras entre paréntesis:

1. Las tierras de las montañas son (less fertile than) las de los valles.   2. El progreso económico ha sido (less rapid than) lo que se esperaba.   3. Para la aviación los pasajeros son (less important than) las mercancías.   4. Los estudiantes de esta universidad tienen (less than) veinte y cinco años.   5. Los automóviles son (less useful than) los trenes en las ciudades.   6. Las empresas de aviación comercial son (more than) diez y (less than) veinte.   7. El médico gana (more than) el profesor y (less than) el mecánico.   8. La secretaria trabaja (more than) el jefe.   9. Después de la lección los estudiantes pronunciaban (better than) antes.   10. Después de la visita el enfermo se sintió (worse than) cuando llegó.

IV. (Repaso de vocabulario) Forme Vd. oraciones completas empleando las palabras siguientes:

1. avión/ salir/ puerta número veinte y siete
2. puerta/ quedar/ a la izquierda
3. tener/ dos maletas/ tres maletines
4. todos los pasajeros/ tener que pasar/ control
5. control/ ser/ precaución de seguridad
6. todos/ tener que abrocharse/ cinturón de seguridad
7. vuelo/ listo/ despegue
8. asistentes de vuelo/ llamarse también/ azafatas
9. aviones reactores/ llevar/ muchos pasajeros
10. uso/ máscaras de oxígeno/ muy importante

V. Escríbase en español:

1. There are many little towns which can be reached only by air.   2. The extensive network of waterways has been important for the development of the country.   3. The lands are excellent for all types of cultivation, particularly coffee and tobacco.   4. The freight transport service is even more important than the passenger service.   5. All of South America depends on aviation for its economic progress.   6. Do you know which is the most prosperous country in South America?

# LECCIÓN VEINTIDÓS

DIEGO —Conque, amigo Emilio, acabas de pasar una semana en el este de España y en Andalucía. Se dice que éstas son las regiones más pintorescas. ¡Cuéntanos algo! ¿Qué te ha gustado más?

EMILIO —Pues, me ha gustado todo. Las tierras de Levante y Andalucía son fantásticas, y además son muy templadas. El mismo invierno se parece en ellas a la primavera de otras regiones. Por eso el turismo español atrae a los ancianos de todas partes del mundo. Es un encanto recorrer, en enero o febrero, los campos de Valencia con sus miles y miles de naranjos cargados de fruta. Cuando estuvimos allí a fines de febrero, ya habían comenzado a florecer los almendros y los cerezos.

JAIME —Conque, ¿la primavera empieza muy temprano allí?

EMILIO —Sí, es verdad. La inauguración oficial de la primavera española tiene lugar en Valencia el 18 de marzo, la víspera de San José, con las famosas fallas valencianas. Las fallas son monumentos alegóricos y satíricos construidos por los distintos barrios de la capital valenciana, en los que se representa alguna cosa de actualidad. Al final de las fiestas se queman las fallas en medio de gran alegría pública.

JAIME —He oído hablar mucho de las fallas valencianas, pero aun más de la Semana Santa. ¿Se celebra ésta en Valencia también?

EMILIO —No, no. Se ve que no conoces a la ciudad más encantadora de España. La Semana Santa se celebra en Sevilla, y tiene lugar generalmente a principios de abril. La Semana Santa alcanza allí su máximo atractivo e interés. No hay que ser católico para comprender el espíritu religioso que anima la gente en esos días.

DIEGO —Y, ¿cómo se celebra esa gran fiesta?

EMILIO —El Domingo de Ramos, y el miércoles, jueves y viernes de la Semana Santa, recorren las calles de Sevilla las procesiones más impresionantes de España. La de la Macarena y la del Señor del Gran Poder son las más conocidas. Los sevillanos que van en estas procesiones están organizados en una serie de cofradías, como la del Silencio, así llamada porque sus miembros se comprometen a no hablar durante todo este tiempo.

DIEGO —¡Qué difícil sería para un hablador como yo! Es ésta una fiesta algo triste, me parece.

EMILIO —Sí, en verdad hay en las procesiones algo triste. En las que vimos, al paso de las procesiones, se oía cantar en las calles la triste y dolorosa saeta. Alguien generalmente la cantaba a la imagen de la Virgen o del Salvador, para pedirle su ayuda. Al comenzar el canto de la saeta, la procesión se paraba y todo el mundo guardaba silencio. Era éste para mí un canto de esperanza en la vida eterna, ya que la vida de este mundo lleva tanta tristeza.

JAIME —¿Había mucha gente en esta fiesta?

EMILIO —Por supuesto, mucha. Miles de forasteros animaban las calles de Sevilla los días de la Semana Santa.

DIEGO —¿Hay fiestas alegres también en Sevilla? Siempre había imaginado la ciudad como centro de música y alegría.

EMILIO —Tienes razón; en Sevilla hay por lo general mucha alegría. Después de la Semana Santa se celebra la famosa feria de Sevilla. En el extenso campo de la feria las familias sevillanas más distinguidas instalan sus propias casetas con lonas blancas para recibir a sus amistades. El cielo azul y sereno parece sonreír sobre las anchas avenidas rodeadas de palmeras, y las estrechas callecitas del barrio de Santa Cruz, con sus balcones adornados de flores, y los sevillanos que gozan de la vida con ahinco, para no perder ni siquiera un momento de la gloria de la naturaleza que produjo una ciudad tan encantadora.

DIEGO —Llevo la impresión de que Sevilla te haya gustado un poquito, ¿verdad?

Ayudas para la comprensión

**recorrer los campos**   to go through the fields
**miles y miles**   thousands upon thousands
**la víspera de San José**   the day before Saint Joseph's day
**fallas valencianas**   Valencian bonfires (burnt on March 18)
**alguna cosa de actualidad**   a contemporary or current event
**tiene lugar**   takes place
**alcanza su máximo atractivo e interés**   reaches its peak in attractiveness and interest
**se comprometen a no hablar**   (they) vow not to talk
**al paso de las procesiones**   as the processions go by
**guardar silencio**   to keep silent
**casetas con lonas blancas**   white canvas huts
**gozan de la vida con ahinco**   (they) enjoy life with zest

"Feria de Abril" festivities in Seville.

The Santa Cruz section of Seville never changes.

## 114. Compound tenses of the indicative

The present, imperfect, preterit, future, or conditional of the verb **haber**, followed by the past participle of a verb, forms the compound tense of that verb.

Simple tense of **haber** + past participle = compound tense.

| | | | |
|---|---|---|---|
| ha | gustado | ha gustado | *Present Perfect* he has liked |
| habían | comenzado | habían comenzado | *Pluperfect* they had begun |
| hubo | oído | hubo oído | *Preterit Perfect* he had heard |
| habrá | quemado | habrá quemado *recent past* | *Future Perfect* he will have burned |
| habríamos | cargado | habríamos cargado *remote past* | *Conditional Perfect* we would have loaded |

## 115. Compound tenses of the subjunctive

The present or the imperfect subjunctive of **haber**, followed by the past participle of a verb, forms the compound tense of the subjunctive of that verb.

Simple tenses of **haber** + past participle = compound tense.

| | | | |
|---|---|---|---|
| haya | alcanzado | haya alcanzado | *Present Perfect Subj.* I may have reached |
| hubiese<br>hubiera } | llegado | hubiese<br>hubiera } llegado | *Pluperfect Subj.* I might have arrived |

## 116. Uses of the compound tenses

The compound tenses are used practically the same way in Spanish as in English. There are only two major differences:

1. When speaking of probability in past time, Spanish uses the future perfect for the immediate past and the conditional perfect for the more remote past. (The use of tenses to express probability is explained in Section 48.)

   **Habrá llegado, pero no le vi.** He must have arrived, but I did not see him. (*Recently*)

   **Habrían sido las cuatro cuando se marchó.** It might have been four o'clock when he went away. (*Some time ago*)

2. The preterit perfect tense is used only after conjunctions such as **cuando, apenas (que), después (de) que, luego que,** and **así que.** Otherwise use the pluperfect. In ordinary conversation the simple preterit is used in these cases.

   **Apenas hubo cantado, desapareció.** As soon as he had sung he disappeared.
   **Apenas cantó, desapareció.** As soon as he sang he disappeared.

### 117. Sequence of tenses

The sequence of tenses applies only to sentences which require the subjunctive. When the verb in the independent clause is in the present, imperative, or future, the verb in the dependent clause is in the present or present perfect subjunctive. After the present indicative, however, the imperfect subjunctive may be used if the action refers clearly to past time.

**No creo que el asunto sea tan importante.**   I don't think the matter is that important.
**Mi esposa sentirá que Vd. no se haya quedado.**   My wife will be sorry you didn't stay.
**Dudo que lo supiera.**   I doubt he knew about it.

When the main verb is in the present perfect indicative, the dependent verb may be in the present, present perfect, or imperfect subjunctive.

**No ha querido que se molestaran.**   He did not want them to bother.
**Han quedado muy contentos de que Vd. esté con nosotros.**   They were very happy that you are with us.


### 118. (For reference only) Future subjunctive

Literary Spanish has a hypothetical subjunctive which is referred to as the future subjunctive. It denotes an indefinite condition or hypothesis, referring either to present or future time. The future subjunctive is formed by dropping the **-ron** of the third person plural of the preterit and adding **-re, -res, -re, -remos, -reis, -ren**. The future subjunctive is a literary tense; it is found in old Spanish, in literary works, and in legal terminology, but never in conversation.


### 119. Interjections

Some of the common, respectable interjections are:

| | |
|---|---|
| **¡Caramba!**  Gosh! Hell! | **¡Mire!**  Look! |
| **¡Claro!**  Of course! | **¡Oiga!**  Listen! |
| **¡Cuidado!**  Look out! | **¡Olé!**  Hurrah! |
| **¡Hombre!**  Man alive! | **¡Madre mía!**  Good heavens! |


### 120. Exclamations

In an exclamation the indefinite article is omitted before a noun or an adjective.

**¡Qué hermoso paisaje!**   What a beautiful countryside!

This same idea can be expressed by placing the noun first and following it with **tan** before the adjective.

**¡Qué paisaje tan hermoso!**

In an exclamation **cuánto** as an adverb or **cuánto (-a, -os, -as)** as an adjective means *how (much)* or *how many* and takes a written accent.

**¡Cuánto me gusta vivir aquí!**   How I like to live here!
**¡Cuántos monumentos que hay!**   How many monuments there are!

**Qué** preceding an adjective or an adverb corresponds to *how*.

**¡Qué bonita me pareció!**   How beautiful she seemed to me!

**Qué** preceding a noun corresponds to *what, what a*.

**¡Qué pobreza que había!**   What poverty there was!
**¡Qué hombre!**   What a man!


## 121.  *Ojalá* or *tal vez* with the subjunctive

**Ojalá** expresses a strong wish that is not likely to come true.  It is generally followed by the imperfect subjunctive.

**¡Ojalá que yo mismo pudiera visitar la luna algún día!**   I wish I myself could visit the moon some day.

**Tal vez** is followed by the subjunctive only when it is used in the sense of **quizá(s)** and doubt is implied.

**Tal vez venga a vernos, pero no es probable.**   Perhaps he'll come to see us, but it is not probable.


# EJERCICIOS

I. Escriban Vds. al dictado:

1. Las fallas valencianas tienen lugar en la víspera de San José, es decir el 18 de marzo.
2. Las fallas son monumentos alegóricos y satíricos que representan alguna cosa de actualidad.
3. La Semana Santa que se celebra en Sevilla tiene lugar a fines de marzo o a principios de abril.
4. Las fiestas de Sevilla han servido de inspiración a muchos compositores, tan españoles como extranjeros.
5. Las familias sevillanas instalan sus proprias casetas con lonas blancas.

II. Conversación (Basada en la experiencia personal):

1. ¿Cree Vd. que son bellas las muchachas de Andalucía? 2. ¿Ha asistido Vd. alguna vez a una corrida de toros? 3. ¿Recibe Vd. a menudo a sus amistades en su casa? 4. ¿Le gustaría visitar a Sevilla en la primavera? 5. ¿Ha oído Vd. cantar saetas en discos o en la televisión? 6. ¿Cree Vd. que son tristes las procesiones de la Semana Santa? 7. ¿Hay procesiones religiosas en alguna parte de su ciudad? 8. ¿Sabe Vd. cuánto costaría un viaje en avión de Nueva York hasta España? 9. ¿Vale la pena viajar con un grupo cuando se va a Europa? ¿Es más barato? 10. ¿Qué país del mundo hispánico le gustaría a Vd. más?

III. Traduzca Vd. los verbos en inglés en la forma apropiada del tiempo compuesto:

1. Durante el año (we have written) muchos temas. 2. Los estudiantes (have learned) algo de la cultura española. 3. ¿(Have you found) interesante el curso? 4. ¿Sabía Vd. que los almendros (had begun) a florecer? 5. Los valencianos (had constructed) monumentos alegóricos. 6. (You had not heard) nunca hablar de las fallas valencianas. 7. A fines de abril (I shall have finished) mis exámenes. 8. A principios de noviembre (you will have seen) las procesiones más impresionantes. 9. Miles de forasteros (will have visited) el este de España. 10. Si hubiera comprendido la situación, (he would not have traveled) en el invierno. 11. ¿(Would you have talked) en la Cofradía del Silencio? 12. (It must have been) las cuatro cuando llegaron las amistades. 13. Creo que la fiesta (has begun) hace una hora. 14. Es imposible que (you have read) tantos libros. 15. No comprendo porque (they have not telephoned) antes de ahora.

IV. Traduzcan oralmente las palabras entre paréntesis:

1. ¡Ojalá que (you were) aquí en vez de mí! 2. ¡Ojalá que (I could) verte otra vez! 3. ¡Ojalá que la vida (were not) tan corta! 4. ¡Ojalá que nadie (knew about it)! 5. ¡(Good heavens)! ¿A dónde vamos a parar? 6. ¡(Look out)! ¡El coche no tiene frenos! 7. (Of course) todo el mundo es igual. 8. ¡(Listen), no sea tan bobo! 9. ¡(What a) ciudad tan bonita! 10. ¡(How many) flores que hay en los balcones!

EJERCICIOS ESCRITOS

I. Ponga Vd. los verbos entre paréntesis en el tiempo compuesto indicado:

A. INDICATIVE:

1. (*Present Perfect*)   Esta mañana los niños (levantarse, lavarse, limpiarse).
2. (*Present Perfect*)   El doctor (llegar, comer, salir) ahora mismo.
3. (*Pluperfect*)   Cuando nos vió, ya (leer, oír, ver) todo.
4. (*Pluperfect*)   La profesora ya (comenzar, corregir, leer) la lección.

5. (*Preterit Perfect*)  Cuando los estudiantes (hablar, entender, comprender), salimos de la aula.
6. (*Preterit Perfect*)  Apenas (terminar, escribir, leer) la secretaria las cartas, cerró la oficina.
7. (*Future Perfect*)  El profesor (llegar, salir, telefonear) antes de las cinco.
8. (*Future Perfect*)  No sé cuando Vds. los (encontrar, ver, oír).
9. (*Conditional Perfect*)  Si Vds. estuvieran al cine, nosotros los (encontrar, ver, saludar).
10. (*Conditional Perfect*)  Pedro me dijo que no (cantar, comer, salir).

B. SUBJUNCTIVE:

1. (*Present Perfect*)  Sienten que Vd. (caerse, salir, volver).
2. (*Present Perfect*)  Me alegro de que los amigos (venir, empezar, asistir).
3. (*Pluperfect*)  No era posible que todos (salir, entender, olvidar).
4. (*Pluperfect*)  Era probable que nosotros no los (oír, entender, saludar).

II. Formúlense preguntas sobre cada uno de los temas siguientes y contéstense las preguntas en la clase:

1. el Domingo de Ramos  2. la Semana Santa  3. la cofradía de la Macarena  4. la saeta  5. los balcones del barrio  6. el principio de la primavera  7. las procesiones religiosas  8. la feria de Sevilla  9. los monumentos alegóricos  10. el clima de Andalucía

III. Complétense las oraciones siguientes con palabras que tengan sentido:

1. La Semana Santa se celebra en muchas ciudades españolas, pero principalmente _____.
2. En España dos árboles que florecen en febrero son _____.
3. Las fallas valencianas representan alguna cosa _____.
4. En el barrio de Santa Cruz en Sevilla las calles son _____.
5. Para ir de Nueva York hasta Madrid hay que tomar _____.
6. Las asistentes de vuelo en el avión también se llaman _____.
7. Antes de subir en un avión transatlántico hay que pasar _____.
8. Los miembros de la Cofradía del Silencio se comprometen _____.
9. Sevilla ha servido de inspiración a _____.
10. Las tres ciudades más importantes de Andalucía son _____.

IV. Escríbase en español:

1. He has just spent two weeks in the lands of the East (of Spain).  2. I do not know what he liked most (*future perfect*), but I do know that he wants to go back.  3. The inauguration of spring will take place in Valencia on the eighteenth of March.  4. I wish you too had seen the famous Sevilla fair.  5. One does not have to be religious to understand the significance of Holy Week in Seville.  6. You are right. We do not have to agree to be able to appreciate.

# LECCIÓN VEINTITRÉS 🔂🔂

Roberto Hubbard, estudiante norteamericano, se encuentra en una terraza de un café de Madrid con Fernando Mendoza, un joven español, que es su compañero de estudios en la Universidad madrileña.

FERNANDO  —Amigo Hubbard, ¿qué es de tu vida? No te hemos visto por aquí desde algún tiempo, y te hemos echado de menos.

ROBERTO  —He aprovechado las vacaciones para dar una vuelta por España. Primero tomé el Talgo con aire acondicionado y me fui para Granada, visitando a Córdoba también. Me encanta el baile español, y sólo siento que las vacaciones hayan sido tan cortas. Si tuviera más tiempo, hubiera visto mucho más bailes. Es por eso que dí la vuelta.

FERNANDO  —¿Te gusta el baile andaluz, el baile flamenco?

ROBERTO  —Muchísimo. Uno de los recuerdos más agradables es el de la noche que pasé en una cueva del Sacromonte de Granada, viendo bailar flamenco a las gitanas. Para mí el flamenco es el baile español más original y típico.

FERNANDO  —Lo es sin duda, aunque no sea un tipo de baile común a toda España. Es un baile propio de Andalucía.

ROBERTO  —Al ver bailar flamenco a los gitanos y las gitanas, con su gracia, su ritmo y su animación, me parecía un baile típicamente gitano.

FERNANDO  —No, el flamenco no es un baile gitano, aunque los gitanos figuren entre sus mejores intérpretes. En el flamenco hay toda una larga variedad de bailes, represantativos de las varias formas de cultura que se desarrollaron en España, y de una manera principal en Andalucía.

ROBERTO  —Sin embargo, fueron los gitanos los que aportaron su espíritu artístico al baile flamenco, ¿verdad?

FERNANDO  —Claro. Los gitanos que llegaron a Andalucía a fines del siglo XV—por la época en que los Reyes Católicos conquistaban el reino de Granada—encontraron en España una serie de bailes populares, que ellos interpretaron de una manera excelente.

ROBERTO  —Entonces, amigo Fernando, si no es el flamenco, ¿cuál es el baile que pudiera calificarse de nacional de España?

FERNANDO  —Ese título le corresponde a la jota. Mira que el flamenco se baila hoy casi exclusivamente por profesionales del baile. En cambio la jota se baila por todo el mundo, por grandes y por chicos, en las fiestas populares de los pueblos y ciudades de España. Aragón es la patria de la jota, que también es el baile representativo de Navarra y Valencia. Pero en toda España, desde Galicia hasta Cataluña, se baila la jota en las fiestas populares tanto del campo como de la ciudad. En muchos pueblos del norte de España las fiestas se terminan con una jota, que es la señal de la despedida.

ROBERTO  —¿Hay otros bailes populares, además de la jota, en España?

FERNANDO  —Muchos más. En Galicia el baile popular es la muiñeira, que rivaliza con la jota; en Cataluña la sardana, y en el País Vasco hay una enorme variedad de bailes típicos.  Todos ellos son muy distintos entre sí.  Los ritmos del baile se notan de una manera especial en la música de los compositores famosos, como Granados, Albéniz, De Falla, Ravel, Rimsky-Korsakov, etc.  Los grandes guitarristas incluyen música de bailes en su programas.  Quizás otro día podamos hablar un poco más de este tema tan interesante.

AYUDAS PARA LA COMPRENSIÓN

**compañero de estudios**   fellow student
**no te hemos visto por aquí**   we haven't seen you around
**desde algún tiempo**   for some time
**te hemos echado de menos**   we have missed you
**dar una vuelta**   take a trip (tour) through
**Talgo con aire acondicionado**   air-conditioned Talgo train
**una larga variedad**   a wide variety
**de una manera principal**   principally
**por la época en que**   at the time when
**pudiera calificarse de**   might be classified as
**profesionales del baile**   professional dancers
**la señal de la despedida**   the signal to go home
**rivaliza con**   vies with
**distintos entre sí**   different from each other

The "jota" as they dance it in Zaragoza.

## 122. Conditions

1. Simple conditions are those in which a direct result is expected from a direct statement: if something happens, something else happens also. When the *if*-clause is in the present, the result clause may be in the present, future, or imperative.

Si llueve, $\begin{cases} \text{necesito el paraguas.} \\ \text{me quedaré en casa.} \\ \text{¡tome Vd. el autobus!} \end{cases}$ If it rains, $\begin{cases} \text{I need an umbrella.} \\ \text{I'll stay home.} \\ \text{take the bus.} \end{cases}$

When the *if*-clause is in the past indicative, the result clause takes whatever tense of the indicative is required by the sense.

**Si me veía, me llevaba en su coche.** If he saw me, he used to take me in his car.

**Si te ha escrito una carta, es que te quiere mucho.** If he wrote you a letter, it is because he likes you very much.

2. Should-would conditions are those in which the *if*-clause makes a hypothetical statement and the result clause follows up with a hypothetical result. It is all a supposition. In this type of condition the *if*-clause takes either the **-se** or **-ra** form of the imperfect subjunctive, but the result clause takes the conditional, or occasionally the **-ra** form of the imperfect subjunctive. (The **-se** form is not used in the result clause.)

**Si me llamase por teléfono, se lo diría (dijera) clara y francamente.** If he were to call me on the phone, I would tell him clearly and frankly.

3. Contrary-to-fact conditions are those in which the *if*-clause makes an assumption which is recognized as not true at the time it is made, in order to indicate what the result of that assumption would have been. In this type of sentence the *if*-clause is in either the imperfect or pluperfect subjunctive, and the result clause is in the conditional perfect, or occasionally the pluperfect subjunctive (**-ra** form only).

**Si yo fuera su jefe, Vd. no me habría (hubiera) hablado así.** If I were your boss, you would not have talked to me that way.

## 123. Indefinite adjectives

**Algún (alguna)** means *some* when used before a noun. It may be used in a negative sense by placing it after the noun.

**Oyeron algún ruido.** They heard some noise.
**No oyeron ruido alguno.** They did not hear any noise.

**Ningún (ninguna)** is always negative, whether used before or after the noun.

**Ningún abogado se atreve a contestarle.**   No lawyer dares to answer him.

**Todo (toda),** when used in the singular, means *all* or *the whole*, and sometimes *each* or *every*.   When used in the plural, it means *every*, in the sense of *all taken together*. (When used as a substantive, it means *everything*.)

**Todo hombre es mortal.**   Every man is mortal.
**Hágalo con todo cuidado.**   Do it with complete care.
**Le hablamos todos los días.**   We speak to him every day.
**Le gusta todo.**   He likes everything.

**Cualquier (cualquiera)** denotes a very indefinite object or person, in fact any one whatever.   Before the noun either the form **cualquier** or **cualquiera** may be used; after the noun only **cualquiera** may be used.   The plural form is **cualesquiera.**

**Dígame Vd. cualquier cosa, pero no eso.**   Tell me anything but that.

## 124.   Indefinite pronouns

**Algo** means *something, anything*, and **alguien** means *somebody, anybody*.   They are both invariable and indicate something or somebody not previously mentioned.

**¿Hay alguien que sepa la población de Colombia?**   Is there anyone who knows the population of Colombia?
**Hay algo de nuevo.**   There is something new.

**Alguno (-a, -os, -as)** means *some, any*, or *a few* and indicates someone, some people, some thing, or some things from a group.

**Algunos conocen la situación del país.**   Some people know the situation in the country.
**De dificultades, conozco algunas.**   As for difficulties, I know a few of them.

**Nadie**, *no one*, **ninguno (-a)**, *no one, not any*, and **nada**, *nothing*, are used whenever there is a negative meaning implied in the sentence.

**Llegó sin que nadie lo supiese.**   He arrived without anyone's knowing it.
**Ese hombre no sabe nada de nada.**   That man knows nothing at all.

## 125.   *Sino* and *sino que*

**Sino** (or **sino que**) is used to mean *but* after a negative statement where there is a contradiction.   **Sino** is used when no clause follows and **sino que** when a clause follows.

**No es un mar, sino un estuario.**   It is not a sea, but an estuary.
**No pido que Vd. me siga, sino que me escuche.**   I don't ask that you follow me, but that you listen to me.

# EJERCICIOS

EJERCICIOS ORALES

I. CUESTIONARIO (Basado sobre el texto):

1. ¿Dónde se encuentran Roberto y Fernando? 2. ¿Por dónde dio una vuelta Roberto? 3. ¿Tiene aire acondicionado el Talgo? 4. ¿Le gusta el baile flamenco a Roberto? 5. ¿Quiénes bailan mucho el flamenco? 6. ¿Cuándo llegaron los gitanos a Andalucía? 7. ¿Cuál pudiera calificarse el baile nacional de España? 8. ¿En qué fiestas se baila la jota? 9. ¿Son distintos los bailes entre sí? 10. Los grandes guitarristas, ¿incluyen música de bailes en sus programas?

II. Traduzca Vd. las palabras entre paréntesis:

1. Tengo (something) que decirle. 2. ¿Había (something) interesante en el museo? 3. (Some people) dicen que la jota es el baile nacional. 4. (Some women) prefieren viajar en tren. 5. ¿Hay (anyone) que pueda ayudarnos? 6. Cuando llegue (someone), dígale que me espere. 7. (Whatever) trabajo que haga, siempre lo hace bien. 8. (Whatever) países que visitemos, nos divertiremos mucho. 9. Haga Vd. la lección con (complete) cuidado. 10. Le dieron (complete) confianza. 11. No hay (anyone) que me entienda. 12. No comprendieron (nothing at all).

III. En las oraciones siguientes, cambie Vd. el pronombre en cursivo en cualquier otro pronombre, cambiando el verbo si fuera necesario:

*Modelo:* *Te* hemos echado de menos.
*Contestación:* Los hemos echado de menos.

1. No *te* hemos visto por aquí. 2. El compañero de estudios *me* telefoneó. 3. No *nos* veíamos desde algún tiempo. 4. Quiso dar una vuelta por España con *ellos*. 5. *Ellas* eran profesionales de baile. 6. Fue para *nosotros* la señal de la despedida. 7. *Nosotros* hemos notado una gran variedad de bailes. 8. Si salimos, *nos* echarán de menos. 9. El flamenco *le* interesó mucho. 10. Los gitanos no *le* hablaron nunca.

IV. Complete Vd. las oraciones siguientes con palabras que tengan sentido:

1. Algunos de los compositores de música española son _____.
2. En muchos pueblos del norte de España la jota es _____.
3. La muñeira es el baile popular de _____.
4. La jota se baila en las fiestas populares tanto del campo como _____.
5. Los gitanos llegaron a Andalucía a fines _____.
6. Ésa fue la época en que los Reyes Católicos conquistaban _____.
7. Los gitanos y las gitanas bailan con _____.
8. La cueva del Sacromonte se encuentra en la ciudad _____.

9. El tren con aire acondicionado que va de Madrid a Granada se llama _____.

10. Roberto Hubbard y Fernando Mendoza son _____.

I. Completen Vds. las condiciones siguientes con oraciones que tengan sentido:

A. 1. Cuando salimos de casa, si llueve _____. 2. En el invierno, si hace frío, yo _____. 3. En el verano, si hace mucho calor _____. 4. Si tenemos dos semanas de vacaciones _____. 5. Si nadie quiere acompañarme, _____. 6. Si Vd. va a la tienda de comestibles _____. 7. Si no hay autobús a esa hora _____. 8. Si la biblioteca está cerrada _____. 9. Si el flamenco no es el baile nacional _____. 10. Si todos Vds. están listos _____.

B. 1. Si pudiéramos hablar español mejor _____. 2. Si mis padres tuvieran más dinero _____. 3. Si el viaje costara menos _____. 4. Si las vacaciones fueran más largas _____. 5. Si hiciera menos calor en el verano _____. 6. Si no hubiera tantos ancianos en Torremolinos _____. 7. Si los automóviles no necesitasen tanto petróleo _____. 8. Si hubiera empleo para todos los que quieren trabajar _____. 9. Si yo fuera más alto _____. 10. Si no estuvieras tan cansada _____.

II. Tradúzcanse las palabras entre paréntesis:

1. El baile más popular no es el flamenco, (but) la jota. 2. Mi novia no quiere visitar a España, (but) a México. 3. Los gitanos no inventaron el flamenco, (but) le aportaron su espíritu artístico. 4. Los guitarristas no componen la música, (but) la tocan. 5. Si los precios no estuvieran tan altos, (we could) viajar más. 6. Si Colombia (did not have) aviación, no sería tan próspera. 7. Si Venezuela no tuviera petróleo, (it would not have) tanta riqueza. 8. Si no hubiera los Andes, Chile (would have) menos deportes. 9. Si el Perú (were not) tan montañoso, haría mucho más calor allí. 10. Si todos los ríos fueran navegables, el transporte (would cost) menos.

III. Háganse oraciones completas juntando las dos partes que damos aquí, y cambiando la forma del verbo cuando sea necesario:

*Modelo:* Es importante. Vd. viaja por España.
*Contestación:* Es importante que Vd. viaje por España.

1. Es preciso. Él trabaja durante el verano. 2. Es necesario. Vds. comprenden la vida cultural. 3. Es posible. A Vd. le gusta la poesía. 4. Es probable. Los bomberos llegan en seguida. 5. Es verdad. Montevideo está en el Uruguay. 6. Es preciso. Todo hablan un segundo idioma. 7. Es probable. Hay muchos emigrantes de Cuba. 8. Es verdad. El Ecuador no

es tan grande como Colombia.    9. No era necesario. Vd. llegó tan temprano.
10. No era importante.  Todos asistieron a la fiesta.

IV.  Escríbase en español:

1. If we were rich, we would spend all our time traveling throughout the
world.   2. If you traveled so much, you would get tired in a few months.
3. The popular festivals of towns and cities were the most picturesque part
of our trip.   4. If languages were useful only for travel, they would not be
useful for those who stay at home.   5. The most important thing is to understand people who are different from us in language and ideas.   6. If everybody spoke one language, it would not be necessary to study foreign languages.
7. Would you like to give up **(abandonar)** English?

# LECCIÓN VEINTICUATRO

Son varios los medios de que disponen las personas para comunicarse entre sí cuando están alejadas las unas de las otras: la radio, la telegrafía sin hilos, el telégrafo, el teléfono y el correo. De todos estos medios el correo es el que presta mayores y más constantes servicios a toda clase de gente. La correspondencia—lo mismo la de las personas privadas que la de las instituciones públicas, la de las compañías comerciales como la de las asociaciones culturales o sociales—es una necesidad casi diaria para todos.

El Correo se encarga del servicio de la correspondencia, que los particulares, las casas de comercio o las asociaciones entregan en las Oficinas de Correo (o Casa de Correos). Todos depositan la correspondencia en los buzones públicos distribuidos por la ciudad, y la reparten a domicilio los carteros. En las Oficinas de Correos los empleados y las empleadas, además del servicio de recogida y reparto de cartas, atienden a otros varios servicios: el de cartas certificadas o registradas, giro postal, paquetes postales (envío de libros, folletos, manuscritos o toda clase de artículos) y caja de ahorros. La recogida y reparto de cartas es el servicio principal del correo que, en muchos de los países de lengua española, está junto con el de telégrafos en la Casa de Correos y Telégrafos. Sus empleados son públicos, generalmente del Estado.

La carta, principal artículo del correo, se compone de dos partes materialmente distintas: el sobre y la carta propiamente dicha. En el sobre se escribe la dirección del destinatario (su nombre, domicilio y lugar de residencia); y también la del remitente, por si fuera devuelta. La carta—lo mismo la privada, que es más personal y original, que la comercial, que sigue ciertas fórmulas—tiene una estructura fija, que consta de tres partes: encabezamiento, cuerpo de la carta, y final.

A su vez el encabezamiento tiene dos partes: en la primera figura el lugar en que se escribe y la fecha, con el día, mes y año; y en la segunda el saludo. La primera es más fácil de escribir y es igual en todas las cartas, por tratarse de simples hechos; pero, en cambio, la segunda ofrece mayor variedad y dificultad, porque se expresa en ella la relación personal entre el destinatario y el remitente, y que va desde el formal «Señores,» «Muy Señor mío,» a la forma cordial de «Estimado,» o más aun «Querido ...»

En el cuerpo de la carta, que es la parte más extensa de ella, se presenta el asunto de la misma—personal en las de carácter privado, y comercial, cultural, o social en las de este carácter.

El final de la carta tiene también dos partes: la despedida y la firma. La despedida tiene una gran variedad de formas, que dependen de las relaciones personales entre el destinatario y el remitente, y que va desde la simple forma de «Suyo atentamente» de una carta comercial, a la de «Afectuosamente» de una carta privada. La firma presenta también varias formas, desde la simple familiar en que sólo se firma con el nombre propio, a la corriente con el nombre y los apellidos.

Simplemente como ejemplos, más que como modelos, insertamos a continuación tres cartas de distinto carácter: una académica y dos comerciales relacionadas con la vida académica. Para modelos, hay muchos libros de correspondencia, sobre todo comercial, que pueden ayudar a una secretaria.

The mailman is the last link in mail delivery—Nerva, Spain.

**1.**

Detroit, 23 de diciembre de 1977

Señor Secretario
Universidad de Oviedo
Facultad de Filosofía y Letras
Oviedo, España

Muy señor mío:

Soy un estudiante norteamericano que desea continuar sus estudios de literatura española en la Facultad de Filosofía y Letras de esa Universidad. Le agradecería me informara de los requisitos que debo cumplir para poder matricularme en esa Universidad en los cursos de literatura, y de los documentos que debo acompañar a mi solicitud de ingreso. En los Estados Unidos terminé la licenciatura en español en Brooklyn College, de Nueva York.

También le agradecería el envío del catálogo o de la lista de los cursos de literatura española que se ofrecen el próximo año académico en esa Facultad de Filosofía y Letras.

Suyo afectísimo,<br>Robert Paine

**2.**

27 Fillmore Road<br>Newfield, Maine<br>3 de marzo de 1976

Sr. Director de la Editorial Gredos
Sanchez Pacheco, 83
Madrid (2), España

Señor Director:

Tenga la bondad de enviarme, a la dirección que figura en esta carta, el último catálogo de los libros publicados por esa casa editorial.

Agradeciéndole por anticipado la atención que preste a mi ruego,

Muy atentamente,<br>Julio Rodríguez

**3.**

San Diego, 24 de febrero de 1978

La Primitiva
Librería
Belgrano, 1910
Buenos Aires, Argentina

Muy estimado señor:

Me es sumamente grato acusar recibo de los libros de Unamuno, Borges, y Mallea que había pedido a esa librería, con fecha del 15 de enero pasado.

Con esta carta le remito un cheque por la cantidad de 90 dólares, que cubre ese pedido.

Atentamente y de su consideración,<br>John Goldberg

## AYUDAS PARA LA COMPRENSIÓN

**(la) telegrafía sin hilos**   wireless, cable
**se encarga del servicio**   takes care of the service
**(los) particulares**   private individuals
**Oficina de Correo (Casa de Correos)**   Post Office
**(los) buzones públicos**   mailboxes
**la reparten a domicilio**   (they) deliver it to the house
**(el) servicio de recogida y reparto**   collection and delivery service
**(las) cartas certificadas o registradas**   certified or registered letters
**(el) giro postal**   money order
**(la) caja de ahorros**   postal savings
**(la) dirección del destinatario**   address of the addressee
**(la) dirección del remitente**   return address
**por tratarse de simples hechos**   since it deals with bare data
**la despedida**   closing, conclusion
**los requisitos que debo cumplir**   the requirements I must fulfill
**(la) solicitud de ingreso**   application for admission
**por anticipado**   beforehand, in advance
**muy atentamente**   yours truly
**atentamente y de su consideración**   very truly yours

Inside a post office in Mexico City.

*Lección veinticuatro*   229

### 126. Augmentatives and diminutives

Spanish is rich in suffixes which give a different shade of meaning to words—mostly nouns and adjectives, but even a few adverbs. These suffixes are of two types: augmentatives, which originally implied an increase in size, and diminutives, which implied a decrease in size. From this original idea there developed all types of shades of meaning, which are frequently difficult or even impossible to render into English.

The most common augmentative suffixes are **-ón, -azo, -ote,** and **-acho,** which imply large size, ugliness or awkwardness.

| | |
|---|---|
| **un hombre**  a man | **un hombrón**  a great big man |
| **una mujer**  a woman | **una mujerona**  a great big woman |
| **un señor**  a gentleman | **un señorón**  an important gentleman |
| **mucho**  much | **muchazo**  quite a bit |
| **pobre**  poor | **pobretón**  quite poor |

Sometimes augmentative suffixes take on a diminutive meaning:

| | |
|---|---|
| **una isla**  an island | **un islote**  an islet |
| **una cámara**  a hall | **un camarote**  a cabin or stateroom |
| **una calle**  a street | **un callejón**  a narrow street, an alley |

Sometimes an augmentative either adds a moral value or takes away from the value.

| | |
|---|---|
| **un padre**  a father | **un padrazo**  a very indulgent father |
| **un libro**  a book | **un libraco**  a horrid book |

Sometimes an augmentative is made on the basis of another augmentative.

**pueblo** town  **poblacho** shabby old town  **poblachón** big, shabby old town

The diminutive suffixes are much more common than the augmentative ones, and they are very important for understanding the correct shades of meaning implied. The most common ones are **-ito, -cito, -ecito; -illo, -cillo, -ecillo; -uelo; -uco;** and **-ucho.** The endings **-ito, -illo** and their longer forms, as well as **-uelo,** denote smallness of size, endearment, and affection. They are used with nouns and adjectives.

| | |
|---|---|
| **casa**  house | **casita**  (pretty) little house |
| **pájaro**  bird | **pajarillo** or **pajarito**  tiny little bird |
| **jardín**  garden | **jardincito**  tiny little garden |
| **pueblo**  town | **pueblecito**  little town, village |
| **solo**  alone | **solito**  all alone |
| **pobre**  poor (man) | **pobrecito**  poor little fellow, poor old fellow |
| **viejo**  old (man) | **viejecito**  little old man |
| **plaza**  square | **plazuela**  little square |

These endings also change the meaning of adverbs, as in the following:

**temprano**   early          **tempranito**   quite early
**en seguida**   at once     **en seguidita**   right away, this moment
**ahora**   now               **ahorita**   in a moment, right now

The diminutives **-uelo**, **-uco**, and **-ucho** sometimes add a derogatory note, a sense of belittling.

**mujer**   woman           **mujeruca**   wench
**casa**   house              **casucha**   rundown hut

## 127.   Inverted word order

The order in a Spanish sentence is generally the same as in English, but the student should not be surprised to find that order sometimes inverted, with the subject placed after the predicate. This inversion gives special emphasis to some particular word, especially in dependent clauses.

**En la época en que invadieron la península los musulmanes ...**   At the time when the Moslems invaded the peninsula...
**La reparten a domicilio los carteros.**   The mailmen deliver it to the home address.

## 128.   Commercial correspondence

Commercial correspondence is a special field in itself, since there are so many types of businesses both at home and abroad. A secretary normally follows the style set by her own firm. Following are some common salutations:

**Muy señor mío** (*from one person to one man*)
**Muy señor nuestro** (*from a firm to one man*)
**Muy señores míos** (*from one person to a firm*)
**Muy señores nuestros** (*from one firm to another*)

Naturally the words **señora** and **señoras** are used if the people involved are women. Sometimes abbreviations are used, namely **Sr., Sres., Sra., Sras., Srta., Srtas.**

For the body of business letters, here are some of the expressions which may come in handy:

**Acabamos de recibir su carta del ...**   We have just received your letter of ...
**Nos referimos a la suya de ...**   With reference to your letter of ...
**Nos es grato comunicarles que ...**   We are pleased to inform you that ...
**En respuesta a su atenta carta de ...**   In reply to your letter of ...
**Se sirvan enviarnos a vuelta de correo ...**   Please send us by return mail ...

For the closing of a business letter, here are some of the useful expressions:

**Quedo de Vd. su atento y seguro servidor,**
**Quedamos de Vds. sus atentos y seguros servidores,** } Very truly yours,

**Aprovecho esta ocasión para saludarle atentamente,** Sincerely yours,

**Anticipándole las gracias, quedamos de Vds. attos y ss. ss.,**
Thanking you in advance, we remain
                                                    Sincerely yours,

The formula **su atento y seguro servidor** is abbreviated to **atto. y s. s.**; the plural of the same formula is abbreviated to **attos. y ss. ss.** There are many other formulas in common usage, since Spanish firms tend to add a personal touch to their business correspondence, even in filling a simple order or sending a catalogue. In answering any business letter, it is useful to take your cue for the formula from the letter which you have received.


# EJERCICIOS

EJERCICIOS ORALES

I. Cuestionario:

1. ¿Qué medios hay para comunicarse cuando la otra persona no está cerca?
2. ¿Cuál es el medio más corriente (después del teléfono entre mujeres)?
3. ¿Emplean el correo las casas de comercio?   4. ¿Se encuentran muchos buzones públicos en una ciudad?   5. ¿Para qué sirve un giro postal?
6. ¿Sabe Vd. si la Casa de Correos tiene caja de ahorros en los Estados Unidos?   7. ¿Con qué medio está junto la Casa de Correos en España?
8. ¿Cómo se envía un telegrama o un cablegrama en los Estados Unidos?
9. ¿Qué se pone en el sobre de una carta?   10. ¿Por qué se pone la dirección del remitente en el sobre?

II. Forme Vd. preguntas para otro alumno, empleando las palabras que siguen:

1. el encabezamiento   2. en cambio   3. relación personal   4. forma cordial   5. el cuerpo de la carta   6. el carácter de la carta   7. la despedida
8. las formas de la firma   9. la telegrafía sin hilos   10. el giro postal

III. Give the closest meaning you can for the following augmentatives and diminutives and make up a short sentence for each one:

1. pueblecito   2. callecita   3. hijito   4. madrecita   5. librito   6. hermanito   7. señorón   8. mujerona   9. poblacho   10. sillón   11. ahorita
12. chiquito

IV. Give an augmentative or a diminutive as the equivalent of each of the following expressions:

1. in-a-moment   2. the poor-little-fellow   3. a pretty-little-house   4. a tiny-little-garden   5. the dear-little-child   6. the large-chair (armchair)   7. quite-early   8. the tiny-little-bird   9. the great-big-man   10. a shabby-old-town   11. a small-square   12. all-alone   13. a rundown-hut   14. a little-valley

V. Tradúzcanse oralmente las siguientes oraciones:

1. Where is your application for admission?   2. I prepared it in advance. 3. These are the requirements.   4. You have to fulfill them.   5. Where is the post office?   6. The mailbox is on the corner?   7. Did you write the return address?   8. How many stamps do I need?   9. We have to send this letter registered.   10. I paid with a money order.


EJERCICIOS ESCRITOS

I. Escriba Vd. una carta al Secretario de la Facultad de Filosofía y Letras de la Universidad de Madrid, pidiendo información sobre los cursos de verano disponibles para extranjeros. Indique Vd. los cursos que le interesan más. Pida Vd. un catálogo.

II. Escriba Vd. una carta a una casa editorial de Barcelona, buscando la dirección en su biblioteca. Pida Vd. información sobre los libros que hay de correspondencia comercial. Explique Vd. el tipo de trabajo que se hace en su firma, para que la editorial comprenda el tipo de correspondencia que Vd. necesita.

III. Tradúzcase al español:

1. The people are far from one another.   2. There are commercial companies and cultural societies.   3. The employees attend to various other matters. 4. Did you know that the post office serves as a savings bank in Spain? 5. A letter consists of the heading, the body of the letter, and the closing. 6. One has to express the personal relationship between the sender and the addressee.   7. There are many varied formulas for the closing of a letter. 8. Although these formulas are becoming simpler, they still exist.   9. I would appreciate it if you could send me a catalogue.   10. In this letter we are sending you a check for fifty dollars.

DISCUSIÓN FINAL

Tres estudiantes, A, B, y C, discuten el valor del curso de español:

A. dice que el español será útil para ella en su empleo de secretaria.
B. dice que no ha aprendido lo bastante para hablar con los de habla española.

C. dice que no se trata de largas conversaciones, sino de comprender algo.

B. está de acuerdo que algo es mejor que nada.

C. dice que lo que le interesa más es de viajar.

A. dice que los países hispanos son sumamente interesantes.

C. dice que para apreciarlos hay que comprender el idioma.

Y la conversación sigue de esta manera, tratando de varios temas.

Newsstand in Santiago, Chile

# APPENDICES

This Appendix provides common terms needed in ordering a substantial meal. It is a frequent experience abroad to see Americans (both students and teachers) who speak the foreign language rather fluently, but are at a loss when it comes to ordering in a restaurant. The student can memorize his favorite foods and use the rest of the list for reference.

## COMIDA EN UN RESTAURANTE

CAMARERO —Buenas noches, señores. ¿Prefieren una mesa hacia el centro, o a un lado? Al lado se está más fresco, por el aire acondicionado.

SEÑOR —Hoy hace muchísimo calor. Mejor una mesa al lado, ¿no te parece, querida?

CAMARERO —Pasen por aquí, por favor. ¿Está bien esta mesa?

SEÑORA —Muy bien, gracias. Todavía no hay mucha gente.

CAMARERO —Es tempranito para la mayoría aquí. Vds. en América comen más temprano, ¿verdad?

SEÑOR —En nuestra casa tomamos la cena a las seis y media. Las nueve y media ya es muy tarde para nosotros; pero nos vamos acostumbrando.

CAMARERO —Les dejo el menú y vuelvo en seguida.

SEÑORA —¿Qué hay de entremés? ¿Hay jugo de tomate?

CAMARERO —Sí, señora. Hay también jugo de uvas, canapés variados, sandía, jamón, o lo que quisiera.

SEÑORA —Hay una buena selección. ¿Y de sopas, por favor?

CAMARERO —Podrían empezar con una sopa de cebolla, o una sopa de pescado. Algunos prefieren una sopa de ajo con huevo, que es la especialidad de la casa. O tal vez les gustaría un gazpacho andaluz, o un consomé frío, si prefieren una sopa fría.

SEÑOR —La sopa poco me interesa a mí. ¿Qué hay de pescado?

CAMARERO —Tenemos filetes de lenguado fresquísimo. Hay centro de merluza, medallón de mero, lubina asada en parrilla, langosta, calamares.

SEÑORA —Pues, para mí un jugo de tomate y una sopa de pescado.

SEÑOR —Y para mí jamón serrano con sandía y lubina asada. Nada de sopa. A ver, como carne, ¿qué vamos a tomar?

**LISTA DE COMESTIBLES**  LIST OF FOODS

## ENTREMESES  HORS D'OEUVRES

**aceitunas rellenas**  stuffed olives
**canapés variados**  assorted canapés
  **(frios o calientes**  cold or hot)
**entremeses variados**  assorted hors
  d'œuvres
**jamón de Jabugo**  smoked ham
**jugo de tomate**  tomato juice

**jugo de uvas**  grape juice
**jugo de toronja**  grapefruit juice
**lubina ahumada**  smoked bass
**salmón ahumado**  smoked salmon
**salpicón de mariscos**  marinated seafood
**melón**  honeydew melon

## SOPAS  SOUPS

**consomé frio**  cold consommé
**consomé natural**  consommé
**crema de legumbres**  cream of vegetable soup
**crema de tomate**  cream of tomato
  soup
**crema de yema**  consommé with egg

**gazpacho andaluz**  Andalusian cold
  soup
**sopa de ajo**  garlic soup
**sopa de cebolla**  onion soup
**sopa parisienne**  Parisian potato soup
**sopa de pescado**  fish chowder

## HUEVOS  EGGS

**huevos escalfados**  poached eggs
**huevos pasados por agua**  soft boiled
  eggs
**huevos revueltos**  scrambled eggs
**huevos fritos**  fried eggs
  **(con jamón**  with ham)
  **(con tocino**  with bacon)

**tortilla jamón**  ham omelet
**tortilla champiñon (hongo)**  mushroom
  omelet
**tortilla espinacas**  spinach omelet
**tortilla espárragos**  asparagus omelet

## PESCADOS  FISH

**bacalao**  dried codfish
**calamares**  squids
**centro de merluza**  codfish steak
**filetes de lenguado**  filet of sole

**lubinas**  bass
**langosta**  lobster
**medallón de mero**  grouper steak
**mariscos**  seafood

TEMAS

1. Diálogo: *A* toma la parte de mozo y *B* la parte de un señor que pide su almuerzo.
2. Diálogo: *A* toma la parte del esposo y *B* la parte de la esposa. Tratan de decidir lo que van a pedir para la comida antes de que llegue el mozo.
3. Composición: Preparen un menú para un buen almuerzo en un restaurante modesto.

CAMARERO —Puedo ofrecerles un solomillo al carbón, muy sabroso. Hay también escalopes de ternera, chuletas de cerdo, pollo asado, jamón serrano y jamón cocido. Si quieren algo muy especial, les ofrezco una perdiz toledana, que es una delicia.

SEÑORA —Para mí, escalopes de ternera. ¿Qué verduras hay con los escalopes?

CAMARERO —Puede Vd. escoger guisantes a la mantequilla, espinacas, o judías verdes. Claro que hay también un excelente puré de patatas.

SEÑORA —Bueno, déme Vd. guisantes y espinacas.

SEÑOR —Yo tomo un solomillo al punto. ¡Cuidado que no me lo traiga pasado! Veo aquí en la lista que hay alcachofas salteadas y espárragos. Y para mí, patatas fritas, por favor.

CAMARERO —Bueno. Ahorita les traigo la lista de los postres. ¿Quieren agua mineral, o vino?

SEÑOR —Sí, sí. Un buen vino tinto de la región, y una botella de agua mineral.

CAMARERO —Tenemos un vino excelente, especialidad de la casa. Se lo traigo en seguida, con hielo.

SEÑORA —No, señor, sin hielo, por favor.

SEÑOR —A ver estos postres: flan de caramelo, tarta de chocolate, tarta de fresa, pastel de manzana o de crema al limón, helado variado, melocotón en almíbar, frutas, y queso. Hay de todo.

SEÑORA —Querido, no olvides tu dieta. Tomamos sólo café.

SEÑOR —Sí, mi querida. Sólo café, y sin azúcar. En estos viajes hay que tener siempre cuidado con el peso.

## CARNES  MEATS

**chuleta de cerdo**  pork chop
**entrecote a la parrilla**  grilled rib steak
**escalope de ternera**  veal scaloppine
**hígado de ternera**  calf's liver
**jamón cocido**  boiled ham
**jamón serrano**  cured ham
**perdiz toledana**  partridge, Toledo style

**pollo asado**  roast chicken
**rosbif**  roast beef
**solomillo al carbón**  charcoal broiled
  sirloin steak
  **(al punto**  rare)
  **(pasado**  well done)
  **(entre al punto y pasado**  medium)

## VERDURAS  VEGETABLES

**alcachofas salteadas**  sautéed artichokes
**champiñon (hongo)**  mushroom
**espárragos**  asparagus
**espinacas**  spinach
**guisantes**  green peas

**judías verdes**  string beans
**patatas a la inglesa**  potato chips
**patatas fritas**  French fries
**patatas paja**  shoestring potatoes
**puré de patata**  mashed potatoes
**pimientos**  peppers

## POSTRES  DESSERTS

**churros**  fritters
**flan de caramelo**  caramel custard
**fruta variada**  assorted fruit
**helado (vainilla, chocolate, fresa)**  ice
  cream (vanilla, chocolate, strawberry)
**melocotón en almíbar**  peaches in syrup

**pastel de manzana**  apple pie
  **(de crema al limón**  lemon cake)
**tarta de chocolate**  chocolate cake
  **(de fresa**  strawberry)
  **(de yema**  Boston cream)
**quesos**  cheeses

TEMAS

1. Diálogo: *A* es el mozo, *B* la señora, y *C* el señor. Los señores tratan de escoger los varios platos de la comida y *A* los ayuda.
2. Diálogo: *A* y *B* son los padres, *C* es la hija, y *D* es el mozo en un pequeño restaurante donde la familia va a almorzar. Preguntas y contestaciones entre todos.
3. Composición: Preparen un menú para una comida completa en un restaurante de lujo.

## REGULAR VERBS

### Simple tenses

|                    I                    |                    II                     |                   III                  |
| :-------------------------------------: | :---------------------------------------: | :------------------------------------: |
|                                         |               **INFINITIVE**              |                                        |
|            **hablar**  *to speak*       |        **aprender**  *to learn*           |         **vivir**  *to live*           |
|                                         |          **PRESENT PARTICIPLE**           |                                        |
|          **hablando**  *speaking*       |      **aprendiendo**  *learning*          |       **viviendo**  *living*           |
|                                         |           **PAST PARTICIPLE**             |                                        |
|           **hablado**  *spoken*         |       **aprendido**  *learned*            |         **vivido**  *lived*            |

### INDICATIVE MOOD

**PRESENT**

| I speak, do speak, am speaking, etc. | I learn, do learn, am learning, etc. | I live, do live, am living, etc. |
| :---: | :---: | :---: |
| hablo | aprendo | vivo |
| hablas | aprendes | vives |
| habla | aprende | vive |
| hablamos | aprendemos | vivimos |
| habláis | aprendéis | vivís |
| hablan | aprenden | viven |

**IMPERFECT**

| I was speaking, used to speak, spoke, etc. | I was learning, used to learn, learned, etc. | I was living, used to live, lived, etc. |
| :---: | :---: | :---: |
| hablaba | aprendía | vivía |
| hablabas | aprendías | vivías |
| hablaba | aprendía | vivía |
| hablábamos | aprendíamos | vivíamos |
| hablabais | aprendíais | vivíais |
| hablaban | aprendían | vivían |

## PRETERIT

| *I spoke, did speak, etc.* | *I learned, did learn, etc.* | *I lived, did live, etc.* |
|---|---|---|
| hablé | aprendí | viví |
| hablaste | aprendiste | viviste |
| habló | aprendió | vivió |
| hablamos | aprendimos | vivimos |
| hablasteis | aprendisteis | vivisteis |
| hablaron | aprendieron | vivieron |

## FUTURE

| *I shall (will) speak, etc.* | *I shall (will) learn, etc.* | *I shall (will) live, etc.* |
|---|---|---|
| hablaré | aprenderé | viviré |
| hablarás | aprenderás | vivirás |
| hablará | aprenderá | vivirá |
| hablaremos | aprenderemos | viviremos |
| hablaréis | aprenderéis | viviréis |
| hablarán | aprenderán | vivirán |

## CONDITIONAL

| *I should (would) speak, etc.* | *I should (would) learn, etc.* | *I should (would) live, etc.* |
|---|---|---|
| hablaría | aprendería | viviría |
| hablarías | aprenderías | vivirías |
| hablaría | aprendería | viviría |
| hablaríamos | aprenderíamos | viviríamos |
| hablaríais | aprenderíais | viviríais |
| hablarían | aprenderían | vivirían |

## IMPERATIVE MOOD

| *Speak, etc.* | *Learn, etc.* | *Live, etc.* |
|---|---|---|
| habla (tú) | aprende (tú) | vive (tú) |
| hable Vd. | aprenda Vd. | viva Vd. |
| hablemos (nosotros) | aprendamos (nosotros) | vivamos (nosotros) |
| hablad (vosotros) | aprended (vosotros) | vivid (vosotros) |
| hablen Vds. | aprendan Vds. | vivan Vds. |

## SUBJUNCTIVE MOOD

### PRESENT

| *I may speak, etc.* | *I may learn, etc.* | *I may live, etc.* |
|---|---|---|
| hable | aprenda | viva |
| hables | aprendas | vivas |
| hable | aprenda | viva |
| hablemos | aprendamos | vivamos |
| habléis | aprendáis | viváis |
| hablen | aprendan | vivan |

| *I might speak, etc.* | *I might learn, etc.* | *I might live, etc.* |
|---|---|---|
| hablase | aprendiese | viviese |
| hablases | aprendieses | vivieses |
| hablase | aprendiese | viviese |
| hablásemos | aprendiésemos | viviésemos |
| hablaseis | aprendieseis | vivieseis |
| hablasen | aprendiesen | viviesen |

IMPERFECT (**-ra** form)

| | | |
|---|---|---|
| hablara | aprendiera | viviera |
| hablaras | aprendieras | vivieras |
| hablara | aprendiera | viviera |
| habláramos | aprendiéramos | viviéramos |
| hablarais | aprendierais | vivierais |
| hablaran | aprendieran | vivieran |

## Compound tenses

The compound tenses of all verbs, regular or irregular, are formed by adding their past participle to the proper form of the auxiliary verb **haber.**

PERFECT INFINITIVE

**haber hablado** *to have*    **haber aprendido** *to*    **haber vivido** to have
*spoken*      *have learned*      *lived*

PERFECT PARTICIPLE

**habiendo hablado** *hav-*    **habiendo aprendido**    **habiendo vivido** *hav-*
*ing spoken*      *having learned*      *ing lived*

### INDICATIVE MOOD

PRESENT PERFECT
*I have spoken (learned, lived), etc.*

| | |
|---|---|
| he | |
| has | |
| ha | hablado |
| hemos | (aprendido, vivido) |
| habéis | |
| han | |

PLUPERFECT
*I had spoken (learned, lived), etc.*

| | |
|---|---|
| había | |
| habías | |
| había | hablado |
| habíamos | (aprendido, vivido) |
| habíais | |
| habían | |

PRETERIT PERFECT
*I had spoken (learned, lived), etc.*

| | |
|---|---|
| hube | |
| hubiste | |
| hubo | hablado |
| hubimos | (aprendido, vivido) |
| hubisteis | |
| hubieron | |

FUTURE PERFECT
*I shall have spoken (learned, lived), etc.*

| | |
|---|---|
| habré | |
| habrás | |
| habrá | hablado |
| habremos | (aprendido, vivido) |
| habréis | |
| habrán | |

CONDITIONAL PERFECT

*I should have spoken (learned, lived), etc.*

habría
habrías
habría
habríamos
habríais
habrían
} hablado (aprendido, vivido)

## SUBJUNCTIVE MOOD

### PRESENT PERFECT

*I may have spoken (learned, lived), etc.*

haya
hayas
haya
hayamos
hayáis
hayan
} hablado (aprendido, vivido)

### PLUPERFECT (-se, -ra)

*I might have spoken (learned, lived), etc.*

hubiese *or* hubiera
hubieses *or* hubieras
hubiese *or* hubiera
hubiésemos *or* hubiéramos
hubieseis *or* hubierais
hubiesen *or* hubieran
} hablado (aprendido, vivido)


# RADICAL-CHANGING VERBS

See the complete summary of radical-changing verbs in Lesson 20. Common radical-changing verbs of the first class:

| | |
|---|---|
| acordarse (de) *to remember* | defender *to defend* |
| acostar(se) *to put (go) to bed* | descender *to descend* |
| apretar *to tighten* | desenvolver *to develop* |
| ascender *to rise, advance* | despertar(se) *to wake (up)* |
| atender *to attend* | devolver *to give back* |
| atravesar *to cross* | doler *to ache* |
| calentar *to warm* | empezar *to begin* |
| cerrar *to close* | encontrar *to meet* |
| comenzar *to begin* | entender *to understand* |
| confesar *to confess* | extender(se) *to extend* |
| contar *to count, relate* | jugar *to play* |
| costar *to cost* | llover *to rain* |

| | |
|---|---|
| mostrar *to show* | recordar(se) *to remember* |
| mover *to move* | resolver *to solve* |
| nevar *to snow* | sentarse *to sit* |
| pensar *to think* | soler *to be accustomed to* |
| perder *to lose* | soñar *to dream* |
| probar *to demonstrate, test;* | volar *to fly* |
|   taste | volver *to return* |

Common radical-changing verbs of the second class:

| | |
|---|---|
| adquirir *to acquire* | morir *to die* |
| arrepentirse (de) *to repent* | preferir *to prefer* |
| convertir *to convert, change* | referir *to refer* |
| divertir(se) *to amuse (oneself)* | sentir(se) *to feel* |
| dormir(se) *to sleep (fall asleep)* | |

Common radical-changing verbs of the third class:

| | |
|---|---|
| competir *to compete* | reñir *to quarrel, scold* |
| conseguir *to earn* | repetir *to repeat* |
| despedirse (de) *to say good-bye (to)* | seguir *to follow* |
| elegir *to choose* | servir *to serve* |
| medir *to measure* | vestir(se) *to dress (get dressed)* |
| pedir *to ask for* | |

## ORTHOGRAPHIC-CHANGING VERBS

1. Verbs ending in **-guir** change **gu** to **g** before **a** and **o**.

**seguir** *to follow*

*Pres. Ind.*    sigo, sigues, sigue, seguimos, seguís, siguen
*Pres. Subj.*   **siga, sigas, siga, sigamos, sigáis, sigan**

2. Verbs ending in **-gar** change **g** to **gu** before **e**.

**llegar** *to arrive*

*Pret. Ind.*   **llegué,** llegaste, llegó, llegamos, llegasteis, llegaron
*Pres. Subj.*   **llegue, llegues, llegue, lleguemos, lleguéis, lleguen**

3. Verbs ending in **-guar** change **gu** to **gü** before **e**.

**averiguar** *to ascertain, find out*

*Pret. Ind.*   **averigüé,** averiguaste, etc.
*Pres. Subj.*   **averigüe, averigües, averigüe, averigüemos, averigüéis, averigüen**

4. Verbs ending in **-ger** and **-gir** change **g** to **j** before **a** and **o**.

**coger** *to catch, seize*

*Pres. Ind.*   **cojo,** coges, coge, cogemos, cogéis, cogen
*Pres. Subj.*   **coja, cojas, coja, cojamos, cojáis, cojan**

**corregir**  *to correct*

*Pres. Ind.*   corrijo, corriges, etc.
*Pres. Subj.*  corrija, corrijas, corrija, corrijamos, corrijáis, corrijan

5. Verbs ending in **-car** change **c** to **qu** before **e**.

**buscar**  *to look for*

*Pret. Ind.*   busqué, buscaste, etc.
*Pres. Subj.*  busque, busques, busque, busquemos, busquéis, busquen

6. Verbs ending in **-zar** change **z** to **c** before **e**.

**comenzar**  *to begin*

*Pret. Ind.*   comencé, comenzaste, etc.
*Pres. Subj.*  comience, comiences, comience, comencemos, comencéis, comien-
cen

7. Verbs ending in **-cer** or **-cir** preceded by a vowel usually change **c** to **zc** before **a** or **o**.

**conocer**  *to know*

*Pres. Ind.*   conozco, conoces, etc.
*Pres. Subj.*  conozca, conozcas, conozca, conozcamos, conozcáis, conozcan

8. Verbs ending in **-cer** or **-cir** preceded by a consonant usually change **c** to **z** before **a** or **o**.

**vencer**  *to win*

*Pres. Ind.*   venzo, vences, etc.
*Pres. Subj.*  venza, venzas, venza, venzamos, venzáis, venzan

9. Some verbs ending in **-iar** or **-uar** take a written accent on the weak vowel when it is stressed.

**enviar**  *to send*

*Pres. Ind.*   envío, envías, envía, enviamos, enviáis, envían
*Pres. Subj.*  envíe, envíes, envíe, enviemos, enviéis, envíen

**continuar**  *to continue*

*Pres. Ind.*   continúo, continúas, continúa, continuamos, continuáis, continúan
*Pres. Subj.*  continúe, continúes, continúe, continuemos, continuéis, continúen

10. Verbs in which an unstressed **i** would fall between two vowels change the **i** to **y**.

**leer**  *to read*

*Pres. Part.*   leyendo
*Pret. Ind.*    leí, leíste, leyó, leímos, leísteis, leyeron
*Imperf. Subj.* leyese, etc. or leyera, etc.

**concluir**  *to conclude*

*Pres. Ind.*    concluyo, concluyes, concluye, concluímos, concluís, concluyen
*Pres. Subj.*   concluya, etc.
*Pret. Ind.*    concluí, concluíste, concluyó, concluímos, concluísteis, con-
cluyeron
*Imperf. Subj.* concluyese, etc. or concluyera, etc.
*Imperative*    concluye
*Pres. Part.*   concluyendo

11.  Verbs whose stems end in **-ll** or **-ñ** lose the **i** of the ending before another vowel.

**bullir**   *to boil*

| | |
|---|---|
| *Pres. Part.* | **bullendo** |
| *Pret. Ind.* | bullí, bulliste, **bulló**, bullimos, bullisteis, **bulleron** |
| *Imperf. Subj.* | **bullese**, or **bullera**, etc. |

**reñir**   *to quarrel*

| | |
|---|---|
| *Pres. Part.* | **riñendo** |
| *Pret. Ind.* | reñí, reñiste, **riñó**, reñimos, reñisteis, **riñeron** |
| *Imperf. Subj.* | **riñese**, etc. or **riñera**, etc. |

## IRREGULAR VERBS

(Tenses not given are perfectly regular.)

**andar**   *to walk, go*

| | |
|---|---|
| *Pret. Ind.* | anduve, anduviste, anduvo, anduvimos, anduvisteis, anduvieron |
| *Imperf. Subj.* | anduviera, etc.        anduviese, etc. |

**caber**   *to fit in(to), hold*

| | |
|---|---|
| *Pres. Ind.* | quepo, cabes, cabe, cabemos, cabéis, caben |
| *Pres. Subj.* | quepa, quepas, quepa, quepamos, quepáis, quepan |
| *Future* | cabré, etc.   *Conditional*  cabría, etc. |
| *Pret. Ind.* | cupe, cupiste, cupo, cupimos, cupisteis, cupieron |
| *Imperf. Subj.* | cupiera, etc.        cupiese, etc. |

**caer**   *to fall*

| | |
|---|---|
| *Pres. Part.* | cayendo   *Past Part.*  caído |
| *Pres. Ind.* | caigo, caes, cae, caemos, caéis, caen |
| *Pres. Subj.* | caiga, caigas, caiga, caigamos, caigáis, caigan |
| *Pret. Ind.* | caí, caíste, cayó, caímos, caísteis, cayeron |
| *Imperf. Subj.* | cayera, etc.        cayese, etc. |

**conducir**   *to lead, drive*

| | |
|---|---|
| *Pres. Ind.* | conduzco, conduces, conduce, conducimos, conducís, conducen |
| *Pres. Subj.* | conduzca, conduzcas, conduzca, conduzcamos, conduzcáis, conduzcan |
| *Pret. Ind.* | conduje, condujiste, condujo, condujimos, condujisteis, condujeron |
| *Imperf. Subj.* | condujera, etc.        condujese, etc. |

**dar**   *to give*

| | |
|---|---|
| *Pres. Ind.* | doy, das, da, damos, dais, dan |
| *Pres. Subj.* | dé, des, dé, demos, deis, den |
| *Pret. Ind.* | di, diste, dio, dimos, disteis, dieron |
| *Imperf. Subj.* | diera, etc.        diese, etc. |

**decir**   *to say, tell*

| | |
|---|---|
| *Pres. Part.* | diciendo   *Past Part.*  dicho |
| *Pres. Ind.* | digo, dices, dice, decimos, decís, dicen |
| *Imperative* | di                decid |

| | |
|---|---|
| *Pres. Subj.* | diga, digas, diga, digamos, digáis, digan |
| *Future* | diré, etc.   *Conditional*  diría, etc. |
| *Pret. Ind.* | dije, dijiste, dijo, dijimos, dijisteis, dijeron |
| *Imperf. Subj.* | dijera, etc.   dijese, etc. |

## estar  *to be*

| | |
|---|---|
| *Pres. Ind.* | estoy, estás, está, estamos, estáis, están |
| *Pres. Subj.* | esté, estés, esté, estemos, estéis, estén |
| *Pret. Ind.* | estuve, estuviste, estuvo, estuvimos, estuvisteis, estuvieron |
| *Imperf. Subj.* | estuviera, etc.   estuviese, etc. |

## haber  *to have* (auxiliary)

| | |
|---|---|
| *Pres. Ind.* | he, has, ha, hemos, habéis, han |
| *Pres. Subj.* | haya, hayas, haya, hayamos, hayáis, hayan |
| *Future* | habré, etc.   *Conditional*  habría, etc. |
| *Pret. Ind.* | hube, hubiste, hubo, hubimos, hubisteis, hubieron |
| *Imperf. Subj.* | hubiera, etc.   hubiese, etc. |

## hacer  *to do, make*

| | |
|---|---|
| *Pres. Part.* | haciendo   *Past Part.*  hecho |
| *Pres. Ind.* | hago, haces, hace, hacemos, hacéis, hacen |
| *Imperative* | haz   haced |
| *Pres. Subj.* | haga, hagas, haga, hagamos, hagáis, hagan |
| *Future* | haré, etc.   *Conditional*  haría, etc. |
| *Pret. Ind.* | hice, hiciste, hizo, hicimos, hicisteis, hicieron |
| *Imperf. Subj.* | hiciera, etc.   hiciese, etc. |

## ir  *to go*

| | |
|---|---|
| *Pres. Part.* | yendo   *Past Part.*  ido |
| *Pres. Ind.* | voy, vas, va, vamos, vais, van |
| *Imperative* | ve   id |
| *Pres. Subj.* | vaya, vayas, vaya, vayamos, vayáis, vayan |
| *Imperf. Ind.* | iba, ibas, iba, íbamos, ibais, iban |
| *Pret. Ind.* | fui, fuiste, fue, fuimos, fuisteis, fueron |
| *Imperf. Subj.* | fuera, etc.   fuese, etc. |

## oír  *to hear*

| | |
|---|---|
| *Pres. Part.* | oyendo   *Past Part.*  oído |
| *Pres. Ind.* | oigo, oyes, oye, oímos, oís, oyen |
| *Imperative* | oye   oíd |
| *Pres. Subj.* | oiga, oigas, oiga, oigamos, oigáis, oigan |
| *Pret. Ind.* | oí, oíste, oyó, oímos, oísteis, oyeron |
| *Imperf. Subj.* | oyera, etc.   oyese, etc. |

## poder  *to be able*

| | |
|---|---|
| *Pres. Part.* | pudiendo   *Past Part.*  podido |
| *Pres. Ind.* | puedo, puedes, puede, podemos, podéis, pueden |
| *Pres. Subj.* | pueda, puedas, pueda, podamos, podáis, puedan |
| *Future* | podré, etc.   *Conditional*  podría, etc. |
| *Pret. Ind.* | pude, pudiste, pudo, pudimos, pudisteis, pudieron |
| *Imperf. Subj.* | pudiera, etc.   pudiese, etc. |

## poner *to put, place*

| | |
|---|---|
| *Pres. Part.* | poniendo *Past Part.* puesto |
| *Pres. Ind.* | pongo, pones, pone, ponemos, ponéis, ponen |
| *Imperative* | pon             poned |
| *Pres. Subj.* | ponga, pongas, ponga, pongamos, pongáis, pongan |
| *Future* | pondré, etc.    *Conditional* pondría, etc. |
| *Pret. Ind.* | puse, pusiste, puso, pusimos, pusisteis, pusieron |
| *Imperf. Subj.* | pusiera, etc.        pusiese, etc. |

## querer *to wish, want*

| | |
|---|---|
| *Pres. Ind.* | quiero, quieres, quiere, queremos, queréis, quieren |
| *Pres. Subj.* | quiera, quieras, quiera, queramos, queráis, quieran |
| *Future* | querré, etc.    *Conditional* querría, etc. |
| *Pret. Ind.* | quise, quisiste, quiso, quisimos, quisisteis, quisieron |
| *Imperf. Subj.* | quisiera, etc.        quisiese, etc. |

## saber *to know*

| | |
|---|---|
| *Pres. Ind.* | sé, sabes, sabe, sabemos, sabéis, saben |
| *Pres. Subj.* | sepa, sepas, sepa, sepamos, sepáis, sepan |
| *Future* | sabré, etc.    *Conditional* sabría, etc. |
| *Pret. Ind.* | supe, supiste, supo, supimos, supisteis, supieron |
| *Imperf. Subj.* | supiera, etc.        supiese, etc. |

## salir *to go out*

| | |
|---|---|
| *Pres. Ind.* | salgo, sales, sale, salimos, salís, salen |
| *Imperative* | sal             salid |
| *Pres. Subj.* | salga, salgas, salga, salgamos, salgáis, salgan |
| *Future* | saldré, etc.    *Conditional* saldría, etc. |

## ser *to be*

| | |
|---|---|
| *Pres. Part.* | siendo *Past Part.* sido |
| *Pres. Ind.* | soy, eres, es, somos, sois, son |
| *Imperative* | sé             sed |
| *Pres. Subj.* | sea, seas, sea, seamos, seáis, sean |
| *Imperf. Ind.* | era, eras, era, éramos, erais, eran |
| *Pret. Ind.* | fui, fuiste, fue, fuimos, fuisteis, fueron |
| *Imperf. Subj.* | fuera, etc.        fuese, etc. |

## tener *to have*

| | |
|---|---|
| *Pres. Ind.* | tengo, tienes, tiene, tenemos, tenéis, tienen |
| *Imperative* | ten             tened |
| *Pres. Subj.* | tenga, tengas, tenga, tengamos, tengáis, tengan |
| *Future* | tendré, etc.    *Conditional* tendría, etc. |
| *Pret. Ind.* | tuve, tuviste, tuvo, tuvimos, tuvisteis, tuvieron |
| *Imperf. Subj.* | tuviera, etc.        tuviese, etc. |

## traer *to bring*

| | |
|---|---|
| *Pres. Part.* | trayendo *Past Part.* traído |
| *Pres. Ind.* | traigo, traes, trae, traemos, traéis, traen |
| *Pres. Subj.* | traiga, traigas, traiga, traigamos, traigáis, traigan |
| *Pret. Ind.* | traje, trajiste, trajo, trajimos, trajisteis, trajeron |
| *Imperf. Subj.* | trajera, etc.        trajese, etc. |

## valer  *to be worth*

| | |
|---|---|
| *Pres. Ind.* | valgo, vales, vale, valemos, valéis, valen |
| *Imperative* | val(e)                 valed |
| *Pres. Subj.* | valga, valgas, valga, valgamos, valgáis, valgan |
| *Future* | valdré, etc.     *Conditional*   valdría, etc. |

## venir  *to come*

| | |
|---|---|
| *Pres. Part.* | viniendo    *Past Part.*   venido |
| *Pres. Ind.* | vengo, vienes, viene, venimos, venís, vienen |
| *Imperative* | ven                 venid |
| *Pres. Subj.* | venga, vengas, venga, vengamos, vengáis, vengan |
| *Future* | vendré, etc.    *Conditional*   vendría, etc. |
| *Pret. Ind.* | vine, viniste, vino, vinimos, vinisteis, vinieron |
| *Imperf. Subj.* | viniera, etc.       viniese, etc. |

## ver  *to see*

| | |
|---|---|
| *Pres. Part.* | viendo    *Past Part.*   visto |
| *Pres. Ind.* | veo, ves, ve, vemos, veis, ven |
| *Imperative* | ve             ved |
| *Pres. Subj.* | vea, veas, vea, veamos, veáis, vean |
| *Imperf. Ind.* | veía, veías, veía, veíamos, veíais, veían |
| *Pret. Ind.* | vi, viste, vio, vimos, visteis, vieron |
| *Imperf. Subj.* | viera, etc.       viese, etc. |

# SPANISH–ENGLISH VOCABULARY  ⟨⟩

In general we have omitted from the Spanish–English vocabulary articles, numerals under twenty, simple personal pronouns, unmistakable cognates, and regular adverbs in **-mente** and regular superlatives in **-ísimo** when the adjective is included.

## A

**a** *prep.* to; at; in; by; on; *not translated when used before a direct object*

**abajo** down; **hacia —**, downwards

**abanico** *m.* fan; **en —**, like a fan

**abertura** *f.* opening

**abierto, -a** (*p. p. of* **abrir**) open

**abogado** *m.* lawyer

**abrazo** *m.* embrace, hug; greeting

**abrigo** *m.* overcoat

**abril** *m.* April

**abrir** to open (*p. p.* **abierto**)

**abrocharse** to fasten

**abuela** *f.* grandmother

**abuelo** *m.* grandfather; *pl.* grandparents

**acá** *adv.* here (*near speaker*); **por —**, this way, around here

**acabar** to end, end up, finish; **— con** to put an end to; **— de** to have just (*accomplished an action*)

**académico, -a** academic

**Acapulco** *Mexican city on the Pacific*

**acaso** perhaps

**accidentado, -a** indented

**accidente** *m.* accident

**acción** *f.* stock certificate; action

**acento** *m.* accent

**acero** *m.* steel

**aceptar** to accept

**acerca de** about, concerning

**acercarse (a)** to draw near, approach

**acompañar** to accompany

**Aconcagua** *highest peak in the Andes, on the border between Argentina and Chile*

**acondicionado** *see* **aire**

**aconsejar** to advise

**acontecimiento** *m.* event

**acostarse (ue)** to go to bed

**acostumbrarse** to become accustomed

**acrílico** *m.* acrylic

**actividad** *f.* activity

**activo, -a** active

**actualidad** *f.* present time

**actuar** to perform, act

**acuerdo** *m.* agreement; **estar de —**, to be in agreement, be OK

**acusar** to acknowledge

**adecuado, -a** appropriate

**además (de)** besides, moreover

**adiós** good-bye (*for good*)

**administración** *f.* administration; **— del estado** government

**admirar** to admire

**admisión** *f.* admission

**admitir** to admit

**adornado, -a** decorated, adorned

**adornar** to adorn

**aéreo, -a** *adj.* aerial, air

**aeropuerto** *m.* airport

**afectar** to affect

**afectuoso, -a** affectionate

**afeitarse** to shave

**afirmar** to affirm, state

**afligir** to afflict

**aflojar** to release, slacken

**afortunado, -a** lucky

**agencia** *f.* agency; **— de viajes** travel agency

**agosto** *m.* August

**agradable** agreeable, pleasant

**agradecer** to appreciate; be grateful (for)

**agricultura** *f.* agriculture

**agua** *f.* water; **— del mar** sea water; **— mineral** mineral water

**ahinco** *m.* zest

**ahogamiento** *m.* drowning

**ahora** now; **— mismo** just now, right now

**ahorita** in a moment

**ahorro** *m.* saving; **caja de ahorros** *f.* savings bank

**ahuyentar** to alleviate, drive away

**aire** *m.* air; **— acondicionado** air-conditioning; **al — libre** in the open air

**aireado, -a** airy

**ajetreo** *m.* routine; agitation

**ajo** *m.* garlic

**Alarcón, Juan Ruíz de** *Spanish dramatist (1581–1639)*

**alarmarse** to become alarmed

**alba** *f.* dawn

**Albéniz, Isaac** *Spanish composer (1860–1909)*

**alberca** *f.* pool, swimming pool

**alcachofa** *f.* artichoke; **—s salteadas** sautéed artichokes

**alcanzar** to reach, attain

**alcázar** *m.* castle; **— de Sevilla** *famous structure in Arab style in Seville*

**alegórico, -a** allegorical

**alegrarse (de)** to be happy, rejoice

**alegre** happy, glad, joyous

**alegría** *f.* rejoicing, gaiety

**alejado, -a** apart, far away

**alemán** *m.* German; *adj.* **alemán, -ana** German

**Alfajería** *Moorish palace in Zaragoza, Spain*

**algo** *pron.* something, some; *adv.* somewhat

**algodón** *m.* cotton

**alguien** someone, anyone

**algún, alguno, -a** *adj.* some, any; *pl.* a few; *pron.* someone, some

**Alhambra (Palacio de la)** *famous palace in Granada*

**alhóndiga** *f.* warehouse, public granary

**Alicia** Alice

**alimentado, -a** nourished

**alma** *f.* soul

**almendro** *m.* almond tree

**almíbar** *m.* syrup

**almorzar (ue)** to have lunch, eat lunch

**almuerzo** *m.* lunch, breakfast

**alojarse** to be lodged, stay

**Alpes** *m. pl.* Alps

**alrededor (de)** around, about

**altitud** *f.* altitude

**alto, -a** tall, high

**alumna** *f.* pupil

**alumno** *m.* pupil

**alzarse** to rise

**allá** there, over there

**allí** there

**amabilidad** *f.* kindness

**amable** kind; lovely; welcome

**amante** *adj.* loving; fond of; *noun m.* lover; amateur

**amarillo, -a** yellow

**Amazonas** *m.* Amazon River

**ambiente** *m.* atmosphere

**ambos, -as** both

**América** *f.* America; **la — Central** Central America; **la — del Sur** South America; **la — española** Spanish America

**americano, -a** American

**amiga** *f.* friend

**amigo** *m.* friend

**amistad** *f.* friendship; *pl.* acquaintances

**amplio, -a** ample; roomy

**anciano** *m.* old person

**ancho, -a** wide, broad

**Andalucía** *f. region in the south of Spain*

**andaluz, -uza** Andalusian

**andar** to walk

**andén** *m.* platform (*subway, railroad*); sidewalk; boardwalk

**Andes** *m. pl. mountain range in South America*

**animación** *f.* animation, liveliness

**animar** to animate, enliven; inspire

**ánimo** *m.* encouragement; **dar —,** to encourage

**Anita** Anne

**anterior, -ora** preceding, prior

**antes** *adv.* before, formerly; **— de** *prep.* before; **— (de) que** *conj.* before

**anticipado: por —,** in advance

**anticipar** to anticipate

**antiguamente** anciently, in ancient times

**antiguo, -a** ancient; former

**anuncio** *m.* announcement

**añadir** to add

**año** *m.* year; **de — en —,** from year to year; **¿Cuántos años tiene Vd.?** How old are you?

**apartamento** *m.* apartment

**apearse** to get down, get off

**apellido** *m.* last name, family name

**apenas** scarcely, hardly, as soon as

**aplicar** to apply

**apoderarse (de)** to take possession of

**aportar** to bring

**apreciar** to appreciate

**aprender** to learn

**apretar (ie)** to press; tighten

**aprobación** *f.* approbation, approval

**aprobar (ue)** to approve

**apropiado, -a** appropriate

**aprovechar** to be useful, profit; take advantage of

**aquel, aquella** *adj.* that; *pl.* those

**aquél, aquélla, aquello** *pron.* that (one), the former; *pl.* those, the former

**aquí** here; **por —,** this way; around here

**árabe** *m.* Arab

**árabe-románico, -a** Arab-Romanesque

**Aragón** *a Spanish region northeast of Madrid*

**Aranjuez** *city to the south of Madrid, formerly one of the residences of the royal family*

**árbol** *m.* tree

**arco** *m.* arch

**archivar** to file

**archivo** *m.* archive; **sistema de —,** filing system

**argentino, -a** Argentinean, Argentine

**aristocracia** *f.* aristocracy

**aristocrático, -a** aristocratic

**armonioso, -a** harmonious

**arquitecto** *m.* architect

**arquitectura** *f.* architecture

**arreglar** to arrange

**arreglo** *m.* arrangement

**arrepentirse (ie) (de)** to repent, regret

**arriate** *m.* path; flower bed

**arriba** up, above; **hacia —,** upwards

**arroz** *m.* rice

**arte** *m. or f.* art

**arteria** *f.* artery, main line

**artesanía** *f.* workmanship, craftsmanship

**artículo** *m.* article; *pl.* goods, products

**artista** *m. or f.* artist

**artístico, -a** artistic

**asado, -a** roast, broiled

**ascendencia** *f.* origin

**ascensor** *m.* elevator

**asfixia** *f.* asfixiation

**así** thus; so; this way; like that; **así que** so that; as soon as

**asiento** *m.* seat

**asistencia** *f.* assistance, help

**asistente** *f.* assistant; **— de vuelo** flight assistant, stewardess

**asistir** to help; aid; **— a** to be present at

**asociación** *f.* association

**asociado, -a** associated

**aspecto** *m.* appearance, aspect

**aspirar** to aspire

**Asturias** *a region in northern Spain*

**asunto** *m.* matter, topic

**asustarse** to become frightened

**Atacama** *desert in northern Chile*

**ataque** *m.* attack

**ataúd** *m.* coffin

**atención** *f.* attention

**atender (ie)** to attend (to), look after

**atentamente** very truly (*in letters*)

**atlántico, -a** Atlantic *adj.*

**atracción** *f.* attraction

**atractivo** *m.* attraction; *adj.* attractive

**atraer** to attract

**atrasado, -a** backward, behind the times

**atravesar (ie)** to cross, go through

**atreverse (a)** to dare (to), venture

**auditorio** *m.* auditorium

**aula** *f.* classroom

**aumentar** to increase
**aumento** *m.* increase
**aun, aún** even, still
**aunque** although, even though
**ausente** absent
**autista** *m.* driver
**auto** *m.* automobile, car; one-act play;
  — **sacramental** religious play
**autobús** *m.* bus
**automóvil** *m.* car
**automovilismo** *m.* automobilism
**autopista** *f.* highway; speedway
**autor** *m.* author
**auxilio** *m.* aid; **primeros auxilios** first
  aid
**avanzar** to advance
**avenida** *f.* avenue
**aviación** *f.* aviation
**avión** *m.* airplane, plane; **en (por)** —,
  by plane
**ay!** oh!
**ayer** yesterday
**ayuda** *f.* help; hint; aid
**ayudar** to help
**azafata** *f.* stewardess
**azúcar** *m.* sugar
**azul** blue
**azulejo** *m.* glazed tile

### B

**bachillerato** *m.* (European) baccalaureate
**bahía** *f.* bay, harbor
**bailar** to dance
**baile** *m.* dance
**bajar** to go down; descend, land; get
  off
**bajo, -a** *adj.* low, short; *adv.* under-
  neath, below; *prep.* under
**balada** *f.* ballad
**balcón** *m.* balcony
**Baleares** *f. pl.* Balearic Islands
**banco** *m.* bank; bench
**banquero** *m.* bank officer
**bañarse** to take a bath, bathe
**baño** *m.* bath; **cuarto de** —, bathroom
**barato, -a** cheap, inexpensive
**barco** *m.* boat; — **de vela** sailboat
**bar-restaurante** *m.* restaurant bar

**barranca** *f.* gorge
**Barranquilla** *Colombian city on the
  Magdalena River*
**barrio** *m.* city district
**barroco, -a** Baroque
**basar(se)** to base
**básico, -a** basic
**bastante** enough, sufficient, quite
**bastar** to be sufficient
**beber** to drink
**bebida** *f.* beverage, drink
**belleza** *f.* beauty
**bello, -a** beautiful
**Benavente, Jacinto** *Spanish dramatist
  (1866–1954)*
**bendición** *f.* blessing
**bendito, -a** blessed
**biblioteca** *f.* library
**bicicleta** *f.* bicycle
**bien** well, OK
**bigote** *m.* mustache
**bigotito** *m.* tiny little mustache
**bilingüe** bilingual
**billete** *m.* ticket
**bizantino, -a** Byzantine
**blanco, -a** white
**bobo, -a** foolish
**boca** *f.* mouth; **de** — **a** —, mouth to
  mouth
**boda** *f.* marriage, wedding
**Bolívar, Simón** *greatest leader in the
  South American Revolution (1783–
  1830)*
**bolsillo** *m.* pocket, purse, pocketbook
**bolso** *m.* handbag
**bombero** *m.* fireman
**bonito, -a** pretty, beautiful
**Borges, Jorge Luis** *Argentinean poet,
  essayist, and fiction writer (1899– )*
**bosque** *m.* forest, woods
**bote** *m.* rowboat, small boat
**botella** *f.* bottle
**botón** *m.* button
**brasa** *f.* burning log
**brazo** *m.* arm
**brillante** brilliant, bright
**brisa** *f.* breeze
**bronceado, -a** sun tanned
**buceo** *m.* skin diving
**Buen Retiro** *old royal palace in Madrid*

*whose garden is now the municipal park of Madrid*

**buen(o), -a** good; *adv.* fine, all right

**Buero Vallejo, Antonio** *Spanish playwright (1916– )*

**bullicio** *m.* hubbub

**bullir** to boil; bustle

**burlarse (de)** to make fun (of)

**buscar** to look for, seek

**butaca** *f.* reclining seat

**buzón** *m.* mailbox

## C

**caballo** *m.* horse

**caber** to fit; **no cabe duda** there is no doubt

**cabeza** *f.* head

**cablegrama** *m.* cablegram

**cabo** *m.* end, completion; **al — de** after, at the end of

**cada** each, every

**caer** to fall; **—se** to fall (down), drop

**café** coffee; coffeehouse; **— solo** black coffee

**caja** *f.* box; **— de ahorros** savings bank; **— de seguridad** safety deposit box

**cajera** *f.* cashier, bank teller

**cajero** *m.* cashier, bank teller

**calamar** *m.* squid

**calculador, -ora** calculating, adding; *noun f.* calculator

**calcular** to count

**Calderón de la Barca, Pedro** *Spanish dramatist (1600–1681)*

**calefacción** *f.* heating

**Caleta** *a section of Acapulco*

**Cali** *Colombian city*

**calidad** *f.* kind, quality

**caliente** hot

**califa** *m.* caliph

**calificar** to rate, class

**calma** *f.* calm, quiet

**calor** *m.* heat; **hace —,** it's warm

**callarse** to be silent, keep quiet

**calle** *f.* street

**callecita** *f.* little street

**callejón** *m.* narrow street

**cama** *f.* bed

**cámara** *f.* chamber; **— fotográfica** camera

**camarote** *m.* cabin, stateroom

**cambiar** to change

**cambio** *m.* change; **en —,** on the other hand

**camión** *m.* truck

**campo** *m.* field, country

**canadiense** Canadian

**canapé** *m.* canape, appetizer

**candente** red hot

**cansado, -a** tired

**cansarse** to get tired

**cantar** to sing

**cantidad** *f.* quantity, amount

**canto** *m.* song, singing

**capa** *f.* cape

**capitán** *m.* captain

**capítulo** *m.* chapter

**cara** *f.* face

**Caracas** *capital of Venezuela*

**carácter** *m.* character

**¡caramba!** gosh! hell! good heavens!

**caramelo** *m.* caramel

**carbón** *m.* charcoal

**cardíaco, -a** *adj.* heart; **ataque cardíaco** *m.* heart attack

**cargar** to load

**caribe** *adj.* Caribbean

**Carlos** Charles

**carmen** *m. garden in the houses of Granada*

**carne** *f.* meat

**caro, -a** dear, high, expensive

**carrera** *f.* career, profession, professional career; **hacer —,** to take up a career

**carretera** *f.* highway, road

**carrito** *m.* cart, wagon

**carro** *m.* cart, wagon; car (*Mexico*)

**carta** *f.* letter

**cartera** *f.* briefcase; wallet

**cartero** *m.* mailman

**casa** *f.* house; **a su —,** home; **en —,** at home; **— particular** private house; **Casa de Correos y Telégrafos** Post and Telegraph Office

**casado, -a** married

**casarse (con)** to marry, get married

caseta *f.* small house, hut

casi almost

casita *f.* pretty little house

caso *m.* case; en — (de) que in case

Casona, Alejandro *Spanish playwright (1900–1967)*

castellano, -a Castilian

Castilla la Nueva *region around and south of Madrid*

castillo *m.* castle

casucha *f.* run-down hut

catálogo *m.* catalogue

Cataluña Catalonia *a region in the northeast of Spain*

catedral *f.* cathedral

católico, -a catholic

causa *f.* cause; a — de on account of

causar to cause

cebolla *f.* onion

celebrado, -a famous

celebrar to take place; celebrate

cena *f.* dinner, supper

centenar *m.* hundred

centígrado centigrade

centro *m.* center, middle

cepillo *m.* brush; — de dientes toothbrush

cerámica *f.* ceramic art; pottery

cerca (de) about, near

cerdo *m.* pork, pig

ceremonia *f.* ceremony

cerezo *m.* cherry tree

cero zero

cerrar (ie) to close

certificado, -a certified; carta certificada certified letter

cielo *m.* sky

ciencia *f.* science

cien(to) a hundred

cierto, -a (a) certain; cierto *adv.* sure; por —, certainly

cigarrillo *m.* cigarette

cincuenta fifty

cine *m.* movie(s)

cinta *f.* tape

cinturón *m.* belt; — de seguridad safety belt

ciudad *f.* city; Ciudad de México Mexico City

ciudadano *m.* citizen

civilización *f.* civilization, culture

claro, -a clear, light; — (que) of course

clase *f.* class, classroom; type, kind; compañero de —, classmate

clásico, -a classic

cliente *m. or f.* customer, client; depositor

clima *m.* climate

cobrar to charge

cobre *m.* copper

cocido, -a cooked, boiled

cocina *f.* kitchen

coctel *m.* cocktail

coche *m.* car; coach

cofradía *f.* confraternity, brotherhood

coger to seize, take, catch

cola *f.* tail, line, queue; hacer —, to stand in line

colectivo *m.* a type of taxi in Mexico City

colocación *f.* position

colocar to place, give a position to

colombiano, -a Colombian

coloso *m.* colossus

columna *f.* column

comandante *m.* captain (*of a plane*)

combinar to combine

comedia *f.* comedy; — de capa y espada cloak and dagger drama

comedor *m.* dining room

comenzar (ie) to begin, start; al —, at the beginning

comer to eat

comercial commercial, secretarial, business (*adj.*)

comercio *m.* business; commerce; store; casa de —, firm

comestibles *m. pl.* groceries, food

comida *f.* meal; dinner

comisaría *f.* police station

como as; how; since; — a at about

¿cómo? how is that? how?

comodidad *f.* comfort, convenience

cómodo, -a comfortable

compañero *m.* companion; — de clase classmate; — de estudios school friend

compañía *f.* company, society; firm

comparar to compare

**complejo, -a** intricate, complex
**completar** to complete
**completo, -a** complete
**complicado, -a** complicated
**componer** to compose (*p. p.* **compuesto**); **componerse de** to consist of
**composición** *f.* composition, theme
**compositor** *m.* composer
**compra** *f.* purchase; **ir de compras** to go shopping
**comprar** to buy
**comprender** to understand
**comprensión** *f.* understanding
**comprometerse** to pledge (oneself)
**compuesto: tiempo —,** compound tense
**común** common, public; current
**comunicación** *f.* communication
**comunicarse** to communicate; **— con** to lead into; **— por** to be connected by
**comunidad** *f.* community
**comunión** *f.* communion
**con** with, toward
**concluir** to conclude
**conclusión** *f.* conclusion
**concurrencia** *f.* attendance, crowd
**condición** *f.* condition
**condominio** *m.* condominium
**conducción** *f.* pipe, pipeline
**confesar (ie)** to confess, admit
**confianza** *f.* confidence
**confundirse** to become confused, melt into
**conglomerado** *m.* conglomerate
**congreso** *m.* congress
**conmigo (con + mí)** with me
**conminuta: fractura —,** *f.* compound fracture
**conocer** to know, be acquainted with; meet
**conocimiento** *m.* consciousness; **pérdida del —,** fainting spell
**conque** and so
**conquista** *f.* conquest
**conquistar** to conquer
**conseguir (i)** to get, obtain
**conservar** to preserve, keep, maintain; have
**consideración** *f.* consideration

**considerar** to consider
**consomé** *m.* consommé
**constante** constant, regular
**constar** to consist of, be composed of
**constituir** to constitute
**construcción** *f.* building, construction
**construir** to construct, build
**consumir** to consume
**contado: al —,** cash
**contar (ue)** to tell; count; **— con** to count (on), reckon; have
**contemplar** to contemplate
**contentar(se)** to satisfy (oneself)
**contento, -a** happy
**contestación** *f.* answer, reply
**contestar** to answer, reply
**contigo (con + ti)** with you
**continente** *m,* continent
**continuación: a —,** following
**contra** against
**contrario, -a** contrary; **en —,** to the contrary; **por lo (el) —,** on the other hand, on the contrary
**contraste** *m.* contrast
**contribuir** to contribute
**control** *m.* control, checkpoint
**controlar** to control, check
**convencerse** to become convinced
**conversación** *f.* conversation
**convertir (ie)** to convert, change; *refl.* to be converted, become
**copia** *f.* copy
**copiar** to copy
**corazón** *m.* heart
**corbata** *f.* necktie
**cordialidad** *f.* cordiality
**cordillera** *f.* range (chain) of mountains
**Córdoba** Cordova *a city and a province in Spain*
**cordobés, -esa** *of or belonging to Cordova*
**corral** *m.* corral; ancient playhouse
**correcto, -a** correct
**corregir (i)** to correct
**correo** *m.* mail; **Casa de Correos** Post Office
**correr** to run; flow
**correspondencia** *f.* correspondence
**corresponder** to correspond; go to

corrida (de toros) *f.* bullfight, bullfighting

corriente *f.* current; *adj.* common (one)

cortés, -esa courteous

cortesano *m.* courtier; *adj.* courtly, courtlike

cortesía *f.* courtesy

corto, -a short

La Coruña *a city and a province in northern Spain*

cosa *f.* thing; article; gran —, much

costar (ue) to cost

coste *m.* cost

costoso, -a expensive, costly

costumbre *f.* custom, habit

cotidiano, -a daily

creación *f.* creation

creador *m.* creator

crear to create; found

crecer to grow

crecimiento *m.* growth

creer to believe, think; ya lo creo I should say so

crema *f.* cream

crisis *f.* crisis

cristal *m.* crystal; glass

crueldad *f.* cruelty

cuadra *f.* block (of houses)

cuadro *m.* painting, picture

cual which; like; el (la, lo) cual, los (las) cuales who, which, whom

¿cuál? (¿cuáles?) *interr. pron.* which (one, ones)?

cualquier, -a (*pl.* cualesquiera) any (whatever)

cuando when; ¿cuándo? when? ¿desde cuándo? how long? since when?

cuanto, -a as much as (*pl.* as many as); as; all that (who); en cuanto a as for; concerning; cuanto más...tanto más the more...the better

¿cuánto, -a? how much? (*pl.* how many?) ¿a cuánto? how much?; ¿a cuántos estamos? what is the date today?; ¿cuántos años tiene Vd.? how old are you?

cuarenta forty

cuarto *m.* room; quarter

cuatrocientos, -as four hundred

cubano, -a Cuban

cubrir (*p. p.* cubierto) to cover

cuenca *f.* basin

cuenta *f.* bill; account; — de ahorros savings account; darse cuenta to realize

cuerno *m.* horn

cuero *m.* leather; rawhide

cuerpo *m.* body

cuestión *f.* question

cueva *f.* cave

cuidado *m.* care; dar —, worry (someone); ¡cuidado! look out! ¡pierda Vd. —! don't worry! sin cuidados without worry

cuidar (de) to take care (of)

culpa *f.* fault, blame

cultivar to cultivate, farm

cultivo *m.* farming, cultivation

cultura *f.* culture, civilization

cumbre *f.* top, highest point; highlight

cumplir to fulfill, keep (*a promise*)

cúpula *f.* cupola, dome

cura *m.* priest

curar to heal

curioso, -a curious, funny

cursar to take, pursue (*a course of studies*)

cursillo *m.* little course, brief course

cursiva: en —, in italics

curso *m.* course; — de verano summer session

curva *f.* curve

cuyo, -a whose

Cuzzani, Agustín *Argentinean dramatist (1924– )*

## CH

cheque *m.* check; — de viajero traveler's check

chica *f.* girl

chico *m.* boy; youngster, "kid"; *adj.* small, little

chileno, -a Chilean

chiquito *m.* little boy

chocante striking, shocking

chófer *m.* chauffer

choque *m.* crash, collision

chuleta *f.* cutlet

# D

**dado que** since

**dama** *f.* lady

**dar** to give; strike; — **cuidado** to worry (someone); — **miedo** to frighten

**datar (de)** to date back (to), date from

**de** of; from; with; as; than

**debajo (de)** under

**deber** to owe; ought to; must; — **de** must; **deberse a** to be due to

**debido, -a** appropriate

**década** *f.* decade

**decidir** to decide

**decir** to say; tell; **es** —, that is to say

**decoración** *f.* decoration

**dedicar(se)** to dedicate

**dedo** *m.* finger

**dejar** to leave, leave behind; allow, let

**delante (de)** in front (of); **hacia delante** forward

**Delfín** *m.* *luxury-type bus in Mexico City*

**delicadeza** *f.* delicacy, fineness

**delicia** *f.* delight

**demás: lo** —, the rest; **los (las)** —, others

**demasiado, -a** too much; *pl.* too many; *adv.* too much

**dentro (de)** within, inside (of)

**depender (ie) (de)** to depend (on)

**deporte** *m.* sport

**deportista** *m.* sports fan

**depositar** to deposit

**derecho** *m.* right; law

**derecho, -a** right; **a la derecha** to the right

**derribar** to throw down, tear down

**desafío** *m.* defiance, challenge

**desagradable** disagreeable, unpleasant

**desaparecer** to disappear

**desarrollo** *m.* development

**desastre** *m.* disaster

**desayunar** to have breakfast

**desayuno** *m.* breakfast

**descansar** to rest

**descanso** *m.* rest

**descarga** *f.* discharge, shock

**descender** to diminish, decrease; come down

**describir** to describe

**descubrir** to discover, find out

**descuento** *m.* discount

**desde** since; from; — **luego** of course; ¿ — **cuándo?** how long?

**deseable** desirable

**desear** to wish, desire, want

**desempeñar** to perform

**desierto** *m.* desert

**desigual** uneven

**despacio** slow(ly)

**despedida** *f.* departure; closing

**despedirse (i) (de)** to say good-bye (to)

**despegue** *m.* take off

**despertarse (ie)** to wake up

**destacado, -a** outstanding, prominent

**destinatario** *m.* addressee

**detalle** *m.* detail

**detener** to stop, detain; —**se** to stop

**detrás (de)** behind

**deuda** *f.* debt

**devolver (ue)** (*p.p.* **devuelto**) to return, give back

**día** *m.* day; **buenos días** good morning; **de** —, by day; **de** — **en** —, from day to day; **por el** —, during the day

**diagrama** *m.* chart

**diálogo** *m.* dialogue, conversation

**dialoguito** *m.* short dialogue, skit

**diario, -a** daily

**Díaz, José Pedro** *Uruguayan dramatist* (*1921–* )

**diccionario** *m.* dictionary

**diciembre** *m.* December

**dictado** *m.* dictation

**dictáfono** *m.* dictaphone

**dieta** *f.* diet

**diente** *m.* tooth

**diferencia** *f.* difference; **a** — **de** unlike

**difícil** difficult

**dificultad** *f.* difficulty

**dificultar** to make difficult

**digno, -a** worthy

**dinero** *m.* money

**Dios** *m.* God

**dirección** *f.* direction; address; management

**directamente** directly

**directora** *f.* directress

**dirigir** to direct; address; turn

**disco** *m.* record

**disculpar** to excuse

**discusión** *f.* discussion

**discutir** to discuss

**disfrutar** to enjoy

**dispensar** to excuse

**disponer** to dispose, have at one's disposal

**disponible** available

**disposición** *f.* disposal, disposition

**distinguido, -a** dear; distinguished

**distinguir** to distinguish

**distinto, -a** distinct; different

**distribuir** to distribute

**divertirse (ie)** to have a good time, amuse oneself

**dividendo** *m.* dividend

**dividir** to divide, split

**docena** *f.* dozen

**documento** *m.* document

**dólar** *m.* dollar

**doler (ue)** to hurt

**domicilio** *m.* home, domicile

**dominar** to rule, govern; control; handle, manage; dominate

**domingo** *m.* Sunday; **Domingo de Ramos** Palm Sunday

**dominio** *m.* domination, rule

**donde** where; **¿dónde? ¿a dónde? (¿adónde?)** where?

**dormir (ue)** to sleep; **—se** to fall asleep

**dormitorio** *m.* bedroom; dormitory

**dorsal** back (*adj.*)

**doscientos, -as** two hundred

**dramático, -a** dramatic

**dramaturgo** *m.* playwright

**duda** *f.* doubt; **no cabe —,** there is no doubt; **sin —,** undoubtedly

**dudar** to doubt

**dulce** sweet; *m.* sweet; *m. pl.* candy, sweets

**duplicador, -ora** duplicating; **máquina duplicadora** duplicator

**durante** during

**durar** to last

**durazno** *m.* peach

**duro, -a** hard

# E

**e** and (*before* **i** *or* **y**)

**economía** *f.* economy

**económico, -a** economic; **ciencias económicas** *f. pl.* economics

**El Ecuador** Ecuador

**echar** to throw; **— de menos** to miss

**Echegaray, José** *Spanish dramatist (1833–1916)*

**edad** *f.* age

**edificio** *m.* building

**editorial** *f.* publishing house

**educación** *f.* upbringing; education

**efecto** *m.* effect

**efímero, -a** ephymeral, transitory, temporary

**Egipto** *m.* Egypt

**Eibar** *city in the Basque province*

**Eichelbaum, Samuel** *Argentinean dramatist (1894– )*

**ejemplo** *m.* example

**ejercer** to exercise, practice

**ejercicio** *m.* exercise

**electricidad** *f.* electricity

**eléctrico, -a** electrical

**elegancia** *f.* elegance

**elegante** elegant

**elegir (i)** to elect

**elemental** *adj.* elementary

**elemento** *m.* element

**Elena** Helen

**elevado, -a** high

**emancipador** *m.* emancipator, liberator

**emancipar** to liberate

**embargo: sin —,** nevertheless, and yet, still

**emergencia** *f.* emergency

**emigrante** *m.* emigrant

**emigrar** to emigrate, migrate

**Emilio** Emil

**eminentemente** eminently

**emparedado, -a** walled in; *noun m.* sandwich

**empezar (ie)** to begin, start

**empleada** *f.* employee

empleado *m.* employee
emplear to employ, use
empleo *m.* job
empresa *f.* concern, firm; enterprise
empresarial administration (*adj.*)
en in; into; at; on
enamorarse (de) to fall in love with
encabezamiento *m.* heading (*of a letter*)
encaje *m.* inlay
encantado, -a enchanted
encantador, -ora enchanting, charming
encanto *m.* enchantment, charm
encapsular to encapsulate
encargarse (de) to take charge of, assume
encerrarse (ie) to lock oneself up
encima: por encima de on top of
encontrar (ue) to find; meet; -se (con) to find oneself; meet; be found
energía *f.* energy
enero *m.* January
enfermedad *f.* illness
enfermera *f.* nurse; — de noche night nurse
enfermo, -a ill; *noun m.* patient
enfrente (de) in front (of); de —, opposite
enorme enormous, imposing
enormidad *f.* enormity, tremendous amount
enseñanza *f.* education, teaching; — elemental elementary education; — primaria primary education; — secundaria secondary education; — superior higher education
enseñar to show; teach
entender (ie) to understand; hear
enterarse (de) to find out
entero, -a entire, whole
enterrado, -a buried
entierro *m.* burial; funeral procession
entonces then, at that time
entrada *f.* entrance, admission; door; entry; mouth (*of a river*)
entrar (en) to enter, get into, go in
entre between; among
entregar to hand over, turn over
entreguerras *m.* period between wars
entremés *m.* hors d'œuvre; interlude

entrevista *f.* interview
entusiasmar to make one enthusiastic, enthuse
entusiasmo *m.* enthusiasm
enviar to send
envío *m.* sending
época *f.* period, time, age
equilibrado, -a balanced
equipaje *m.* luggage, baggage
equivaler to be equivalent to
equivocarse to be mistaken
error *m.* mistake
escalera *f.* staircase
escalope *f.* scaloppine
escaparate *m.* showcase, show window
escarpado, -a steep, craggy
escoger to choose, select
escolar *adj.* school
El Escorial *royal monastery and palace to the north of Madrid*
escribir (*p.p.* escrito) to write; — a máquina to type
escrito: por —, in writing
escuchar to listen (to)
escuela *f.* school; — de magisterio teacher's college; — de verano summer school
escultura *f.* sculpture
ese, -a, -os, as *adj.* that; *pl.* those (*near person addressed*)
ése, -a, -os, -as *pron.* that, that one; *pl.* those (*near person addressed*)
esfera *f.* sphere
esmeralda *f.* emerald
eso *pron.* that (*indef.*), the idea; por eso that's why
espacio *m.* space
espada *m.* bullfighter; *f.* dagger
España *f.* Spain
español, -ola Spanish; *noun m.* Spaniard; Spanish
espárrago *m.* asparagus
especial special
especialidad *f.* specialty
especie *f.* kind
espectáculo *m.* spectacle, show
espectador *m.* spectator
espejo *m.* mirror
esperanza *f.* hope

esperar   to wait (for); hope
esperpento *m.*   distortion; the absurd
espina dorsal *f.*   backbone
espinaca *f.*   spinach
espíritu *m.*   spirit, soul
espléndido, -a   splendid
esposa *f.*   bride; wife
esposo *m.*   husband; bridegroom
esqueleto *m.*   skeleton
esquiador *m.*   skier
esquiar   to ski
esquina *f.*   corner
estación *f.*   season; station
estado *m.*   state; government
(los) Estados Unidos *m. pl.*   United
  States
estar   to be
este *m.*   east
este, -a, -os, -as *adj.*   this; *pl.* these
éste, -a, -os, -as *pron.*   this (one), the
  latter; *pl.* these, the latter
estetoscopio *m.*   stethoscope
estilo *m.*   style
estimable   worthy, charming, esteemed
estimación *f.*   esteem
estimado, -a   dear; appreciated
estimar   to estimate; value
estimular   to stimulate
estímulo *m.*   stimulus
estirar   to stretch
esto *pron.*   this (*indef.*)
estrangulación *f.*   strangulation, choking
estrecho, -a   narrow
estrellado, -a   starry
estrenar   to give a première
estreno *m.*   opening night; día del —,
  opening day
estructura *f.*   structure, form
estuario *m.*   estuary
estudiante *m. or f.*   student
estudiar   to study
estupefacto -a   stupified
estupendo, -a   stupendous, extraordin-
  ary
eterno, -a   eternal
Europa *f.*   Europe
europeo, -a   European
evitar   to avoid
evolución *f.*   evolution, change

exacto, -a   exact, precise
exageración *f.*   exaggeration
examen *m.*   examination; — de ingreso
  entrance examination
excelencia *f.*   excellence; por —, par
  excellence
excelente   excellent
exclusivamente   exclusively
exhibir   to exhibit
exilio *m.*   exile
existir   to exist; live
éxito *m.*   success
experiencia *f.*   experience
explicación *f.*   explanation
explicar   to explain
exportador, -ora   exporter, exporting
exportar   to export
exposición *f.*   exhibition
expresión *f.*   expression
expresionista   expressionistic
expresivo, -a   expressive
extender (ie)   to extend; —se hasta   to
  reach
extensión *f.*   extension, area; extent
extenso, -a   extensive
externo, -a   external
extraer   to extract
extranjero, -a   foreign; stranger; *noun
  m.* foreigner; foreign countries
extremo *m.*   extreme; terminal
exuberante   luxuriant, exuberant

# F

fácil   easy
fácilmente   easily
factor *m.*   factor, element
facultad *f.*   faculty; school; college;
  — de medicina   medical school
faja *f.*   strip
falta *f.*   mistake; fault
faltar   to lack, be lacking; fail
Falla, Manuel de   *Spanish composer
  (1876–1946)*
falla (valenciana) *f.*   bonfire; *allegorical
  monument made in Valencia for Saint
  Joseph festivity*
familia *f.*   family
famoso, -a   famous
fantasía *f.*   fantasy

fantástico, -a   fantastic
farsa *f.*   farce
farsátira *f.*   satiric farce
favor *m.*   favor; pleasure; welcome letter; por —, please
favorecer   to favor, help
fe *f.*   faith
febrero *m.*   February
fecha *f.*   date
felicidad *f.*   happiness
feria *f.*   fair, market; holiday
Fernando   Ferdinand
fértil   fertile
fertilidad *f.*   fertility
fiesta *f.*   feast, party
figurar   to figure; make a showing, stand out; appear
fijo, -a   fixed
filete *m.*   filet
filosofía *f.*   philosophy
fin *m.*   end; — de semana   weekend; a — de que   so that; por —, finally; a fines de   toward the end of; hasta fines de   toward the end of
final *m.*   end; closing (*of a letter*); *adj.* final, ultimate
firma *f.*   signature
firmar   to sign
flamenco *m.*   *Andalusian dance (song and music)*
flan *m.*   custard
flor *f.*   flower, blossom
florecer   to flourish, bloom
fluvial *adj.*   river
folleto *m.*   circular, pamphlet, booklet
forastero *m.*   outsider, foreigner
forma *f.*   form
formación *f.*   formation, making
fórmula *f.*   formula, set pattern
formular   to form
formulario *m.*   form, blank; — de entrada (ingreso)   admission form; — de retiro   withdrawal slip
fotografía *f.*   photograph, picture
fotográfico, -a   photographic
fotógrafo *m.*   photographer
fractura *f.*   fracture; — conminuta   compound fracture
francés, -esa   French; *m.* French, Frenchman; *f.* Frenchwoman

frecuente   frequent
freno *m.*   brake
frente *f.*   forehead; — a   facing, before, opposite; en — de   opposite; de en—, opposite
fresa *f.*   strawberry
fresco, -a   fresh, cool; hace —, it's cool
fresquísimo, -a   very fresh
frío *m.*   cold; hace —, it's cold
frío, -a   cold
frito, -a   fried
fruta *f.*   fruit; — variada   assorted fruit
frutal *adj.*   fruit-bearing
fuego *m.*   fire
fuente *f.*   source; fountain
fuera   out, outside; — de   outside of; besides
fuerte   strong
fuerza *f.*   strength; force, impact; a — de   by dint of, by means of, through
fumar   to smoke
función *f.*   function, affair, event
funcionar   to function, work
fundar   to found, build
furioso, -a   furious
futuro *m.*   future

# G

gafas *f. pl.*   eyeglasses
Galeoto *m.*   go-between (*a reference to Dante's Inferno V*)
Galicia   *a Spanish region in the northwest*
gallego, -a   Galician
ganar   to earn, make (*a living*)
garantía *f.*   collateral, guarantee
García-Lorca, Federico   *Spanish poet and dramatist (1898–1936)*
gasolina *f.*   gasoline
gastar   to spend
gazpacho *m.*   cold soup
general: por lo —, generally
Generalife *m.*   *summer residence of the Moorish kings of Granada*
generalmente   generally
gente *f.*   people
gesticulador *m.*   impersonator; *speaker who gesticulates with grimaces and empty words*

gestión *f.* management
gesto *m.* gesture
(la) Giralda *tower of the cathedral of Seville*
Girardot *city on the Magdalena river*
giro postal *m.* money order
gitana *f.* gypsy woman
gitano *m.* gypsy; *adj.* gypsy
globito *m.* tiny globe
gloria *f.* glory
gobierno *m.* government
golfo *m.* gulf; **Golfo Pérsico** Persian Gulf
gozar (de) to enjoy
gracia *f.* grace; **gracias** *f. pl.* thanks, thank you; **gracias a** thanks to
grado *m.* degree; rank
gramática *f.* grammar
gramatical grammatical, grammar (*adj.*)
gramaticalmente grammatically
Granada *f.* *city and province in southern Spain*
granadita *f.* pomegranate
Granados, Enrique *Spanish composer (1868–1916)*
gran(de) large, great
grandeza *f.* size; grandeur, greatness
(la) Granja *royal palace in the mountains of the Guadarrama range near Madrid*
gratis free of charge
grato, -a pleasant, pleasing
grave grave, serious
gringo *m.* American (*derogatory*)
gris grey, gray
gritar to shout
grito *m.* cry
grupo *m.* group
La Guaira *Venezuelan harbor*
Guanajuato *city in central Mexico*
guante *m.* glove
guapo, -a pretty, attractive
guardar to keep, guard; **— silencio** to keep silent
guerra *f.* war
guía *m.* guide; *f.* guidebook
guiar to drive
guisantes *m. pl.* peas
guitarra *f.* guitar

guitarrista *m. or f.* guitarrist
gustar to please (like)
gusto *m.* pleasure; taste

# H

haber to have; **— de** to be expected to
habitación *f.* home, dwelling; room
habitante *m.* inhabitant
habla *f.* speech; **de — española** Spanish speaking
hablador, -ora big talker
hablar to speak
hacer to do; make; **— calor** be warm; **— frío** be cold; **— un curso** take a course; **— un viaje** take a trip; **—se** become; take place; **— viento** be windy
hacia toward
hambre *f.* hunger; **tener —,** be hungry
hay there is (are); **— que** one must; it is necessary
hecho (*p.p. of* **hacer**) done; **hechos** *m. pl.* facts, data
helado *m.* ice cream
heredero *m.* heir
herencia *f.* inheritance
herida *f.* wound
hermana *f.* sister; **hermanita** *f.* little sister
hermano *m.* brother; **hermanito** *m.* little brother
hermoso, -a beautiful
hermosura *f.* beauty
hielo *m.* ice
hierro *m.* iron; **mineral de —,** iron ore
hija *f.* daughter
hijo *m.* son; **hijito** *m.* little son, sonny
hilo *m.* wire
hipoteca *f.* mortgage
hipotecario, -a *adj.* mortgage
Hispanoamérica *f.* Spanish America
hispanoamericano, -a Spanish American
historia *f.* history; story
histórico, -a historical
hoja *f.* leaf

¡Hola! Hi! Hello!

hombre *m.* man; ¡Hombre! Man alive!

hombrón *m.* great big man

honrado, -a honored

hora *f.* hour; time

horno *m.* furnace; altos hornos *m. pl.* blast furnace

hospitalidad *f.* hospitality

hoy today; — como ayer today as in the past; — en día nowadays

huelga *f.* strike

huella *f.* trace, track

huerta *f.* vegetable garden, truck garden; orchard

huevo *m.* egg

humanidad *f.* humanity; *f. pl.* humanities

humano, -a human

humedad *f.* humidity

húmedo, -a humid


I

ibérico, -a Iberian

idioma *m.* language

iglesia *f.* church

igual equal, the same, alike

iluminar to illuminate

imagen *f.* image, statue

imaginación *f.* imagination

imaginar to imagine; suspect

impedir (i) to prevent

imperfecto *m.* imperfect

impermeable *m.* raincoat

imponer (*p. p.* impuesto) to impose; to deposit

importancia *f.* importance

importante important

importar to matter

imposibilitar to render impossible, make impossible

imposible impossible

imposición *f.* deposit slip

impresión *f.* impression

impresionante imposing, impressive

impuesto *m.* tax; (*p.p. of* imponer) imposed

impulsar to enhance

impulso *m.* impulse

inauguración *f.* inauguration

incendiar to set fire to

incesante endless, continual

incluir to include

incomunicabilidad *f.* alienation, estrangement

incorporar to incorporate

independencia *f.* independence

indígena (*adj. invar.*) indigenous; *noun m.* native

indio, -a Indian; *noun m.* Indian

individual individual, private

industria *f.* industry

industrializado, -a industrialized

infección *f.* infection

infinito, -a infinite, unbounded

influencia *f.* influence

información *f.* information, data

informar to inform

ingeniería *f.* engineering

ingeniero *m.* engineer

inglés, -esa English; *m.* Englishman

ingreso *m.* income; admittance; entrance; oficina de —, admissions office; solicitud de —, entrance application

inmenso, -a immense

insertar to insert

insigne noted, famous, distinguished

insolación *f.* sun stroke

insoluble insoluble, impossible to solve

inspiración *f.* inspiration

instalar to install, set up

institución *f.* institution

instituto *m.* institute; — de segunda enseñanza secondary school

insurgente *m.* insurgent; Avenida de Insurgentes *main thoroughfare in Mexico City*

inteligente intelligent

intenso, -a intense

interés *m.* interest

interesado, -a involved

interesar to interest, be of interest

interior *m.* inland, interior

intermedio, -a intermediate

interno, -a internal

interpretar to interpret

intérprete *m.* interpreter

**invadir**  to invade

**invasión** *f.*  invasion

**invasor** *m.*  invader

**invencible**  invincible

**inventar**  to invent

**invierno** *m.*  winter

**invitar**  to invite

**inyección** *f.*  injection; **poner** —, to give an injection

**ir**  to go; — **a**  be going to; — **bien con**  match, agree; — **de compras**  go shopping; **irse**  go away, leave

**Isabel**  Elizabeth, Isabella

**isla** *f.*  island

**islámico, -a**  Islamic

**islote** *m.*  small barren island, islet

**istmo** *m.*  isthmus

**Italia** *f.*  Italy

**italiano, -a**  Italian

**izquierdo, -a**  left; **a la izquierda**  to the left; **izquierda** *f.*  left hand

# J

**jamás**  ever; never

**jamón** *m.*  ham

**Japón** *m.*  Japan

**japonés, -esa**  Japanese

**jardín** *m.*  garden

**jefe** *m.*  boss, head

**jornada** *f.*  act of a play; journey

**José**  Joseph

**jota** *f.*  *dance of Aragón, Navarra, and Valencia*

**joven** *adj.*  young; *m.* young man

**jovencita** *f.*  young girl

**jovencito** *m.*  young person, "kid"

**joya** *f.*  jewel

**Juan**  John

**Juana**  Joan

**Juanita**  Joany

**judía** *f.*  (string) bean

**jueves** *m.*  Thursday

**jugar (ue)**  to play (*a game*)

**jugo** *m.*  juice

**julio** *m.*  July

**junio** *m.*  June

**juntar**  to join, unite

**junto, -a**  near; *pl.* together; — **a**  next to

# K

**kilo** *m.*  kilogram (*2.2 lbs.*)

**kilómetro** *m.*  kilometer

# L

**lado** *m.*  side; **a cada** —, on each side; **al** — **de**  alongside; **por otro** —, on the other hand

**lago** *m.*  lake

**langosta** *f.*  lobster

**lápiz** *m.*  pencil

**largo, -a**  long; *m.* length; **a lo** — **de**  alongside, throughout; in the course of

**lástima** *f.*  pity, shame; **es** —, it's a pity, it's too bad; **¡qué** —!  too bad!

**lata** *f.*  can

**lavar(se)**  to wash (oneself)

**lección** *f.*  lesson

**leche** *f.*  milk

**leer**  to read

**lejano, -a**  distant

**lejos (de)**  far (from); **de** —, from afar, in the distance

**lengua** *f.*  language

**lenguado** *m.*  sole

**lento, -a**  slow

**letra** *f.*  letter; *pl.* letters, liberal arts, literature; **primeras letras** *f. pl.*  first rudiments

**levantar**  to raise, build; —**se**  to get up, rise

**Levante** *m.*  Levant, East

**ley** *f.*  law

**Líbano** *m.*  Lebanon

**libra** *f.*  pound

**libraco** *m.*  horrid book

**libre**  free; **al aire** —, in the open air

**librería** *f.*  bookstore

**libreta** *f.*  notebook; — **de banco**  bankbook

**libro** *m.*  book; **librito** *m.*  tiny book

**licencia** *f.*  license

**liceo** *m.*  *institution of higher learning*

**Lima**  *capital of Peru*

limitar   to limit; bound
límite *m.*   boundary; limit
limón *m.*   lemon
limosna *f.*   alms, charity
limpiar   to clean
límpido, -a   limpid, crystal-clear
limpio, -a   clean
lindo, -a   pretty, neat; cute
línea *f.*   line
lista *f.*   list; menu
listo, -a   ready
literatura *f.*   literature
litro *m.*   liter (*1.026 quart*)
lo que   what; which; los que   those which
lógico, -a   logical
lograr   to achieve, accomplish; manage, succeed in
lona *f.*   canvas
Lope de Vega, Felix   *Spanish playwright (1562–1635)*
lubina *f.*   bass
lucha *f.*   struggle
luego   then; — que   as soon as; desde —, of course; hasta —, good-bye
lugar *m.*   place; en — de   instead of; tener —, to take place
Luis   Louis
Luisa   Louise
lujo *m.*   luxury
luminosidad *f.*   luminosity, light
luna *f.*   moon
lunes *m.*   Monday
luz *f.*   light

## LL

llamar   to call; llamado, -a   so called; llamarse   to be called
llamativo, -a   appealing
llanta *f.*   tire
llave *f.*   key
llegada *f.*   arrival
llegar   to reach, arrive at, get to
llenar   to fill, fill out
lleno, -a   full
llevar   to take; bring; have; wear; carry away; — a cabo   to carry out
llover (ue)   to rain
lluvia *f.*   rain

## M

Macarena, Virgen de la   *famous statue of the Virgin, venerated in Seville*
madera *f.*   wood
madre *f.*   mother; ¡Madre mía!   Good heavens!
madrecita *f.*   little mother, dear mother
Madrid *m.*   *capital of Spain*
madrileño, -a   Madrilenian
maduro, -a   ripe; mature
maestro *m.*   master, leader; teacher
Magdalena (Río) *m.*   *river in Colombia*
magisterio *m.*   teaching career
magnífico, -a   perfect, magnificent, superb
magnitud *f.*   magnitude, immensity
majestuoso, -a   majestic
mal *m.*   evil, harm
maleta *f.*   suitcase
maletín *m.*   small suitcase, hand luggage
mal(o), -a   bad; *adv.* badly
malquerido, -a   disliked
Mallea, Eduardo   *Argentinean novelist (1903– )*
mamá *f.*   mother
mandar   to ask; — entrar   to show someone in
mando *m.*   command
manejar   to handle, use
manera *f.*   manner; de — que   so that; de ninguna —, not at all; de una — fantástica   fantastically
manita *f.*   little hand
mano *f.*   hand
mantener (ie)   to keep; — la calma to keep calm
mantequilla *f.*   butter
manuscrito *m.*   manuscript
manzana *f.*   apple; block (*of houses*)
mañana *adv.*   tomorrow; *m.* tomorrow, future; *f.* morning
mapa *m.*   map
máquina *f.*   machine; — calculadora calculator; — duplicadora duplicator; — para escribir   typewriter; escribir a —, to type
mar *m. or f.*   sea; Mar Caribe   Caribbean Sea

**Maracaibo** *city and lake in Venezuela, near the Colombian border*

**marcar** to mark

**marchar** to walk; march; **—se** to go away, leave

**María** Mary; **María Luisa** Marie Louise

**marido** *m.* husband

**marina** *f.* marine; seashore; seascape

**martes** *m.* Tuesday

**marzo** *m.* March

**mas** but

**más** more, most; plus; **— bien** rather; **— o menos** more or less; **no . . . —**, not . . . any more; **no — que** only; **sin — ni —**, without further ado

**masaje** *m.* massage

**máscara** *f.* mask

**matemáticas** *f. pl.* mathematics

**material** *m.* stuff, material

**materialmente** materially

**matrícula** *f.* registration

**matricularse** to matriculate, enroll

**matrimonio** *m.* (married) couple; marriage

**máximo, -a** largest; maximum

**mayo** *m.* May

**mayor** major, bigger; older; **la — parte de** most of

**mayoría** *f.* majority

**mecanógrafa** *f.* typist, stenographer

**medianoche** *f.* midnight

**medicina** *f.* medicine

**médico, -a** medical

**médico** *m.* doctor, physician

**medida** *f.* measure; size; **a — que** as, in pace with

**Medina Azahara** *ruins of old Arab palace near Córdoba*

**medio, -a** half

**medio** *m.* middle; means; **en — de** in the midst of, in the middle of; **por — de** by means of

**mediodía** *m.* midday, noon

**meditación** *f.* meditation

**mediterráneo, -a** Mediterranean (*adj.*); *m.* Mediterranean

**mejor** better; best; **— dicho** better said, rather

**melocotón** *m.* peach

**melón** *m.* melon

**mencionar** to mention

**menor** smaller; younger; **el —**, the youngest

**menos** less; minus; except; **a — que** unless; **el —**, the least; **por (a) lo —**, at least

**mensual** monthly

**menú** *m.* menu

**menudo: a —**, often, frequently

**mercado** *m.* market

**mercancía** *m.* merchandise

**merluza** *f.* cod, hake

**mero** *m.* grouper; **medallón de —**, grouper steak

**mes** *m.* month

**mesa** *f.* table; **— de noche** night table

**mesera** *f.* waitress

**meseta** *f.* plateau

**métrico, -a** metric

**metro** *m.* meter; **Metro** *subway in Mexico City*

**mexicano, -a** Mexican

**México** *m.* Mexico

**mezcla** *f.* mixture

**mezquita** *f.* mosque

**mi(s)** my

**miedo** *m.* fear; **dar —**, to frighten; **tener —**, to be afraid

**miembro** *m.* member

**mientras (que)** while, meanwhile; **— tanto** meanwhile

**miércoles** *m.* Wednesday

**mil** a thousand; **miles y miles** thousands upon thousands

**millón** *m.* million

**minera** *f.* mine

**mineral** *m.* ore; mineral

**minería** *f.* mining

**minuto** *m.* minute

**mío, -a** my, mine; **el mío, la mía** mine

**mirar** to look (at)

**misa** *f.* mass

**mismo, -a** self, oneself, itself; same; **ahora —**, right now

**misterio** *m.* mystery

**mitad** *f.* half; middle

**moda** *f.* fashion, style; **ponerse de —**, be in fashion

**modelo** *m.* model; pattern
**modernización** *f.* modernization
**moderno, -a** modern
**modesto, -a** modest, humble
**modismo** *m.* idiom
**modo: de — que** so that, in such a manner that
**mojarse** to get wet
**molestar** to bother, disturb; **—se** to bother, get upset
**molestia** *f.* bother, nuisance
**mollido, -a** soft
**momento** *m.* moment, particular time; **en un momentito** in just a moment
**momia** *f.* mummy
**monstruosidad** *f.* monstrosity
**montaña** *f.* mountain
**montañoso, -a** mountainous
**monte** *m.* mountain
**Montefrío** *royal palace in the Segovia province, not far from Madrid*
**Montevideo** *capital of Uruguay*
**monumento** *m.* monument; large figure
**Mook, Armando L.** *Chilean dramatist (1894–1943)*
**moral** moral; **ciencias morales** *f. pl.* ethics
**moralidad** *f.* morality
**morir (ue)** (*p.p.* **muerto**) to die
**mosaico** *m.* mosaic
**mostrar (ue)** to show, point out
**motivo** *m.* motive; **con — de** on the occasion of; for the purpose of
**motor** *m.* motor; **— a petróleo** gasoline engine; **principal —,** motivating force
**mover (ue)** to move
**movido, -a (a)** run (by)
**mozo, -a** young; *m.* waiter
**muchacha** *f.* girl
**muchacho** *m.* boy
**muchedumbre** *f.* crowd
**mucho, -a** much; *pl.* many
**mucho** much, a great deal; **muchazo** quite a bit
**muerte** *f.* death
**muiñeira** *f. Galician dance*
**mujer** *f.* woman; **mujerona** *f.* great big woman; **mujeruca** *f.* wench

**multicolor** many-colored
**multiple** multiple, many
**multiplicar** to multiply
**mundial** *adj.* world
**mundo** *m.* world; **todo el —,** everybody
**municipal** municipal, city (*adj.*)
**museo** *m.* museum
**música** *f.* music
**musulmán** *f.* Moslem, Mussulman
**muy** very

# N

**nacer** to be born
**nacimiento** *m.* birth
**nación** *f.* nation
**nacional** national
**nacionalizar** to nationalize
**nada** nothing; anything; *adv.* at all; **— de —,** nothing at all, nothing doing
**nadar** to swim
**nadie** no one, nobody, (not) anybody
**Nalé Roxlo, Conrado** *Argentinean poet and playwright (1898– )*
**naranja** *f.* orange
**naranjo** *m.* orange tree
**nariz** *f.* nose
**narrador** *m.* narrator
**narradora** *f.* narrator
**natural** natural, native; **— del país** native
**naturaleza** *f.* nature
**nausea** *f.* nausea; **sentir nauseas** to become nauseated
**Navarra** *Spanish region near the French border*
**nave** *f.* aisle; nave (*of a cathedral*)
**navegable** navigable
**Navidad** *f.* Christmas
**necesario, -a** necessary
**necesidad** *f.* necessity, need
**necesitar** to need
**negativo, -a** negative
**negocio** *m.* business
**neoyorkino** *m.* New Yorker
**nevado, -a** snow-capped
**nevar (ie)** to snow

**(no) ni...ni...** neither ... nor ...; **ni tampoco** nor

**nieve** *f.* snow

**ningún, ninguno, -a** no, not any, none

**niña** *f.* girl, child

**niño** *m.* boy; *pl.* children

**nivel** *m.* level; **— de vida** standard of living

**noche** *f.* night, evening; **de —,** at night; **por la —,** in the evening, at night; **buenas noches** good evening (night)

**nombre** *m.* name

**norma** *f.* rule (*of procedure*)

**normal** normal; **escuela —,** teacher's college

**norte** *m.* north

**norteamericano, -a** North American (*also noun*)

**notable** notable, remarkable

**notar** to note, mark

**noticia** *f.* news, piece of news

**novecientos, -as** nine hundred

**novedad** *f.* novelty, newness; development

**noventa** ninety

**novia** *f.* fiancée, girl friend

**noviembre** *m.* November

**novio** *m.* fiancé, boyfriend

**novísimo, -a** most new, most recent

**nuestro, -a** our; **el nuestro, la nuestra** ours

**nuevo, -a** new

**número** *m.* number

**numeroso, -a** numerous

**nunca** ever; never

## O

**o** or

**objeto** *m.* object; thing

**obligación** *f.* obligation

**obra** *f.* work; **— dramática** play; **obras públicas** public works

**obrero** *m.* workman

**observación** *f.* observation

**obstáculo** *m.* obstacle

**Oca** *old Galician manor in the Pontevedra province*

**ocasión,** *f.* occasion, opportunity

**occidental** *adj.* western

**occidente** *m.* occident, west

**océano** *m.* ocean

**octavo, -a** eighth

**octubre** *m.* October

**ocupado, -a** busy, occupied

**ocupar** to occupy; **—se (de)** to be busy with, occupy oneself with; attend to

**ochenta** eighty

**ochocientos, -as** eight hundred

**oficial** official

**oficina** *f.* office; **— de correo** post office

**ofrecer** to offer

**oír** to hear

**ojalá** I wish that, would that

**¡olé!** hurrah!

**olivo** *m.* olive tree

**olvidar(se) (de)** to forget

**operación** *f.* operation, working

**opinión** *f.* opinion

**oponer** (*p.p.* **opuesto**) to oppose

**oportunidad** *f.* opportunity, chance

**oración** *f.* sentence; prayer

**oralmente** orally

**organización** *f.* organization

**oriental** *adj.* eastern

**orilla** *f.* bank (*of a river*); edge; shore

**orina** *f.* urine

**Orinoco** *m.* *Venezuelan river*

**oro** *m.* gold

**Orozco, José Clemente** *famous Mexican painter (1883–1949)*

**otoño** *m.* autumn, fall

**otro, -a** other, another; **otra vez** again

**oxígeno** *m.* oxygen

## P

**Pablo** Paul

**paciente** *m. or f.* patient

**pacíficamente** peacefully

**Pacífico** *m.* Pacific

**Paco** Frank

**padrazo** *m.* very indulgent father

**padre** *m.* father; *pl.* parents

**pagar** to pay

**pago** *m.* payment

país *m.* country
paisaje *m.* countryside, landscape
pajarillo *m.* tiny little bird
pajarito *m.* tiny little bird
pájaro *m.* bird
palabra *f.* word
**Palacete de la Moncloa** *royal palace in the outskirts of Madrid*
palacio *m.* palace
**Palestina** *f.* Palestine
pálido, -a pale
palmera *f.* palm tree
pan *m.* bread
**Panteón** *m.* Pantheon (*burial place in Guanajuato*)
pañal *m.* diaper
papel *m.* paper; part (role); — **para cartas** stationery
paquete *m.* package
para for, to, in order to; — **que** so that, in order that
paraguas *m.* umbrella
paraíso *m.* paradise
parar(se) to stop
**(el) Pardo** *royal palace near Madrid*
parecer to appear, seem; —**se** to look like, resemble
parecido, -a alike, similar
paréntesis *f.* parenthesis
parque *m.* park
parrilla *f.* grill, grate
parte *f.* part; side (*of a discussion*); **en gran —**, to a great extent; **en su mayor —**, on the whole; **la mayor — de** most of; **por su —**, on their part; **por todas partes** everywhere
participación, *f.* participation, contribution
particular *adj.* particular, private; *noun m.* individual
partido *m.* game
partir to leave, start out
pasado, -a past; last; well done (*of meat*); *noun m.* past
pasaje *m.* passageway, way
pasar to come in, pass; spend; — **de** to exceed; **así pasa con** that's how it is with; **¿qué va a pasar?** what's going to happen?; — **a máquina** type out

**Pascua Florida** *f.* Easter
pasearse to take a walk
paseo *m.* walk; ride; **dar un —**, to take a walk; **dar un — en auto** to go for a ride; **Paseo de la Reforma** *one of the main avenues in Mexico City*
pasillo *m.* hall, hallway
paso *m.* pace, step; **al — de** along with
pastel *m.* cake, tart, pie
patata *f.* potato
patio *m.* yard, courtyard
patria *f.* fatherland, motherland
pausa *f.* pause
**Payró, Roberto Jorge** *Argentinean writer (1867–1928)*
pazo *m.* Galician manor
peatón *m.* pedestrian
peculiar peculiar, characteristic
pedido *m.* order
pedir (i) to ask for; order; look for, get
**Pedro** Peter
peinado *m.* hairdo, hair style
peinarse to comb one's hair
película *f.* film
peligro *m.* danger
peligroso, -a dangerous
pelota *f.* ball
pena *f.* trouble; **vale la —**, it is worth while
pendiente pending
península *f.* peninsula
pensamiento *m.* thought
pensar (ie) to think; expect
**Pepe** Joe
pequeño, -a small, little
pera *f.* pear
perder (ie) to lose; — **cuidado** not to worry; — **(el) tiempo** to waste time
pérdida *f.* loss, waste
perdiz *f.* partridge
perdón *m.* pardon; pardon me
perezoso, -a lazy
perfecto, -a perfect
periódico *m.* newspaper
período *m.* period
permanecer to remain, stay
permanente permanent
permitir to permit, allow

**pero** but
**perro** *m.* dog
**Persia** *f.* Iran
**pérsico, -a** Persian
**persona** *f.* person, people
**pesar: a — de** in spite of
**pescado** *m.* fish; **sopa de —,** fish chowder
**pesero** *m.* *type of taxi in Mexico City*
**peseta** *f.* *Spanish monetary unit*
**peso** *m.* weight; *Mexican monetary unit*
**petróleo** *m.* petroleum, oil
**petrolero, -a** *adj.* oil
**pianista** *m. or f.* pianist
**pico** *m.* peak, top, a bit
**pie** *m.* foot
**pierna** *f.* leg
**pintar** to paint
**pintor** *m.* painter
**pintoresco, -a** picturesque
**pintura** *f.* painting
**pío** *m.* noise of a chick; "boo"
**pipa** *f.* pipe
**piscina** *f.* pool, swimming pool
**piso** *m.* floor, story
**pizarra** *f.* blackboard
**placer** *m.* pleasure
**planta** *f.* plant
**plata** *f.* silver
**plataforma** *f.* platform
**plátano** *m.* a type of banana; banana
**plato** *m.* plate, dish; **— combinado** blue plate special
**playa** *f.* beach
**plaza** *f.* square; **Plaza Nueva** *a main square in Seville*; **plazuela** *f.* little square
**población** *f.* population, people
**poblacho** *m.* shabby old town
**poblachón** *m.* big, shabby old town
**pobre** poor
**pobrecita** *f.* poor little girl
**pobrecito** *m.* poor little fellow
**pobretón** *m.* one who is quite poor
**pobreza** *f.* poverty
**poco, -a** little, small; *pl.* a few; **a poco de** shortly after; **hace poco** a short while ago; **un poco** somewhat
**poder** *m.* power

**poder** (*irr.*) to be able, can, may; **a más no —,** at full speed
**poema** *m.* poem
**poesía** *f.* poetry
**poeta** *m.* poet
**poético, -a** poetical
**policía** *m.* policeman; *f.* police force
**política** *f.* politics
**político, -a** political
**polvo** *m.* dust; **hay —,** it's dusty
**poner** (*irr.*) to put, lay, place; **—se** to become, get, put on; **—se a** to start; **—se de moda** to be in fashion
**(un) poquito** a bit, a tiny bit
**por** by, during, for, over, along, per, through, because of, in exchange for, for the sake of; **por bueno (malo) que** however good (bad)
**¿por qué?** why?
**porque** because
**Portillo** *resort near Santiago* (*Chile*)
**posible** possible; **lo más —,** as much as possible
**posponer** to postpone
**posguerra** *f.* postwar period
**postre** *m.* dessert
**pozo** *m.* well; **— petrolífero** oil well
**practicar** to practice, exercise
**práctico, -a** practical
**prado** *m.* meadow, lawn; **El Prado** *the most famous museum in Madrid*
**precaución** *f.* precaution
**precio** *m.* price
**preciso, -a** necessary; **es —,** it is necessary
**predominante** predominant
**predominar** to predominate
**preferente** *adj.* preferential; prominent
**preferir** (**ie**) to prefer
**pregunta** *f.* question; **hacer preguntas** to ask questions
**preguntar** to ask
**premio** *m.* prize; **— Nobel** Nobel Prize
**preocuparse (de) (por)** to worry (about)
**preparación** *f.* preparation
**preparar** to prepare
**preposición** *f.* preposition
**presencia** *f.* presence
**presentar** to present, introduce, show

**presente** present (one); *m.* present (tense)

**préstamo** *m.* loan

**prestar** to lend

**primario, -a** primary

**primavera** *f.* spring

**primer(o), -a** first, foremost; *adv.* first

**primo** *m.* cousin

**principal** main, principal

**principiar** to begin

**principio** *m.* beginning; **a principios (de)** in the beginning (of)

**prisa** *f.* hurry, haste; **de —,** in a hurry; **tener —,** to be in a hurry

**privado, -a** private, individual

**probablemente** probably

**problema** *m.* problem

**procesión** *f.* procession

**producción** *f.* production

**producir** to produce, yield, bear

**producto** *m.* product

**productor** *m.* producer

**profesión** *f.* profession, trade, occupation

**profesional** professional; *m.* professional person

**profesor** *m.* professor, teacher

**profesora** *f.* professor, teacher

**profundo, -a** deep

**programa** *m.* program

**progreso** *m.* progress

**pronombre** *m.* pronoun

**pronto, -a** quick, speedy; **pronto** *adv.* immediately, quickly, soon; **lo más — posible** as soon as possible

**propiamente** properly; itself

**propiedad** *f.* property

**propietario** *m.* owner

**propina** *f.* tip

**propio, -a** proper, suitable, very, own; himself, oneself

**proporción** *f.* proportion

**propósito** *m.* purpose; **a — de** as regards

**prosperidad** *f.* prosperity, boom

**próspero, -a** prosperous, favorable

**provincia** *f.* province

**provocar** to provoke, cause

**próximo, -a** next, nearest

**publicar** to publish

**público, -a** public

**pueblecito** *m.* little town, hamlet

**pueblo** *m.* town; people

**puerta** *f.* door; gate

**puerto** *m.* port, harbor

**puertorriqueño, -a** Puerto Rican (*also noun*)

**pues** for, because, since, well, and so

**puesto** *m.* position, job

**pulman** *m.* luxury bus

**pulso** *m.* pulse

**punto** *m.* point; **en —,** exactly, on the dot; **al —,** rare (*of meat*)

**puntual** punctual

**puré** *m.* purée; **— de patatas** mashed potatoes

**puro** *m.* cigar

## Q

**que** *rel. pron.* who, which, that; *adv.* than; *conj.* that, for

**el que, la que** the one who

**¿qué?** *interrog. adj. and pron.* what? which? **¡qué!** *exclam.* how!

**quedar(se)** to remain, stay; be; be situated; **— con** to take

**quejarse (de)** to complain (about)

**quemar** to burn

**querer (ie)** (*irr.*) to like, love; wish, want; **— decir** to mean

**querido, -a** dear

**queso** *m.* cheese

**quien** who, whom; he who, the one who; **—quiera** whoever

**¿quién? (¿quiénes?)** who? whom? **¿de quién (quiénes)?** whose?

**quinientos, -as** five hundred

**quitar(se)** to take off

**quizá(s)** perhaps

## R

**radio** *f.* radio; *m.* radio set

**radiografía** *f.* X-ray

**ramal** *m.* branch, ramification

**Ramón** Raymond

**rápidamente** rapidly, quickly

**rápido, -a** rapid, fast

**raro, -a** rare, unusual

**rascacielos** *m.* skyscraper

**rasgo** *m.* feature

**rato** *m.* while, moment

**Ravel, Maurice** *French composer (1875–1937)*

**razón** *f.* reason; **tener** —, to be right; **no tener** —, to be wrong

**reactor** *m.* jet; **avión** —, jet plane

**real** royal

**realidad** *f.* reality; **en** —, actually

**realista** *m.* royalist

**recibir** to receive

**recibo** *m.* receipt

**recientemente** recently

**recitar** to recite

**reclamar** to complain, refer

**recogida** *f.* collection

**reconocer** to recognize

**recordar (ue)** to remember, recall

**recorrer** to travel, go over

**recorrido** *m.* tour, run, jaunt; **hacer un** —, to take a tour

**recuerdo** *m.* souvenir; regard

**red** *f.* net, network

**referir(se) (ie)** to refer

**refinamiento** *m.* refinement

**reflexivo, -a** reflexive

**región** *f.* region

**registrado, -a** registered; **carta registrada** registered letter

**registrar** to note, record, put down; **—se** to be noticed

**regla** *f.* rule; **como (por)** — **general** as a general rule

**regresar** to return, go back

**regular** medium; regular

**regularmente** regularly

**reino** *m.* kingdom

**reír(se) (de)** to laugh (at)

**relación** *f.* relation

**relacionado, -a (con)** related (to)

**relativo, -a** relative

**religión** *f.* religion

**religioso, -a** religious

**reloj** *m.* watch, clock

**remedio** *m.* remedy

**remitente** *m.* sender

**remitir** to remit, send

**renacimiento** *m.* Renaissance; rebirth

**reñir (i)** to quarrel, scold

**repartir** to divide, distribute; deliver

**reparto** *m.* delivery

**repasar** to review

**repaso** *m.* review

**repetir (i)** to repeat

**representación** *f.* show, performance

**representar** to perform, represent

**representativo, -a** representative

**requisito** *m.* requirement, required course

**reserva** *f.* reserve

**resfriado** *m.* cold

**resolver (ue)** to solve, resolve

**respetar** to respect

**respirar** to breathe

**respiración** *f.* respiration, breathing

**responder** to answer, respond

**responsabilidad** *f.* responsibility

**respuesta** *f.* answer, reply

**restaurante** *m.* restaurant

**resto** *m.* remainder, rest

**restricción** *f.* restriction

**resultar** to turn out, come out, result, follow

**retirar(se)** to withdraw

**retiro** *m.* retirement; **Buen Retiro** *a park in Madrid*

**revelar** to reveal, show

**reverendo** *m. or adj.* reverend

**rey** *m.* king; **Reyes Católicos** Ferdinand and Isabella

**rico, -a** rich, wealthy

**riesgo** *m.* risk

**Rimsky-Korsakov, Nicolas** *Russian composer (1844–1908)*

**rincón** *m.* corner, nook

**río** *m.* river; **Río de la Plata** *estuary of the Plata river*

**riqueza** *f.* wealth

**ritmo** *m.* rhythm, pace

**rivalizar con** to rival

**Roberto** Robert

**roca** *f.* rock

**rodear** to surround, encircle

**rogar (ue)** to ask (*request*)

**rojo, -a** red

**romance** *m.* ballad; romance

**romanticismo** *m.* Romanticism

**ropa** *f.* clothing

**Rosa (Rosita)** Rose

**Rosario**  *girl's name*
**ruego** *m.*  request
**ruido** *m.*  noise
**ruina** *f.*  ruin
**ruta** *f.*  route

## S

**sábado** *m.*  Saturday
**saber** (*irr.*)  to know, know how
**sabroso, -a**  tasty
**Sacromonte** *m.*  *a hill on the outskirts of Granada*
**saeta** *f.*  *Andalusian song*
**sala** *f.*  room; wing (*of a museum*)
**salir (de)**  to leave, go out (of); come out
**salteado, -a**  sautéed
**salud** *f.*  health
**saludar**  to greet, say hello
**saludo** *m.*  greeting, salutation; *pl.* regards
**Salvador** *m.*  Saviour
**salvar**  to save
**San José**  Saint Joseph; *the capital of Costa Rica*
**Sánchez, Florencio**  *Uruguayan dramatist* (*1875–1910*)
**sandía** *m.*  watermelon
**Santa Cruz de Ribadulla**  *old Galician manor in La Coruña province*
**san(to), -a**  saint
**sardana** *f.*  *Catalan dance*
**sardina** *f.*  sardine
**sátira** *f.*  satire
**satírico, -a**  satirical
**se**  himself, herself; yourself, yourselves; themselves; to him, etc.
**secar**  to dry
**sección** *f.*  section
**seco, -a**  dry
**secretaria** *f.*  secretary
**secretario** *m.*  secretary
**secreto** *m.*  secret
**sed** *f.*  thirst; **tener —**, to be thirsty
**seguida: en —**, immediately, at once
**seguidita: en —**, right away
**seguir (i)**  to continue, go on; lead; follow
**según**  according to

**segundo, -a**  second; secondary
**seguridad** *f.*  security, safety; assurance
**seguro, -a**  sure, safe
**seguro** *m.*  insurance; **— médico** medical insurance; **— de hospital** hospital insurance
**seiscientos, -as**  six hundred
**selección** *f.*  selection, choice
**sello** *m.*  stamp
**semáforo** *m.*  traffic light
**semana** *f.*  week; **fin de —**, weekend; **Semana Santa**  Holy Week
**semejante**  similar, like that
**semejar**  to resemble
**semestre** *m.*  semester
**semiprivado, -a**  semiprivate
**sencillo, -a**  simple
**sendero** *m.*  path
**sensación** *f.*  sensation
**sentarse (ie)**  to sit down, have a seat
**sentido** *m.*  feeling; sense
**sentir (ie)**  to feel, regret; **—se**  to feel; **lo siento**  I am sorry
**seña** *f.*  sign, gesture
**señal** *f.*  sign, signal; **— de tráfico** traffic signal, traffic light
**señalar**  to point out, mark
**señor**  Mr., sir, gentleman; **señores** Mr. and Mrs.; **Señor del Gran Poder** Lord All-powerful
**señora** *f.*  lady, Mrs., madam
**señorita** *f.*  young lady, Miss
**señorón** *m.*  important gentleman
**separar**  to separate, divide; **—se**  to secede, withdraw
**septiembre** *m.*  September
**ser** *m.*  being
**ser** (*irr.*)  to be
**sereno, -a**  serene, clear
**serie** *f.*  series
**serio, -a**  serious
**serrano, -a**  cured (*of ham*)
**servicio** *m.*  service; **— social**  welfare
**servidor** *m.*  servant
**servir (i)**  to serve, be of use, be used as; **¿En qué puedo servirles?** What can I do for you? **¡Sírvase!** Please.
**sesenta**  sixty

setecientos, -as  seven hundred
setenta  seventy
Sevilla  *city in southwestern Spain*
sevillano, -a  Sevilian
sexo *m.*  sex
sexto, -a  sixth
si  if
sí  yes; himself, etc.
siempre  always; — **que**  whenever
sierra *f.*  *range of mountains*
siglo *m.*  century; **Siglo de Oro**
  Golden Age
siguiente  following
silencio *m.*  silence
silla *f.*  chair
sillón *m.*  easy chair; lounging chair
simbólico, -a  symbolical
símbolo *m.*  symbol
simetría *f.*  symmetry
simpático, -a  attractive; pleasant
simplemente  simply
sin  without; — **que** *conj.*  without
sinfonía *f.*  symphony
singular  singular, unique
sino  but, except; — **que**  but rather
síntesis *f.*  synthesis
Siqueiros, David Alfaro  *famous Mexi-*
  *can painter* (*1898–1974*)
sirena *f.*  siren
Siria *f.*  Syria
sistema *m.*  system; — **de archivo**  filing system
sitio *m.*  place, sight; seat
situación *f.*  situation; position
situar  to place, locate
ski *m.*  skiing
sobre  upon, above; — **todo**  especially, above all, on top of
sobre *m.*  envelope
sociedad *f.*  society
socio *m.*  member
socio-económico, -a  social economic
sociológico, -a  sociological
sol *m.*  sun; sunshine; **energía del** —,
  solar energy; **hay** —, it's sunny;
  **tomar el** —, to take in the sunshine,
  stay in the sun
soleado, -a  sunny
soler (ue)  to be in the habit of, used
  to

solicitar  to ask for, seek
solicitud *f.*  application
solo, -a  alone; **solito, -a**  all alone
sólo *adv.*  only
solomillo *m.*  sirloin steak
Solórzano, Carlos  *Mexican dramatist*
  (*1939–  *)
solución *f.*  solution
sombra *f.*  shade
sombreado, -a  shaded
sombrero *m.*  hat
sonido *m.*  sound
sonreír (í, i)  to smile
sopa *f.*  soup
soportar  to bear, stand
sorprendente  surprising
sorpresa *f.*  surprise
su  his, her, its, your (*pol.*), their
suave  soft, mild, sweet, gentle
subida *m.*  ascent; rise
subir  to go up, walk up, get into
subjuntivo *m.*  subjunctive
subordinado, -a  subordinate
subrayado, -a  underlined
subterráneo, -a  underground
sud *m.*  south; **Sud América (Sud-**
  **América)** *f.*  South America
sueldo *m.*  salary, pay
suelo *m.*  soil, ground
sueño *m.*  sleep, dream; **tener** —, to be
  sleepy
suerte *f.*  luck
suéter *m.*  sweater
suficiente  sufficient, enough
suma *f.*  sum
sumamente  extremely
superación *f.*  overcoming, excelling
superar  to excel, surpass
superior  superior, upper, higher
superlativo, -a  superlative
supermercado *m.*  supermarket
suplementario, -a  supplementary
supuesto: por —, of course
sur *m.*  south; **América del Sur**  South
  America
surgir  to arise
surrealista *adj.*  surrealistic
susto *m.*  fright
el suyo, la suya  his, hers, its, yours
  (*pol.*), theirs

# T

tabaco *m.* tobacco

tal such; **con tal que** provided that; **¿qué tal?** how are you?

Talgo *m.* *Spanish speed train*

tamaño *m.* size

Tamayo, Rufino *modern Mexican painter (1899– )*

también also, too

tampoco either; neither

tan so, as

tanto, -a so (as) much; *pl.* so (as) many; **por lo —,** therefore; **un —,** somewhat; *adv.* so much

taquigrafía *f.* shorthand

tardar *f.* afternoon, evening; **buenas tardes** good afternoon; **por la —,** in the afternoon; *adv.* late

tarea *f.* task

tarjeta *f.* card; **— de visita** visiting card; **— postal** postcard

tarta *f.* cake, tart

taxista *m.* taxi driver

te you *(fam.)*, to you

teatral theatrical

teatro *m.* theater

técnico, -a technical

telefonear to telephone

teléfono *m.* telephone

telegrafía *f.* telegraph; **sin hilos** wireless

televisión *f.* television

telúrico, -a telluric, earth *(adj.)*

tema *m.* topic

temperatura *f.* temperature

templado, -a mild, moderate, temperate

templo *m.* temple

temporada *f.* season, length of time, spell

tempranito quite early

temprano early

tendencia *f.* tendency

tener *(irr.)* to have; **— lugar** to take place; **— que** have to; **— x años** to be x years old; **¿qué tiene?** what's the matter with him?

tenso, -a tense, intense

tequila *f.* tequila *(a strong Mexican drink)*

tercer(o), -a third

terminar to end, finish, be over

termómetro *m.* thermometer

ternera *f.* calf; veal; **ternero** *m.* calf

terraza *f.* terrace

terrestre terrestrial, land *(adj.)*

terriblemente terribly

tesis *f.* thesis

tesoro *m.* treasure

ti you *(fam.)*, to you

tía *f.* aunt

tiempo *m.* time; weather; tense; **a —,** on time; **hace mal —,** the weather is bad

tienda *f.* shop, store

tierra *f.* earth, land; country

tijeras *f. pl.* scissors

tinto, -a red *(of wine)*

tío *m.* uncle

típicamente typically

típico, -a characteristic

Tirso de Molina *Spanish playwright (1571?–1648)*

título *m.* title; degree

tocado *m.* headdress, hair style; hairdo

tocar to touch; play *(an instrument)*

todavía still, yet

todo, -a all, whole, every; *pron.* all, everything; **hay de —,** there is everything; **todos** everyone, everybody

toledano, -a *from Toledo, Toledo style*

Toledo *city and province in Spain, near Madrid*

tomar to take, assume; drink, eat

tomate *m.* tomato

Torremolinos *city on the coast in southern Spain*

totalmente totally

trabajar to work

trabajo *m.* work

tradición *f.* tradition

traducción *f.* translation

traducir to translate

traer to bring; wear

tráfico *m.* traffic, trade

tragedia *f.* tragedy

traje *m.* suit; **— de baño** bathing suit

tranquilamente   calmly

tranquilidad *f.*   quiet

transatlántico, -a   transatlantic

transformar   to transform

transportación *f.*   transportation

transportar   to carry, transport

transporte *m.*   transportation

transversal *adj.*   transversal, cross

tranvía *m.*   trolley

tras   after

trasladar   to move, transfer; —se   to move

tratar (de)   to treat; try (to)

través: a — de   across, through

treinta   thirty

tremendo, -a   tremendous

tren *m.*   train

trescientos, -as   three hundred

triste   sad

tristeza *f.*   sadness

Tupungato   *high mountain on the border between Chile and Argentina*

turismo *m.*   tourism; tourist office

turista *m. or f.*   tourist

turístico, -a *adj.*   tourist

el tuyo, la tuya   yours (*fam.*)


## U

¡uh! la! la!   my o my!

último, -a   last, latter

Ulla (río)   *river which separates the provinces of Pontevedra and La Coruña in Spain*

Unamuno, Miguel de   *Spanish essayist and philosopher (1864–1936)*

único, -a   only, only one, only thing

unido, -a   united; — a   together with

unir   to unite, be joined with

universidad *f.*   university

universitario, -a   college (*adj.*), university (*adj.*)

un(o), -a   a, an; one; *pl.* some, a few

urbanización *f.*   city development, urbanization

urbano, -a   urban

urgencia *f.*   urgency

Uruguay *m.*   Uruguay; *river which serves partly as a border between Argentina and Uruguay*

uruguayo, -a   Uruguayan

usar   to use

Usigli, Rodolfo   *Mexican dramatist (1905– )*

uso *m.*   use

útil   useful

utilizar   to use, utilize

uvas *f. pl.*   grapes


## V

vacaciones *f. pl.*   vacation

Valencia   *a city and region in the eastern part of Spain*

Valenciana *f.*   *the Virgin of Valencia*

valer   to be worth; — la pena   be worth while; más vale poco que nada   a little is better than nothing; lo mucho que vale   a lot of good it'll do

valor *m.*   value

Valparaíso   *a city in Chile*

valle *m.*   valley

Valle-Inclan, Ramón María de   *Spanish writer (1866–1936)*

Vallejo, Antonio Buero   (*see* Buero Vallejo)

vanguardia *f.*   vanguard

variado, -a   varied; assorted

variedad *f.*   variety, differences; una larga —, a wide variety

varios, -as   various, several

varón *m.*   male

vaso *m.*   glass

vecino *m.*   neighbor

vegetación *f.*   vegetation

vela *f.*   sail

Velasco, José María   *Mexican painter (1840–1912)*

Velázquez, Diego da Silva   *famous Spanish painter (1465 ?–1522)*

velo *m.*   veil

vencer   to conquer, defeat; win

venda *f.*   bandage

vendaje *m.*   bandage, dressing (*surgical*)

vender   to sell

venezolano, -a   Venezuelan

venir (*irr.*)   to come

ventana *f.*   window

ventanilla *f.*   window (*of a train, bus, bank, or plane*)

**ver** (*p.p.* **visto**) to see; **a —**, let's see
**veraniego, -a** summer (*adj.*)
**verano** *m.* summer
**veras: de —**, really, in truth
**verbo** *m.* verb
**verdad** *f.* truth; **en —**, in fact; **es —**, it is true; **¿no es verdad?** isn't it so? **¿verdad?** isn't it? etc.
**verdadero, -a** true, real
**verde** green
**verduras** *f. pl.* vegetables; **ensalada de —**, vegetable salad
**verificar** to verify, check
**versión** *f.* translation; version
**vestido, -a** dressed
**vestido** *m.* dress, clothing, costume
**vestir (i)** to dress; **—se** to get dressed
**vez** *f.* time; **a veces** at times; **alguna —**, sometimes; **alguna — que otra** occasionally; **de — en cuando** from time to time; **en — de** instead of; **otra —**, again, once again; **unas veces** sometimes
**vía** *f.* way; lane
**viajar** to travel
**viaje** *m.* trip
**viajero** *m.* traveler
**víctima** *f.* victim
**vid** *f.* grapevine; wine
**vida** *f.* life, living
**vieja** *f.* old lady
**viejecito** *m.* little old man
**viejo, -a** old
**viento** *m.* wind; **hay (hace) —**, it's windy
**viernes** *m.* Friday
**Villaurrutia, Xavier** *Mexican poet and dramatist (1903–1950)*
**vino** *m.* wine
**Viña del Mar** *a city in Chile*
**Virgen** *f.* Virgin
**virreinato** *m.* viceroyship
**visible** visible, evident
**visigótico, -a** Visigothic
**visita** *f.* visit; **hacer una —**, to pay a visit, visit; **hora de —**, visiting hour; **ir de —**, go for a visit

**visitante** *m. or f.* visitor
**visitar** to visit
**víspera** *f.* eve, day before
**vista** *f.* view, sight
**visto** (*p.p. of* **ver**) seen
**vistoso, -a** bright
**vitalidad** *f.* vitality
**vivir** to live
**vivo, -a** alive, bright, live
**volar (ue)** to fly
**voluntad** *f.* will
**volver (ue)** to return, go back; come back; **— a** to do something again; **—se** turn, become
**voz** *f.* voice
**vuelo** *m.* flight
**vuelta** *f.* return; turn; **a — de correo** by return mail; **dar una —**, take a walk, take a trip; **estar de —**, to be on the way back
**vuelto** (*p. p. of* **volver**) returned
**vuestro, -a** your (*fam. pl.*); **el vuestro, la vuestra** yours

## W

**Wolff, Egon** *Chilean dramatist (1926– )*

## Y

**ya** already, as soon as; **— es todo** that's all; **— que** since
**yate** *m.* yacht
**yerro** *m.* mistake, fault

## Z

**zaguán** *m.* hall, entrance
**zapato** *m.* shoe
**Zaragoza** *a city in northeastern Spain*
**Zarzuela** *royal palace near Madrid;* **zarzuela** *f.* musical comedy
**Zócalo** *square in Acapulco and in Mexico City*
**zona** *f.* zone

# ENGLISH–SPANISH VOCABULARY

## A

**a, an**  un, uno, una
**about**  acerca de, sobre, de; **be — to**
  estar para
**above**  arriba, encima
**accent**  acento *m.*
**accept**  aceptar
**accompany**  acompañar
**accomplish**  llevar a cabo, lograr
**account**  cuenta *f.*; **on — of**  a causa de
**accustomed**  acostumbrado, -a; **become, get — (to)**  acostumbrarse (a);
  **be — (to)**  estar acostumbrado (a)
**across**  a través de
**acrylic**  acrílico *m.*
**act**  acto *m.*; jornada *f.*
**active**  activo, -a
**activity**  actividad *f.*
**actuality**  actualidad *f.*
**address**  dirección *f.*; **return —**, dirección del remitente
**addressee**  destinatario *m.*
**admire**  admirar
**admission**  ingreso *m.*; **admissions office**  oficina de ingreso
**admit**  admitir; confesar (ie); reconocer
**advance: in —**, por anticipado
**advice**  consejo *m.*
**advise**  aconsejar
**aerial**  aéreo, -a
**afraid: be —**, tener miedo
**after**  después (de), al cabo de; **soon —**,
  a poco de
**afternoon**  tarde *f.*; **in the —**, por la
  tarde
**again**  otra vez
**against**  contra
**age**  edad *f.*
**ago**  *construction with* hace

**agree**  estar de acuerdo (con)
**agriculture**  agricultura *f.*
**aid**  auxilio *m.*; **first —**, (cursillo de)
  primeros auxilios
**air**  aire *m.*; **by —**, por avión; **air-
  conditioned**  con aire acondicionado;
  **air conditioning**  aire acondicionado
**airline**  línea aérea *f.*; compañía de
  aviación comercial *f.*
**alive**  vivo, -a
**all**  todo, -a; **most of —**, lo más
  importante, lo principal; **not at —**,
  de ninguna manera; **that's —**, eso
  es todo; **— of you**  todos Vds.
**allow**  permitir
**almond tree**  almendro *m.*
**alone**  solo, -a
**along (with)**  al paso de, junto a
**alongside**  a lo largo de
**also**  también
**altar**  altar *m.*
**although**  aunque (+ *subjunctive*)
**always**  siempre
**America**  América *f.*
**American**  americano, -a
**among**  entre
**and**  y, e (*before words beginning with* **i**
  *or* **hi**)
**Andalusian**  andaluz, -uza
**Andes**  Andes *m. pl.*
**animation**  animación *f.*
**another**  otro, -a; **one to another**  los
  unos a los otros
**answer**  contestación *f.*; *verb* contestar
**any**  alguno (algún), -a; *after negative*
  ninguno (ningún), -a; **any (whatever)**
  cualquier(a)
**anybody**  alguien; *after negative* nadie
**anyone**  alguno (algún), -a; cual-
  quier(a); *after negative* nadie
**anything**  algo; *after negative* nada

**apartment** apartamento *m.*

**appetite** hambre *f.*

**application** solicitud *f.*; **entrance** —, solicitud de ingreso

**appreciate** estimar; agradecer

**April** abril *m.*

**Arab** árabe *adj. or noun*

**Arabic** árabe

**architecture** arquitectura *f.*

**armchair** sillón *m.*

**around** alrededor (de); — **here** por aquí; **be** —, rodear

**arrange** arreglar

**arrive** llegar

**art** arte *m. or f.*; **fine arts** bellas artes *f. pl.*

**artificial** artificial

**artist** artista *m. or f.*

**artistic** artístico, -a

**as** como, cuando; mientras; a medida que; — (*adj.*) ... —, tan ... como; — **far** —, hasta; — **for** en cuanto a; — **if** como si; — **long** —, mientras; — **much** —, tanto como; — **many** —, tantos como; — **soon** —, en cuanto, tan pronto como; — **a general rule** como (por) regla general

**asfixiation** asfixia *f.*

**ask** preguntar; — **for** pedir (i)

**asleep** dormido, -a; durmiendo; **fall** —, dormirse (ue)

**assistance** asistencia *f.*

**assorted** variado, -a

**assume** tomar

**at** a; en; — **the end** al cabo de; — **once** en seguida

**Atlantic** atlántico, -a

**attack** ataque *m.*; **heart** —, ataque cardíaco

**attend** asistir; cuidar, ocuparse (de)

**attract** atraer

**attractive** atractivo, -a; agradable

**author** autor *m.*

**auto** automóvil *m.*; — **highway** autopista *f.*

**automobile** automóvil *m.*, coche *m.*, carro *m.*, auto *m.*

**autumn** otoño *m.*

**avenue** avenida *f.*

**aviation** aviación *f.*

**avoid** evitar

## B

**baby** niño *m.*; niñito *m.*

**backbone** espina dorsal *f.*

**bad** mal(o), -a; **too** —! ¡lástima! ¡qué lástima!

**badly** mal, malamente

**banana** plátano *m.*, banana *f.*

**bandage** venda *f.*, vendaje *m.*

**bandaging** vendaje *m.*

**bank** banco *m.*; — **window** ventanilla *f.*; — **teller** cajero *m.*, cajera *f.*

**bankbook** libreta de banco *f.*

**basis** base *f.*

**bath** baño *m.*; **take a** —, bañarse

**be** ser; estar; — **about to** estar para; — **for** optar por; — **left** quedar; — **to** deber

**beach** playa *f.*

**bear** traer, llevar

**beautiful** hermoso, -a; bonito, -a; bello, -a

**beauty** belleza *f.*

**because** porque; — **of** por motivo de

**become** hacerse, volverse (ue), ponerse, llegar a ser; — **accustomed** acostumbrarse; — **frightened** asustarse; — **quiet** callarse

**beer** cerveza *f.*

**before** *adv.* (*time*) antes (de); (*place*) delante de; *conj.* antes de que; *prep.* antes

**begin** empezar (ie), comenzar (ie)

**beginning** principio *m.*; **in the** —, en sus orígines

**behind** detrás de

**believe** creer

**belong** pertenecer

**beside** al lado de; **besides** además de

**best** el (la) mejor; *adv.* mejor

**better** mejor

**between** entre

**big** grande (gran)

**bird** pájaro *m.*

**birth** nacimiento *m.*

**(a) bit** (un) poquito

black   negro, -a
blessing   bendición *f.*
block (*of houses*)   manzana *f.*, cuadra *f.*
blossom   flor *f.*
blue   azul
boardinghouse   pensión *f.*
boat   barco *m.*, barca *f.*, buque *m.*
body   cuerpo *m.*
book   libro *m.*
born: be —, nacer
boss   patrono *m.*, jefe *m.*
both   los (las) dos; — ... and ...,
   lo mismo...que...
bother   molestar
box   caja *f.*; **safety deposit** —, caja
   de seguridad
boy   muchacho *m.*
breakfast   desayuno *m.*; **have** —, desayunarse
bright   brillante
brilliant   brillante
bring   llevar, traer
brother   hermano *m.*
build   construir
bus   autobús *m.*, pulman *m.*
business   negocio *m.*; **on** —, por
   negocios
busy   ocupado, -a
but   pero; sino (que)
buy   comprar
by   por, de, den; **— the side of**   al lado
   de

## C

café   café *m.*
calculator   (máquina) calculadora *f.*
call   llamar
calm   calma *f.*, tranquilidad *f.*; **keep**
   —, mantener la calma
can   lata *f.*
can (be able)   poder (*irr.*)
Canadian   canadiense
capital   (*city*) capital *f.*; (*money*) capital *m.*
car   automóvil *m.*, auto *m.*, carro *m.*,
   coche *m.*
card   tarjeta *f.*; **visiting** —, tarjeta de
   visita

care   cuidado *m.*; *verb* importar (a
   alguien)
career   carrera *f.*; profesión *f.*; **— in
   medicine**   carrera de Medicina; **— in
   law**   carrera de Derecho
carefully   con cuidado
carry   llevar; **— on**   continuar; **— out**
   llevar a cabo
case   caso *m.*; causa *f.*; **in** —, en caso
   (de) que; **in any** —, en todo caso
catalogue   catálogo *m.*
center   centro *m.*
central   central
century   siglo *m.*
certified   certificado, -a
chain (*of mountains*)   cordillera *f.*
chair   silla *f.*
change   cambiar
character   carácter *m.*
characteristic   característico, -a
charge   cobrar
charm   encanto *m.*; atractivo *m.*
cheap   barato, -a
check   cheque *m.*; **traveler's** —,
   cheque de viajero
cherry tree   cerezo *m.*
child   niño *m.*; **as a** —, de niño;
   **children**   niños *m. pl.*
Chilean   chileno, -a
chocolate   chocolate *m.*
choking   estrangulación *f.*
Christian   cristiano *m.*
church   iglesia *f.*
city   ciudad *f.*
civilization   civilización *f.*
class   clase *f.*
classmate   compañero (*m.*) de estudios
clean   limpio, -a
clearly   claramente
clerk   dependiente *m.*
climate   clima *m.*
close   cerrar (ie)
closing (*of a letter*)   final *m.*
coast   costa *f.*
coffee   café *m.*
cold   frío, -a; **it's** —, hace frío
collateral   garantía *f.*
Colombian   colombiano, -a
color   color *m.*
combine   combinar

come venir (*irr.*); — **back** volver (ue); — **down** bajar; — **out** salir
comedy comedia *f.*
commercial comercial
common común
communication comunicación *f.*
communion comunión *f.*
community comunidad *f.*
companion compañero *m.*, compañera *f.*
company compañía *f.* empresa *f.*; **keep (someone)** —, hacer compañía a
compare comparar
complain quejarse (de)
complete completo, -a
complicated complicado, -a
composer compositor *m.*
composition composición *f.*
conclude concluir
conclusion conclusión *f.*
connect comunicar con
consider considerar
consideration consideración *f.*
consist (of) constar (de)
constitute constituir
construct construir, fabricar
contemporary contemporáneo, -a; de actualidad
continent continente *m.*
continue seguir (i); continuar
control control *m.*
convenience comodidad *f.*
conversation conversación *f.*
convinced: become —, convencerse (de)
cool fresco, -a; **it's** —, hace fresco
cordially (*in letters*) atento y seguro servidor
corner esquina *f.*; rincón *m.*
cost costar (ue)
costly costoso, -a
cotton algodón *m.*
count contar (ue)
country país *m.*
countryside paisaje *m.*
couple par *m.*; matrimonio *m.*
course curso *m.*; cursillo *m.*; **required** —, requisito; **take courses** cursar los estudios; **of** —, claro, por supuesto

courtly cortesano, -a
cousin primo *m.*; prima *f.*
cover cubrir (*p.p.* cubierto)
crisis crisis *f.*
cross atravesar (ie)
crowd muchedumbre *f.*
cruise crucero *m.*
cultivate cultivar
cultivation cultivo *m.*
cultural cultural
culture cultura *f.*
cup taza *f.*
curious curioso, -a
curve curva *f.*
customer cliente *m.*

## D

dance baile *m.*; *verb* bailar
dancer bailador *m.*; danzante *m.*; bailarina *f.*; **professional** —, profesional (*m.*) del baile; bailarín *m.*
danger peligro *m.*
dare atreverse (a)
date fecha *f.*
daughter hija *f.*
day día *m.*; **from** — **to** —, de día en día; **opening** —, día del estreno
deal: a great —, mucho, -a
deal tratar, negociar
dear querido, -a; estimado, -a; distinguido, -a
death muerte *f.*
decade década *f.*
December diciembre *m.*
defend defender (ie)
degree grado *m.*; título *m.*
democracy democracía *f.*
departure partida *f.*
depend (on) depender (de)
deposit depositar; — **slip** formulario (*m.*) de depósito, imposición *f.*
depositor cliente *m.*
desert desierto *m.*
design diseño *m.*
desire gana *f.*; **to have a** — **(to)**, tener ganas (de)
dessert postre *m.*
detain (oneself) detenerse (en)
develop desarrollar(se)

development  desarrollo *m.*
diaper  pañal *m.*
dictation  dictado *m.*; at —, al dictado
different  diferente
difficult  difícil
difficulty  dificultad *f.*
dining room  comedor *m.*
dinner  comida *f.*
direct  dirigir
disappear  desaparecer
discover  descubrir
discuss  discutir
discussion  discusión *f.*
distance  distancia *f.*; in the —, de lejos
distinguish  distinguido, -a
divide  dividir
do  hacer; How do you do? ¿Cómo está Vd.?
doctor  médico *m.*, doctor *m.*
dog  perro *m.*
dominate  dominar
domination  dominación *f.*
dot: on the —, en punto
doubt  duda *f.*; *verb* dudar
dozen  docena *f.*
dramatic  dramático, -a
dramatist  dramaturgo *m.*
draw near  acercarse
dream  sueño *m.*
dress  vestir (i); get dressed  vestirse (i)
drink  beber
drink  bebida *f.*
drop  dejar caer
drowning  ahogamiento *m.*
dry  seco, -a
due: is due to  se debe a
duplicator  (máquina) duplicadora *f.*
during  durante

# E

each  cada; — one  cada uno; — other  el uno al otro
early  temprano; quite —, tempranito
easily  fácilmente
east  este *m.*; Levante *m.*

eat  comer
economic  económico, -a
education  enseñanza *f.*; higher —, enseñanza superior, enseñanza universitaria
eight  ocho
eighteen  diez y ocho (dieciocho)
(not) either  tampoco
electricity  electricidad *f.*
element  elemento *m.*
emancipator  emancipador *m.*
emergency  emergencia *f.*; caso (*m.*) de urgencia
emigrant  emigrante *m.*
employee  empleado *m.*, empleada *f.*
empty  vacío, -a; *verb* desembocar (*of a river*)
enchanting  encantador, -ora
encircle  rodear
enclose  incluir
end  fin *m.*
endless  incesante
energy  energía *f.*; — crisis  crisis (*f.*) de energía
engine  motor *m.*
engineering  ingeniería *f.*
English  inglés *m.*; inglés, -esa
enjoy  gozar
enormous  enorme
enough  bastante, suficiente
enthusiasm  entusiasmo *m.*
enthusiastic  entusiástico, -a; entusiasmado, -a; make one —, entusiasmar
entrance  entrada *f.*; ingreso *m.*
equal  igual; *verb* igualar
era  época *f.*
eternally  eternamente
Europe  Europa *f.*
European  europeo, -a
even  aun; hasta
evening  noche *f.*
event  función *f.*
ever  nunca, jamás
every  todos, -as; cada; —thing  todo; —where  en todas partes
exactly  en punto; exactamente
example  ejemplo *m.*
excellence  excelencia *f.*, par —, por excelencia
excellent  excelente

**except** salvo; con excepción de

**excursion** excursión *f.*

**exercise** ejercicio *m.*; *verb* ejercitar, practicar

**exile** exilio *m.*

**exist** existir

**expect** esperar; **can one — more?** ¿ se le puede pedir más?

**expectation** esperanza *f.*

**expensive** costoso, -a

**experience** experiencia *f.*

**export** exportar

**exporting: oil —,** exportador de petróleo

**exposition** exposición *f.*

**extend** extender (ie), extenderse (ie)

**extensive** extenso, -a

**extreme** extremo, -a

**extremely** muy + *adj. or adv.*, *or use superlative*

## F

**facing** frente a

**fact** hecho *m.*; **in —,** en verdad

**faculty** facultad *f.*; profesorado *m.*

**fail** dejar de

**fair** feria *f.*

**fall** otoño *m.*

**fall** caer, caerse; **— asleep** dormirse (ue); **— down** caerse; **—in love with** enamorarse de

**family** familia *f.*

**famous** famoso, -a

**fan** (*sports*) aficionado *m.*; abanico *m.*; **like a —,** en abanico

**fantastically** de una manera fantástica

**far** lejos; **— from** lejos de; **from — away** de muy lejos

**fashion** moda *f.*

**father** padre *m.*

**favor** favorecer, preferir (ie)

**favorable** favorable; **is — to** es propicio para

**favorite** favorito, -a; predilecto, -a

**feast** fiesta *f.*

**February** febrero *m.*

**feel** sentir (ie), sentirse (ie)

**fertile** fértil

**fertility** fertilidad *f.*

**festival** fiesta *f.*

**festivity** festividad *f.*

**few** pocos, -as; **a —,** algunos, unos pocos

**fiancée** novia *f.*

**field** campo *m.*

**fifty** cincuenta

**figure** figurar

**file** archivo *m.*; *verb* archivar

**filing system** sistema (*m.*) de archivo

**fill (out)** llenar

**film** película *f.*

**find** encontrar (ue), hallar; buscar; **— out** enterarse de, descubrir

**fine** fino, -a

**finish** terminar, acabar (con)

**fire** fuego *m.*, incendio *m.*

**fireman** bombero *m.*

**firm** compañía *f.*, empresa *f.*

**first** primer(o), -a

**flamenco** flamenco *m.* (*Andalusian dance*)

**floor** piso *m.*

**flourish** florecer

**flower** flor *f.*

**fly** volar (ue)

**follow** seguir (i)

**fond (of)** amante (de)

**foolish** tonto, -a, bobo, -a

**foot** pie *m.*

**for** *conj.* porque; *prep.* para, por, durante

**foreign** extranjero, -a; extraño, -a

**foreigner** extranjero *m.*

**forest** bosque *m.*, selva *f.*

**forget** olvidar, olvidarse

**forgive** perdonar

**form** forma *f.*; formulario *m.*; **admission —,** formulario de entrada (ingreso)

**form** formar

**formula** fórmula *f.*

**fortunate** afortunado, -a; **be —,** tener la suerte (de)

**found: be —,** encontrarse (ue)

**foundation** fundación *f.*, base *f.*

**four** cuatro

**fourth** cuarto, -a

**frankly** francamente

**freight** carga *f.*; mercancías *f. pl.*; — **transport service** servicio de transporte de mercancías

**frequently** a menudo

**Friday** viernes *m.*; **Good** —, Viernes Santo

**friend** amigo *m.*, amiga *f.*

**frightened** asustado, -a; **become** —, asustarse

**from** de, desde; — **day to day** de día en día; — **time to time** de vez en cuando

**front: in** — **of** delante de

**fruit** fruta *f.*; — **tree** árbol (*m.*) frutal

**fulfill** cumplir

**full** lleno, -a

**fun** broma *f.*, burla *f.*; **make** — **of** burlarse de

**furious** furioso, -a

**furnace** horno *m.*; **blast** —, alto horno

**furniture** muebles *m. pl.*

**go** ir; — **away** irse; — **back** volver (ue); — **in** entrar; — **on** continuar; — **out** salir; — **shopping** ir de compras; — **through** recorrer; — **up** subir; — **well** ir bien

**God** Dios *m.*

**good** buen(o), -a

**good-bye** hasta la vista, hasta luego; adiós

**good heavens!** ¡caramba!

**government** gobierno *m.*

**grace** gracia *f.*

**gracefully** con gracia

**grammar** gramática *f.*

**grandfather** abuelo *m.*

**grandmother** abuela *f.*

**great** gran(de); **a** — **deal** mucho, -a

**greatness** grandeza *f.*

**green** verde

**grey, gray** gris

**group** grupo *m.*

**grouper** mero *m.*

## G

**Galician** gallego, -a

**game** juego *m.*

**garden** jardín *m.*

**gasoline** petróleo *m.*; gasolina *f.*; — **engine** motor (*m.*) a petróleo

**gate** puerta *f.*

**general** general; **as a** — **rule** como (por) regla general

**generally** generalmente

**gentleman** caballero *m.*, señor; **an important** —, un señorón *m.*

**get** llegar; conseguir (i), lograr, obtener; ponerse, volverse (ue), hacerse; — **dressed** vestirse (i); — **frightened** asustarse (de); — **married (to)** casarse (con); — **ready** preparar; — **tired (of)** cansarse (de); — **up** levantarse

**giant (gigantic)** gigantesco, -a; agintatado, -a

**girl** muchacha *f.*, joven *f.*, señorita *f.*

**give** dar; — **in** ceder

**glad** alegre, contento, -a; **be** — **(of) (to)** alegrarse (de)

**glove** guante *m.*

## H

**hair** pelo *m.*

**hairdo** peinado *m.*, tocado *m.*

**half** medio, -a; mitad *f.*; — **an hour** media hora

**hall** cámara *f.*, sala *f.*; pasillo *m.*

**hallway** pasillo *m.*

**ham** jamón *m.*

**hand** mano *f.*; **on the other** —, en cambio, por otra parte

**handbag** maletín *m.*; bolso *m.*

**happen** pasar

**happy** contento, -a; **to be** —, alegrarse (de)

**harbor** bahía *f.*, puerto *m.*

**hardly** apenas, difícilmente

**hat** sombrero *m.*

**have** haber; tener; — **a good time** divertirse (ie); — **to** tener que; — **just** acabar de + *infinitive*

**he** él

**head** cabeza *f.*

**heading** encabezamiento *m.*

**hear** oír

**heart** corazón *m.*; — **attack** ataque (*m.*) cardíaco

**heat** calor *m.*; (*heating*) calefacción *f.*
**heaven** cielo *m.*; **Good heavens!** ¡Madre mía!
**help** ayuda *f.*
**help** ayudar; **cannot — but** no poder menos de
**her** su, sus; la, le
**here** aquí, acá
**hers** el suyo, la suya
**high** alto, -a; elevado, -a
**highway** carretera *f.*, autopista *f.*; **four-lane —,** carretera de cuatro vías
**him** le, lo; (*after prep.*) él; **himself** se, sí, él mismo
**his** *adj.* su; *pron.* el suyo, la suya
**history** historia *f.*
**hold** tener
**holiday** día (*m.*) de fiesta
**holy** santo, -a; **Holy Week** Semana Santa *f.*
**home** casa *f.*, hogar *m.*; **at —,** en casa
**hope** esperar
**hospital** hospital *m.*
**hospitality** hospitalidad *f.*
**hot** caliente
**hotel** hotel *m.*
**hour** hora *f.*
**house** casa *f.*; **rundown —,** casucha *f.*
**how?** ¿cómo? **— long?** ¿cuánto tiempo? ¿desde cuándo?; **— much?** ¿cuánto?; **— many?** ¿cuántos?; *exclam.* ¡qué!
**human** humano, -a
**humid** húmedo, -a
**hundred** cien, ciento; **hundreds** centenares *m. pl.*
**hungry: be —,** tener hambre
**hurry** prisa *f.*, **be in a —,** tener prisa
**husband** esposo *m.*, marido *m.*
**hut** casucha *f.*

# I

**I** yo
**Iberian** ibérico, -a
**idea** idea *f.*
**ideal** ideal
**if** si

**imagination** imaginación *f.*
**imagine** imaginar, imaginarse
**immediately** en seguida, pronto
**immense** inmenso, -a
**importance** importancia *f.*
**important** importante
**impression** impresión *f.*, sensación *f.*
**impressive** impresionante
**improvement** avance *m.*, mejora *f.*
**in** en, a, de, por; **— front of** delante de; **— the midst of** en medio de; **— spite of** a pesar de
**inauguration** inauguración *f.*
**increase** subida *f.*
**independence** independencia *f.*
**Indian** indio, -a; **— summer** verano (*m.*) indio
**industrial** industrial
**industrialized** industrializado, -a
**industry** industria *f.*
**infinite** infinito, -a
**influence** influencia *f.*
**inhabitant** habitante *m.*
**inherit** heredar
**inside of** dentro de
**inspiration** inspiración *f.*
**instead of** en vez de, en lugar de
**interest** interés *m.*; *verb* interesar; **be interested in** tener interés por
**interesting** interesante
**interview** entrevista *f.*
**intimate** íntimo, -a
**into** en
**investigation** investigación *f.*
**invite** invitar
**iron** hierro *m.*; **— ore** mineral (*m.*) de hierro
**Islamic** islámico, -a
**island** isla *f.*
**islet** islote *m.*
**it** lo, la; **its** su; **itself** se, si; propio, -a

# J

**jewel** joya *f.*
**job** empleo *m.*
**John** Juan
**join: be joined with** unirse con
**Joseph** José, Pepe

**joy** alegría *f.*; — **of living** alegría (*f.*) de vivir

**just: have —,** acabar de + *infinitive*

## K

**keep** guardar; — **quiet** callar(se); — **silent** guardar silencio; — **on** seguir (i) + *pres. part.*; **keep (someone) company** hacer compañía a

**key** llave *f.*

**kind** especie *f.*

**know** conocer; saber; — **how to** saber

## L

**lady** señora *f.*; **young —,** señorita *f.*

**lake** lago *m.*

**landscape** paisaje *m.*

**lane** vía *f.*; **eight-lane highway** carretera de ocho vías *f.*

**language** idioma *m.*, lengua *f.*

**large** gran(de)

**last** pasado, -a; último, -a; — **few** últimos, -as

**last** durar, llevar

**late** tarde

**later** más tarde

**Latin American** hispanoamericano, -a

**(the) latter** éste, ésta, esto, éstos, éstas

**laugh** reír (í); — **at** reírse (í) de

**law** ley *f.*; derecho *m.*

**lawn** césped *m.* (*singular only*)

**lawyer** abogado *m.*

**lead** conducir; — **into** comunicarse con

**learn** aprender

**least** menos; **at —,** por lo menos, al menos

**leave** irse, partir, salir; dejar

**lemon** limón *m.*

**lend** prestar, dar

**less** menos

**lesson** lección *f.*

**lest** para que no, por miedo de, no fuera (sea) que

**letter** carta *f.*; letra *f.*

**life** vida *f.*

**like** gustar; querer (ie), agradar; *adv.* como; **just —,** lo mismo que

**line** línea *f.*

**listen** escuchar

**literature** literatura *f.*, letras *f. pl.*

**little** pequeño, -a; poco, -a; **a —,** un poco

**live** vivir

**lively** animado, -a

**living** vivo, -a

**loan** préstamo *m.*

**long** largo, -a; **as — as** mientras; — **before** mucho antes; **how —?** ¿cuánto tiempo? ¿desde cuándo?; **very —,** larguísimo, -a

**look (at)** mirar; — **for** buscar; — **out!** ¡cuidado!; **to —** (*appear*) parecer

**lose** perder (ie)

**love** amor *m.*; *verb* amar, querer (ie); **fall in — with** enamorarse de

**lover** amante *m.*, aficionado *m.*

**low** bajo, -a

**luck** suerte *m.*; **by —,** por buena suerte

**luminosity** luminosidad *f.*

**lunch** almuerzo *m.*; **have —,** almorzar (ue)

## M

**magnitude** magnitud *f.*

**mailbox** buzón *m.*

**majestic** majestuoso, -a

**make** hacer; — **impossible** imposibilitar

**male** varón *m.*

**man** hombre *m.*; — **alive!** ¡hombre!

**management** gestión *f.*

**many** muchos, -as; **as — as** tantos, -as como

**map** mapa *m.*

**March** marzo *m.*

**married** casado, -a; — **life** vida (*f.*) de casado, -a

**marry** casar; **get married (to)** casarse (con)

**Mary** María

**mathematics** matemáticas *f. pl.*

**matter** asunto *m.*; **no —,** no importa; **no — how** como quiera que sea; **no — how poor** por pobre que sea; **what's the — with him?** ¿qué le pasa?

**me** me, mí; **with —,** conmigo

**meal** comida *f.*

**means: by all —,** sin duda; **by — of** por medio de

**medical** médico, -a

**medicine** medicina *f.*

**Mediterranean** mediterráneo, -a; *noun* Mediterráneo *m.*

**meet** encontrar (ue), encontrarse (ue) (con), reunirse

**melody** melodía *f.*

**mention** mencionar, citar

**metric** métrico, -a

**Mexican** mexicano, -a, *or* mejicano, -a

**Mexico** México *or* Méjico *m.*

**Mexico City** Ciudad (*f.*) de México

**middle** medio *m.*, mitad *f.*; **in the — of** a mediados de

**midst** medio *m.*, centro *m.*; **in the — of** en medio de

**mild** templado, -a

**mildness** bondad *f.*

**mile** milla *f.*

**million** millón *m.*

**mine** el mío, la mía

**minute** minuto *m.*

**Miss** señorita *f.*

**miss** echar de menos

**mistake** falta *f.*, error *m.*; *verb* **be mistaken** equivocarse, engañarse

**mix** mezclar(se)

**model** modelo *m.*

**modern** moderno, -a

**modernization** modernización *f.*

**moment** momento *m.*; **in a —,** ahorita; ahora mismo

**money** dinero *m.*

**month** mes *m.*

**monument** monumento *m.*

**more** más; **— than** más que, más de

**morning** mañana *f.*; **in the —,** por la mañana

**mortgage** hipoteca *f.*

**mosaic** mosaico *m.*

**mosque** mezquita *f.*

**most** *def. art.* + más; muy; **— of** la mayoría de, la mayor parte de

**mother** madre *f.*

**motherland** patria *f.*

**motor** motor *m.*

**mountain** montaña *f.*; **— side** ladera *f.*; **— range** sierra *f.*, cordillera *f.*

**mouth** boca *f.*

**move** trasladarse

**movie(s)** cine *m.*

**Mr.** señor *m.*

**Mrs.** señora *f.*

**much** mucho, -a; *adv.* mucho; **as — as** tanto cuanto; **so —,** tanto; **too —,** demasiado

**multiply** multiplicar

**mummy** momia *f.*

**municipal** municipal

**music** música *f.*

**must** deber (de), tener que

**my** mi, mis; **— own** el mío, la mía

**mystery** misterio *m.*

# N

**name** nombre *m.*; **What is your name?** ¿Cómo se llama Vd.?

**narrow** estrecho, -a

**nation** nación *f.*

**national** nacional

**native** indígena *adj.*; natural (*m.*) del país

**navigable** navigable

**near** cerca (de)

**neat** limpio, -a

**necessary** necesario, -a

**necktie** corbata *f.*

**need** necesitar

**neighbor** vecino *m.*, vecina *f.*

**neighborhood** vecindad *f.*, cercanías *f. pl.*

**neither...nor** no...ni...ni

**network** red *f.*

**never** nunca, jamás

**nevertheless** sin embargo

**new** nuevo, -a; **very —,** novísimo, -a

**newly-wed** novio, -a

**news** noticia *f.*

**newspaper** periódico *m.*

**New Yorker** neoyorquino *m.*

**next** próximo, -a; siguiente; **— to** junto a

**night** noche *f.*

nine nueve

no *adv.* no; *adj.* ninguno (ningún), -a; **no one** nadie

nobody nadie

noise ruido *m.*

north norte; **North American** norte-americano, -a

northern del norte

northwest noroeste *m.*

nose nariz *f.*

not no; — **at all** nada

notable notable

nothing nada; — **at all** nada, nada de nada

now ahora; **right** —, ahora mismo; **up to** —, hasta ahora

nowadays en nuestros días, hoy en día

number número *m.*

numerous numeroso, -a

nurse enfermera *f.*; **night** —, enfermera de noche


## O

object objeto *m.*

occasion ocasión *f.*

occupied ocupado, -a

occupy ocupar

ocean océano *m.*

o'clock (*omitted in translation*): **it is ten** —, son las diez

of de

office oficina *f.*, despacho *m.*

official oficial

often a menudo

oil (*adj.*) petrolero, -a; **oil bearing** petrolífero, -a

oil aceite *m.*; petróleo *m.*; — **well** pozo de petróleo *m.*, yacimiento *m.*

old viejo, -a; antiguo, -a

olive tree olivo *m.*

on en, a, sobre, acerca de; — **account of** a causa de; **onto, on top of** encima de, sobre

one un, uno; **the** — **who** el que, la que

only sólo, solamente

open abrir (*p.p.* abierto)

opening day día (*m.*) del estreno

opportunity oportunidad *f.*

opposite en frente de, frente a

or o

orange naranja *f.*, — **tree** naranjo *m.*

order: **money** —, giro postal *m.*

order: **in** — **to** para + *inf.*

ore mineral *m.*; **iron** —, mineral (*m.*) de hierro

organize organizar

origin origen *m.*

other otro, -a; **each** —, el uno al otro

ought deber

our nuestro, -a; **ours** el nuestro, la nuestra

out: **go** —, salir

outside fuera (de)

outstanding destacado, -a

over sobre; por; — **there** allá

overcoat abrigo *m.*

own propio, -a


## P

pace paso *m.*; **in** — **with** a medida que

Pacific Pacífico *m.*

painter pintor *m.*

painting pintura *f.*

palace palacio *m.*

Pan American panamericano, -a

paper papel *m.*

parents padres *m. pl.*

park parque *m.*

part parte *f.*; (*role*) papel m.; **for the most** —, en su mayor parte

particular: **in** —, de una manera señalada

particularly particularmente

pass pasar

passenger pasajero *m.*; — **service** servicio de pasajeros

patio patio *m.*

pay pagar

peace paz *f.*

peacefully tranquilamente, plácidamente

peak pico *m.*, cima *f.*

pear pera *f.*

pedestrian peatón *m.*

penetrate penetrar

peninsula península *f.*

**people** gente *f*., pueblo *m*., nación *f*.; personajes *m. pl.*

**percent** por ciento

**perfectly** perfectamente

**perform** actuar, presentar

**performance** representación *f*., función *f*.

**perhaps** tal vez, quizá(s)

**period** período *m*.; — **of time** temporada *f*.

**permit** permitir

**perpetual** perpétuo, -a

**person** persona *f*.

**personality** personalidad *f*.

**Peru** (el) Perú *m*.

**Peter** Pedro

**photograph** fotografía *f*.

**piano** piano *m*.

**picturesque** pintoresco, -a

**pipeline** conducción *f*., oleoducto *m*.

**place** lugar *m*., punto *m*.; **take —,** celebrarse; *verb* poner

**plane** avión *m*., aeroplano *m*.

**plant** planta *f*.

**play** comedia *f*., drama *m*.

**play** jugar (ue); tocar

**pleasant** agradable

**please** gustar, agradar; **please** por favor, tenga la bondad de

**pleased** contento, -a; **I am — to know you** mucho gusto en conocerle

**pleasure** gusto *m*., placer *m*.

**poem** poema *m*.

**poetry** poesía *f*.

**police** policía *m*.; — **force** policía *f*.

**policeman** policía *m*.

**political** político, -a

**politics** política *f*.

**pool** piscina *f*., alberca *f*.

**poor** pobre

**popular** popular

**population** población *f*.

**port** puerto *m*.

**position** colocación *f*., empleo *m*.; plaza *f*.

**possess** poseer, contar (ue) con

**possession** posesión *f*.; **take — of** apoderarse de

**possible** posible; **it is —,** es posible, puede ser

**post office** oficina (*f*.) de correo; casa (*f*.) de correos

**power** poder *m*.

**powerful** poderoso, -a

**practice** practicar, ejercitar

**precede** preceder

**prefer** preferir (ie)

**prepare** preparar

**present** presente, actual; **at —,** en la actualidad

**present** presentar

**pretty** bonito, -a; bello, -a

**price** precio *m*.

**principal** principal

**principally** principalmente

**prior (to)** anterior (a)

**private** privado, -a; particular

**prize** premio *m*.; **Nobel Prize** Premio Nobel

**probably** probablemente

**problem** problema *m*.

**procession** procesión *f*., desfile *m*.

**produce** producir

**product** producto *m*.

**profession** profesión *f*.; carrera *f*.

**professional** profesional; — **dancer** profesional (*m*.) del baile

**professor** profesor *m*., profesora *f*.

**progress** progreso *m*.

**prominent** destacado, -a; prominente

**proportion** proporción *f*.

**prosperity** prosperidad *f*.

**prosperous** próspero, -a

**protect** proteger

**provided (that)** con tal que, siempre que

**province** provincia *f*.

**public** público, -a

**purpose** propósito *m*.; **for the — of** con motivo de

**put** poner, colocar; — **on** ponerse

# Q

**quarter** cuarto, -a

**quiet** tranquilo, -a; quieto, -a; **keep (be, become) —,** callarse

**quite: quite a bit** muchazo; — **poor** pobretón

# R

**rain** llover (ue)
**rainy** lluvioso, -a; de lluvia
**range** (*of mountains*) sierra *f.*, cordillera *f.*
**rapid** rápido, -a
**rare** raro, -a
**rather** sino que; más bien
**reach** llegar (a), alcanzar
**read** leer
**ready** listo, -a; preparado, -a
**reality** realidad *f.*
**really** de hecho, verdaderamente, en realidad, en verdad
**reason** razón *f.*; causa *f.*, **for that —,** por eso, por lo tanto
**receive** recibir
**red** rojo, -a
**refer** referir (ie), referirse (ie)
**regards** saludos *m. pl.*, recuerdos *m. pl.*, **with regard to** con respeto a
**region** región *f.*
**registered** registrado, -a
**regret** arrepentirse (ie) (de)
**relation** relación *f.*
**relative** (*adj.*) relacionado, -a
**religious** religioso, -a; sacramental
**rely** contar (ue) con, confiar en
**remain** permanecer, quedarse
**remember** recordar (ue), recordarse (ue) de; acordarse (ue) de; **— me to** recuerdos a
**rent** alquilar
**repent** arrepentirse (ie) (de)
**represent** representar
**representative** representativo, -a
**republic** república *f.*
**requirement** requisito *m.*
**resemble** parecerse (a)
**reserve** reserva *f.*
**resolve** resolver (ue) (*p.p.* resuelto)
**respect** respetar
**respiration** respiración *f.*
**responsibility** responsabilidad *f.*
**rest** descanso *m.*; resto m.; lo (los, las) demás
**rest** descansar(se)
**restaurant** restaurante *m.*
**result** resultado *m.*; *verb* resultar

**resuscitation** respiración *f.*; **mouth to mouth —,** respiración de boca a boca; **mouth to nose —,** respiración de boca a nariz
**return** volver (ue)
**reveal** revelar, mostrar (ue)
**reverend** reverendo, -a
**review** repasar, revisar
**rhythm** ritmo *m.*
**rice** arroz *m.*
**rich** rico, -a
**right** derecho, -a; **all —,** bueno; **— away** en seguida; **be —,** tener razón; **— now** ahora, ahorita; **to the —,** a la derecha
**risk** riesgo *m.*
**rival** rival *m.*
**river** río *m.*; *adj.* fluvial
**role** papel *m.*
**room** cuarto *m.*, habitación *f.*
**round** redondo, -a
**royal** real; **— blood** realeza *f.*
**ruin** ruina *f.*
**rule** regla *f.*; **as a general —,** como (por) regla general
**run** correr

# S

**sad** triste
**safety** seguridad *f.*; **— precaution** precaución (*f.*) de seguridad; **— deposit box** caja (*f.*) de seguridad
**salary** sueldo *m.*
**same** mismo, -a
**sardine** sardina *f.*
**save** ahorrar, economizar; salvar
**savings** ahorros *m. pl.*; **— account** cuenta (*f.*) de ahorros; **— bank** caja (*f.*) de ahorros
**say** decir; **— good-bye** despedirse (i) (de)
**scenery** vista *f.*, paisaje *m.*
**school** escuela *f.*; **engineering —,** escuela de ingeniería, escuela técnica; **summer —,** escuela de verano *f.*
**sculpture** escultura *f.*
**sea** mar *m. or f.*; *adj.* marítimo, -a
**seascape** marina *f.*
**seashore** costa *f.*

**seasick** mareado, -a; **get —**, marearse

**season** estación *f.*, temporada *f.*

**seat** asiento *m.*; **reclining —**, butaca *f.*

**second** segundo, -a

**secretary** secretaria *f.*

**section** sección *f.*

**see** ver; **let's —**, a ver

**seek** buscar

**seem** parecer; **as it seems** al parecer

**seize** coger

**sell** vender

**send** enviar, remitir

**sender** remitente *m.*

**series** serie *f.*

**serious** serio, -a; **— emergency** urgencia *f.*

**serve (as)** servir (i) (de)

**service** servicio *m.*

**seven** siete

**seven hundred** setecientos, -as

**several** varios, -as

**Seville** Sevilla *f.*

**shade** sombra *f.*

**shaded** sombreado, -a

**she** ella

**ship** barco *m.*, buque *m.*

**shirt** camisa *f.*

**shirt store** camisería *f.*

**shock** susto *m.*

**shop** tienda *f.*; **— window** escaparate *m.*; **go shopping** ir de compras

**shore** costa *f.*, orilla *f.*

**short** corto, -a

**shorthand** taquigrafía *f.*

**shout** gritar

**show** enseñar, mostrar (ue); **— him in** le mande entrar

**side** lado *m.*, **on each —**, a cada lado; **by the — of** al lado de; **mountain —**, ladera *f.*

**sidewalk** acera *f.*

**signal** señal *f.*

**significance** significado *m.*

**since** pues, desde (que), ya que

**sing** cantar

**sister** hermana *f.*

**sit (down)** sentarse (ie)

**situated** situado, -a

**situation** situación *f.*

**six** seis

**size** medida *f.*

**ski** esquiar; **go skiing** esquiar

**skier** esquiador *m.*

**skirt** falda *f.*

**sky** cielo *m.*

**sleep** dormir (ue)

**sleepy: be —**, tener sueño

**small** pequeño, -a

**smoke** fumar

**snow** nieve *f.*

**so** tan, así, tanto; **—...as** tan... como; **— that** de modo que, de manera que

**society** sociedad *f.*

**some** alguno (algún), -a; unos, -as; algunos, -as; algo

**someone** alguien

**something** algo; **— else** otra cosa, algo diferente

**sometimes** algunas veces *f. pl.*

**somewhat** algo, un poco; un tanto

**son** hijo *m.*

**soon** pronto; **— after** a poco de; **as — as** tan pronto como, luego que; **as — as possible** lo más pronto posible

**sorry: be —**, sentir (ie)

**south** sur *m.*

**South America** Sudamérica *f.*, la América del Sur *f.*

**southern** del sur

**Spain** España *f.*

**Spanish** español, -a; **— American** hispanoamericano, -a; **— speaking** de habla española; *noun* español *m.*

**speak** hablar

**special** especial

**spectacle** espectáculo *m.*

**speed: at full —**, a más no poder

**spend** pasar; gastar

**spirit** espíritu *m.*

**spite: in — of** a pesar de

**splendid** espléndido, -a

**sport** deporte *m.*; **sea sports** deportes de mar *m. pl.*; **sports fan** aficionado a los deportes

**spread** extender (ie), extenderse (ie)

**spring** primavera *f.*
**square** plaza *f.*
**stamp** sello *m.*, timbre *m.*
**standard of living** nivel (*m.*) de vida
**starry** estrellado, -a
**start** empezar (ie), comenzar (ie)
**stay** quedar(se), parar
**steel** acero *m.*
**stenographer** mecanógrafa *f.*, dactiló-grafa *f.*
**step** paso *m.*
**still** aún, todavía
**stop** parada *f.*; *verb* parar(se), dete-nerse
**store** tienda *f.*, negocio *m.*; **hat store** sombrerería *f.*
**story** cuento *m.*, historia *f.*
**storyteller** cuentista *m.*
**strange** extraño, -a
**strangulation** estrangulación *f.*
**street** calle *f.*; **out on the —**, en la calle
**stride** paso *m.*; **at giant strides** a pasos gigantescos
**strip** faja *f.*
**strong** fuerte
**student** estudiante *m.*; **fellow —**, compañero (*m.*) de estudios
**study** estudiar
**style** moda *f.*
**succeed** conseguir (i), lograr
**such** tal, tanto; **in — a manner that** de modo que
**suit** traje *m.*
**suitcase** maleta *f.*; **small —**, maletín *m.*
**summer** verano *m.*
**Sunday** domingo; **Palm —**, Do-mingo (*m.*) de Ramos
**sunny** soleado, -a
**supermarket** supermercado *m.*
**sure** seguro, -a; cierto, -a
**surprise** sorpresa *f.*
**surround** rodear; **become surrounded** rodearse (de)
**sweet** dulce
**swim** nadar; **swimming** natación *f.*
**swimming pool** piscina *f.*, alberca *f.*
**synthesis** síntesis *f.*
**system** sistema *m.*

# T

**table** mesa *f.*
**take** tomar, llevar, coger; **— along** llevarse; **— from** sacar (de); **— leave of** despedirse (i) (de); **— off** quitarse; **— out** sacar; **— place** celebrarse
**talk** hablar
**talking** hablar *m.*
**task** tarea *f.*
**taste** gusto *m.*; *verb* probar (ue)
**taxi** taxi *m.*, taxímetro *m.*
**teach** enseñar
**teacher** profesor *m.*, maestro *m.*; profesora *f.*, maestra *f.*
**tear down** derribar
**telephone** teléfono *m.*; *verb* telefonear
**television** televisión *f.*; **— set** televisor *m.*
**tell** decir, contar (ue)
**teller** (*bank*) cajero *m.*, cajera *f.*
**temperament** temperamento *m.*
**temple** templo *m.*
**ten** diez
**tennis** tenis *m.*
**terrace** terraza *f.*
**territory** territorio *m.*
**testimony** testimonio *m.*
**than** que, de, del que
**thank** agradecer, dar las gracias
**thanks** gracias *f. pl.*; **— to** gracias a; **give —** dar las gracias
**that** *conj.* que; **in order —**, para que; **— of** el (la) de; **so —**, de modo que; *demon. adj.* ese, esa; aquel, aquella; *demon. pron.* ése, ésa, eso; aquél, aquélla, aquello; **that's how it is with** así pasa con; **— which** el (la) que
**theater** teatro *m.*
**their** su, sus
**them** los, las; (*after prep.*) ellos, ellas
**themselves** se, sí, ellos (-as) mismos (-as)
**then** entonces
**there** allí, allá; **— is (are)** hay
**these** *adj.* estos, -as; *pron.* éstos, -as
**they** ellos, -as
**thing** cosa *f.*
**think** pensar (ie); creer; **— of** pensar

a, pensar de; **don't you — so?** ¿no es verdad?

**third** tercero, -a

**this** *adj.* este, -a; *pron.* éste, -a, esto; **— one** éste, -a

**those** *adj.* esos, -as; aquellos, -as; *pron.* ésos, -as; aquéllos, -as; **— who** los (las) que

**thousand** mil

**three** tres

**through** por, a través de; **—out** por

**ticket** billete *m.*

**time** tiempo *m.*; hora *f.*; vez *f.*; **a good bit of —,** un buen rato; **at the present —,** en la actualidad; **at the — when** por la época en que; **at this —,** ahora; **from — to —,** de vez en cuando; **have a good —,** divertirse (ie)

**tire** llanta *f.*; **snow —,** llanta para la nieve

**tired** cansado, -a; **get —,** cansarse

**to** a, hasta; para

**tobacco** tabaco *m.*

**today** hoy; **— as in the past** hoy como ayer

**together** juntos, -as

**tomato** tomate *m.*

**tomorrow** mañana *m.*; **— morning** mañana por la mañana

**tonight** esta noche

**too (also)** también

**too bad!** ¡lástima!

**too much** demasiado, -a

**top** cima *f.*; **on — of** encima de, sobre

**topic** tema *m.*, asunto *m.*

**total** total *m.*

**tour** recorrido *m.*; **take a —,** hacer un recorrido, dar una vuelta por

**tourism** turismo *m.*

**tourist** turista *m. or f.*; **— office** turismo *m.*

**toward** hacia

**town** pueblo *m.*, ciudad *f.*; **little —,** pueblecito *m.*

**tradition** tradición *f.*

**traffic** tránsito *m.*, tráfico *m.*

**tragedy** tragedia *f.*

**train** tren *m.*

**transfer** transferir (ie), trasladar

**transport** transporte *m.*; **— service** servicio (*m.*) de carga

**transportation** transporte *m.*; **river —,** transporte (*m.*) fluvial

**travel** viajar

**traveler** viajero *m.*; **traveler's check** cheque (*m.*) de viajero

**tree** árbol *m.*; **fruit —,** árbol (*m.*) frutal

**tremendous** tremendo, -a

**trip** viaje *m.*; **take a —,** hacer un viaje

**trousers** pantalones *m. pl.*

**true: it is —,** es verdad

**truth** verdad *f.*

**try** tratar (de); probar (ue)

**turn** volver (ue), girar; **— into** convertirse (ie) en; **— out to be** resultar

**twelve** doce

**two thousand** dos mil

**type** tipo *m.*, clase *f.*

**typewriter** máquina (*f.*) para escribir

# U

**ugly** feo, -a

**umbrella** paraguas *m.*

**under** debajo (de), bajo

**understand** comprender, entender (ie)

**undoubtedly** sin duda

**United States** (los) Estados Unidos *m. pl.*

**university** universidad *f.*

**unless** a menos que

**until** hasta que

**unusual** raro, -a

**up to** hasta

**upon** sobre; **— +** *present participle* a **+** *infinitive*

**us** nos, nosotros, -as

**use** uso *m.*; *verb* usar, utilizar, emplear

**useful** útil

**usually** generalmente

# V

**vacation** vacaciones *f. pl.*

**valley** valle *m.*

**varied** variado, -a

**variety** variedad *f.*
**various** varios, -as
**vegetation** vegetación *f.*
**verb** verbo *m.*
**verify** averiguar, verificar
**very** muy; mismo, -a
**vie** rivalizar
**vine** vid *f.*
**visit** visita *f.*; *verb* visitar
**volcano** volcán *m.*

# W

**wait (for)** esperar
**waitress** mesera *f.*
**wake up** despertarse (ie)
**walk** paseo *m.*; *verb* pasear; **take a —,**
   pasearse
**wall** muralla *f.*
**wallet** cartera *f.*
**want** querer (ie), desear
**war** guerra *f.*; **world —,** guerra
   mundial *f.*
**warm** caliente; **it is —,** hace calor
**wash** lavar(se)
**waste** gastar, perder (ie)
**waterway** río *m.*; **canal** (*destinado a
   la navegación o al transporte*)
**way** camino *m.*; modo *m.*, manera *f.*;
   **in this —,** de esta manera; **that —,**
   por allí; **on the — back** de vuelta
**we** nosotros, -as
**wealth** riqueza *f.*
**wealthy** rico, -a
**wear** llevar
**weather** tiempo *m.*
**week** semana *f.*; **weekend** fin (*m.*) de
   semana
**welfare** bienestar *m.*; servicio (*m.*)
   social
**well** bien
**west** oeste *m.*
**what** *interr. pron. and adj.* ¿qué?
   ¿cuál?; *rel. pron.* lo que; **—ever**
   cualquiera
**when** cuando; ¿cuándo?; **since —?**
   ¿desde cuándo?; **—ever** siempre
   que
**where** donde, adonde, de donde;
   ¿dónde? ¿a dónde (adónde)?

**whereas** en cambio, mientras que
**wherever** dondequiera
**which** *rel. pron.* que; el (la) que, lo
   que; el (la) cual, los (las) cuales;
   **the one —,** el (la) que; **those —,**
   los (las) que; **which?** ¿cuál? ¿cuáles?
**while** rato *m.*; *conj.* mientras, mientras
   que
**white** blanco, -a
**who** *rel. pron.* que, quien, quienes; los
   (las) que; *interr. pron.* ¿quién?
   ¿quiénes?; **the one —,** el (la) que;
   **—ever** quienquiera
**whole** todo, -a; entero, -a
**whom** *rel. pron.* que; el (la) cual, los
   (las) cuales; el (la) que; *after prep.*
   quien, quienes; *interr.* ¿quién?
   ¿quiénes?
**whose** *pron.* cuyo, -a; de quien (de
   quienes); ¿de quién? ¿de quiénes?
**why?** ¿por qué?
**wide** ancho, -a
**wife** esposa *f.*
**will** voluntad *f.*
**win** ganar
**window** ventana *f.* **(car or bank)** —
   ventanilla *f.*; **shop window** escaparate *m.*
**windy: it is —,** hace viento
**wine** vino *m.*
**winter** invierno *m.*; **— sports** deportes (*m. pl.*) de invierno
**wish** querer (ie), desear
**with** con; **together —,** unido a
**withdraw** retirarse (de)
**withdrawal slip** formulario (*m.*) de
   retiro
**without** sin; sin que
**woman** mujer *f.*
**wonder** maravilla *f.*
**word** palabra *f.*
**work** trabajar; *noun* trabajo *m.*; obra
   *f.*
**world** mundo *m.*; *adj.* mundial
**worry** tener cuidado, dar cuidado;
   **don't —,** pierda Vd. cuidado
**worse** peor
**worth: be —,** valer; **be — while** valer
   la pena
**write** escribir (*p.p.* escrito)

## Y

**year** año *m.*; — **after** —, año tras año; **from one — to the next** de año en año
**yellow** amarillo, -a
**yet** todavía; **and** —, sin embargo
**you** tú; Vd., Vds.; vosotros, -as; le, lo, la, los, las, ti, os
**young** joven; — **lady** señorita *f.*; — **man** joven *m.*; — **people** jóvenes *m. pl.*
**your** tu, su, vuestro, -a; **yours** el tuyo, la tuya; el suyo, la suya; el vuestro, la vuestra
**yourself** se, te, ti
**yourselves** se, vosotros, -as

## Z

**zone** zona *f.*

# INDEX ⌾

# PHOTO ACKNOWLEDGMENTS

1 2 3 4 5 6 7 8 9 0

no ordinal numbers
" contrary-to-fact subj̄.